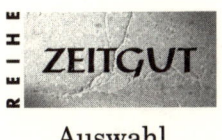

Auswahl

Unvergessene Schulzeit 1921–1962
Band 1 und Band 2

Erinnerungen von
Schülern und Lehrern

Auswahl

Unvergessene Schulzeit 1921–1962
Band 1 und Band 2

68 Erinnerungen von Schülern und Lehrern

Ausgewählt aus Zeitgut-Bänden

Herausgegeben von Jürgen Kleindienst

Zeitgut Verlag

*Umschlagbild vorn: Ausschnitt aus einem Klassenfoto, aufgenommen
1953 in Neuwesteel, Ostfriesland.*
Familienalbum Gabriele Schmöcker, Norden, Ostfriesland.
*Umschlagbild hinten: Mein erster Schulgang 1927. Das Foto zeigt Josef Kol-
ter, damals wohnhaft in Herne, Westfalen.*
Familienalbum Cäcilie Kraus-Kolter, Bergisch Gladbach.

*Die im Buch veröffentlichten Abbildungen und Dokumente stammen,
soweit nicht anders vermerkt, aus dem Privatbesitz der Verfasserinnen
und Verfasser sowie aus folgenden Quellen: DIZ München, S. 19, 29, 103,
354; pixelio, S. 360.*

„Unvergessene Schulzeit" ist bisher in drei Taschenbüchern erschienen:
Band 1   1921–1945   ISBN 978-3-86614-100-1
Band 2   1945–1962   ISBN 978-3-86614-101-8
Band 3   1914–1945   ISBN 978-3-86614-120-9

Bibliografische Information Der Deutschen Bibliothek
Die Deutsche Bibliothek verzeichnet diese Publikation in der Deutschen
Nationalbibliografie; detaillierte bibliografische Daten sind im Internet
über http://dnb.ddb.de abrufbar.

© 2007 by Zeitgut Verlag GmbH, Berlin
Zeitgut Verlag GmbH
Klausenpaß 14, 12107 Berlin
Telefon 030 - 70 20 93 0, Telefax 030 - 70 20 93 22
E-Mail: info@zeitgut.com
www.zeitgut.com
Herausgeber: Jürgen Kleindienst
Gesamtredaktion, Textauswahl und Zusammenstellung: Ingrid Hantke
Umschlaggestaltung: Maria Herrlich/Daniel Kreisel, Berlin
Druck: GGP Media GmbH, Pößneck
Printed in Germany
ISBN 978-3-86614-140-7

Inhalt

Wo Hänschen lernte 10
Die Orte unserer Schulgeschichten 11
Kleines Schul-ABC 13

Band 1

Hertha Wittwer
Die einklassige Schule 20

Gottfried Schädlich
Strenge Liebe 26

Liselotte Haak
Händchen auf den Tisch und Köpfchen frisch! 32

Irma Lang
Der Schwarm der Oberklasse 41

Erich Franze
Das Zepter 49

Zeitdokument – Lehrer-Dank 60

Magda Riedel-Zehlke
Lehrer Ahrend hat Geburtstag 62

Ursula Meier-Limberg
Himbeerbrause im Speisewagen 66

Hans Wagner
Pauker und Pennäler 71

Gisela Schröder
Bunte Kreisel und erste Schatten 78

Hans Georg Finken
Non scholae, sed vitae discimus 86

Heinz Weiß
Die rechte Hand am Peitschenknauf 95

Eva Wallmeier
„Nur" ein Viertel 99

Wilhelm Schäfer
Die letzte Mahnung 102

Ursula Sonnemann
Wo sind sie geblieben? 105

Jan Eilers
Ich und Einstein 114

Heinz Weiß
Der Dichter unbekannt 116

Hans-Heinrich Vogt
Doktorjunge 120

Jan Eilers
Wir wollten zur See fahren 125

Traute Siegmund
Luftschutzübung 1937 129

Anemone Brandenburg
Der Fußball, der keiner war 133

Jan Eilers
Das Magische Auge 135

Paul Moser
„Jungs, schaut euch das an!" 138

Heinz Boberach
Zwischen Fackelzug und Mobilmachung 142

Gertraude Wortmann
Vera 146

Manfred Dürkefälden
„Rußland hat uns den Krieg erklärt" 149

Oskar Toscha
Meine „Mutter Courage" 156

Hasso Pacyna
Lateinische Adverbien 161

Cäcilie Kraus-Kolter
Schulhelferin in der Eifel 164

Loni Schlörb-Schuchmann
Nachmittags hieß der Direktor nur „Karl" 173

Evelyn Steudel
Ein Paket Knäckebrot 175

Hans Joachim Wefeld
Reifeprüfung 178

Irmgard Helmstädter
Tieffliegerwetter 184

Helmuth Saß
Laudi's Tabakplantage 190

Horst Wagner
Die zweite Ohrfeige 193

Band 2

Liselotte Kubitza
Im Doppelpack durchs Schulleben 198

Brigitte Brüning
ABC-Schützen in Frankfurt/Oder 204

Elly Gläser
Gedanken zu einem Bild 211

Ingeborg Blank
Neubeginn mit viel Elan 214

Gerhard Eschner
Was für ein Theater! 222

Barbara Saß
Ohne Schuhe keine Schule 225

Peter Grell
Das Holzscheit 230

Agnes Schriever
Schulrevolte mit späten Folgen 233

Hans-Hermann Beckherrn
Jugendliebe 238

Gudrun Findeisen
Aufklärung 244

Renate Strebel
Wenn ich ein eigenes Zimmer hätte 247

Irmgard Notz
Das Klassenpaket 256

Luise Rüth
Ein schlechtes Zeugnis 260

Dorothea F. Voigtländer
Nachsitzen für Demokratie 263

Bärbel Böhme
Wie lernt man ein Gedicht? 266
Eine fantastische Geschichte 267

Joachim Jähne
Aktion Käfer 271

Gisela Bender
Schulwanderung 276

Margitta Acker
Mein Schulweg 280

Annemarie Sondermann
Der rote Rock 286

Rosmarie Röder
„Heute fällt die Schule aus!" 292

Wolfgang Balke
„Sei vorsichtig!" 295
Der Rauswurf 300

Dieter Zimmermann
Fremdlinge 313
Nestflüchter 319

Udo Wanke-Kreh
Meine schönste Lernmotivation 324

Klaus Seiler
Ich habe gelacht 328

Udo Wanke-Kreh
Schüler sind anders, Lehrer auch 331

Wilfried Flach
Täglicher Antifaschismus 338

Willi Volka
Stubendienst 340

Rolf M. Filippi
Unerwartete Reaktionen 346

Renate Dziemba
Des einen Glück, des anderen Leid 349

Rainer Völkel
Ein Schelmenstück 353

Manfred Wenderoth
Einstand nach Plan? 357

Verfasser 366

Verlagsprogramm 377

Wo Hänschen lernte

Zur Schule zu gehen ist der erste Schritt in den Ernst des Lebens. Auf unsere Lehrer kommt es an, ob wir danach freudvoll und neugierig oder gequält ins weitere Leben schreiten. Geprägt kommen wir allemal aus der Schule heraus. Manchem fällt zum Ende der Schulzeit ein großer Stein vom Herzen. Doch Jahrzehnte später gibt es trotzdem genug zu erinnern, um Abende mit Erzählstoff zu füllen. Und manche Schulfreundschaft hält ein Leben lang

Die Schulgeschichten dieses Buches sind aus mehr als 1200 Zeitzeugen-Erinnerungen der Reihe Zeitgut ausgewählt. Mit inzwischen 21 Sammel-Bänden bewahrt sie das deutsche Alltagsleben des vorigen Jahrhunderts.

Bisher sind Texte mit Schulerinnerungen in drei Taschenbüchern erschienen: Band 1 und Band 3 erzählen aus den Jahren 1914 bis 1945, Band 2 umfaßt Geschichten aus der Nachkriegszeit von 1945 bis 1962.

Ein kleines ABC erinnert an Begriffe des Schulalltages, die wir als Schülerinnen und Schüler täglich hörten und benutzten. Sie mögen Ihnen helfen, eigene Erinnerungen wachzurufen – hoffentlich viele gute. „Unvergessene Schulzeit" werden wir fortsetzen. Vielleicht schicken Sie uns dafür eigene Erinnerungen, die Sie nicht vergessen können?

Ihre Ingrid Hantke & Jürgen Kleindienst
Berlin im Juli 2007

A

Adorf 26
Ahlbeck/Usedom 266
Allenstein 133
Arnstadt 222

B

Bad Kösen 271, 313
Bad Pyrmont 105
Bautzen 271
Benningsen 328
Berchtesgaden 230
Berlin 32, 178, 193, 198,
256, 313, 324, 331, 349
Bonn 260, 263
Brandenburg/Havel 193
Bremerhaven 125
Breslau 71, 120
Brüssow 66

C

Celle 149
Cuxhaven 244

D

Delmenhorst 280
Deudesfeld/Eifel 276, 357
Dreifelden 357
Dresden 49, 78, 211

E

Ebeleben 214
Elbingerode/Harz 266
Erfurt 193

F

Falkenberg/Elster 95
Frankfurt/Main 138
Frankfurt/Oder 204

Freiburg i.B. 233
Friedrichsfeld 184
Fürfurt/Lahn 71

G

Gera 353
Girod 313
Glatz 20
Grömitz 190

H

Hachenburg 357
Halle/Saale 86, 338
Hamburg 41, 129
Hämelerwald 149
Hannover 99, 247, 328
Heidelberg 184
Herdecke/Ruhr 319
Hermsdorf 146
Hindenburg 156

K

Kłodzko 20
Kellenhusen 190
Kolberg 175
Kołobrzeg 175
Köln 142
Korntal 340

L

Ladenburg/Neckar 346
Lübeck 225
Lütjensee 41

M

Mannheim 184
Maribor 178
Mühlhausen 214

N

Neuruppin 295, 300
Niedergräfenhain 292
Nordholz/Deichsende 244

O

Oelsnitz 26
Oldenburg 114, 125, 135
Olsztyn 133

P

Pfaffenhofen-Weiler 102
Prenzlau 66

R

Rabitz 271
Reckum 280
Richtenberg 286
Röbel/Müritz 62
Roßla 238

S

Schmolz 120
Schotten am Vogelsberg 173
Schullwitz 211
Schulpforta 313
Schwante 178
Seehausen 61
Siebeneichen 228
Smolec 120
Sobieszow 146
Stralsund 286
Stuttgart 340

T

Torgau/Elbe 116, 161

U

Ullersdorf 20

W

Weilburg/Lahn 71
Wildeshausen 280
Wilsdruff 78
Wotersen 225
Wrocław 71, 120

Z

Zabrze 156
Zaunröden 214
Zepkow 62
Zinhain 357

Kleines Schul-ABC

A
ABC-Schütze
Abgangsklasse
Abgangszeugnis
abgucken
Abitur
Abschlußfeier, -ball
Abschlußzeugnis
abschreiben
Adverbien
AG (Arbeitsgemeinschaft)
Alphabet
Alumnat
antreten
Appell, Appellplatz
Arbeitsanweisung
Arbeitsblatt
Arrest
Aufbaugymnasium
Aufnahmeprüfung
Aufsatz, Aufsatzthema
Aufsicht
Aula
Ausdruck
Ausfallstunde
Ausgangsschrift
Ausländeranteil
Auswendiglernen
Auszeichnung

B
Banknachbar
Befreiung vom Unterricht
Benotung
Betragen
Beurlaubung
Beurteilung

Biologie
Blauer Brief
Brotdose
Brottasche
Bruchrechnung
Büchergeld
Bürgerschule

C
Chemie
Chemiekabinett [DDR]
Chemieraum
Chorsingen
Curriculum

D
Deklination
Deutsch (-unterricht)
Diarium
Diktat, -heft
Direktor (Direx)
Disziplin
Dorfschule
Durchschnittszensur

E
Einmaleins
Einschulung
Elternbeirat, Elternrat
Elterngespräch
Elternversammlung, -vertretung
Elternwille
Eliteförderung
Englisch
Entschuldigungszettel
EOS [Erweiterte Oberschule, DDR]
Erdkunde

Ernteeinsatz [DDR]
Erstkläßler
Erster Schultag
Erziehung
Erziehungsmaßnahme
Essenmarken
ESP [Einführung in die sozialisti-
sche Produktion, DDR]
Exkursion

F
Fahnenappell
Fahrschüler
FDJ, FDJ-Sekretär [DDR]
Federhalter, -tasche, -kasten
Fehler
Ferien
Ferienbeginn, -ende
Ferienlager, -spiele
Fernbleiben
Fibel
Fleiß
Förderschule
Französisch
Freistelle
Freistunde
Fremdsprachenunterricht
Frühaufsicht
Füllfederhalter

G
Gartenarbeit
Gedicht lernen/ aufsagen
Gedichtinterpretation
Gemeinschaftskunde
Gegenwartskunde
Geometrie
Geographie
Geräteturnen
Gesamtschule
Gesamtverhalten
Geschichte

„Giftblätter"
Gleichungen
Grammatik
Griffel
Grundrechenarten
Grundschule
Gruppenarbeit
Gymnasium
Gymnastik

H
Halbjahreszeugnis
Hauptschule
Hausaufgaben, -heft
Hausbesuch
Hauslehrer
Hausmeister
Hauswirtschaftsunterricht
Heimschule
Herbarium
Herbstferien
Hilfsschule, -schüler
hitzefrei
Handarbeitslehre
Hofaufsicht
Hospitation

I
Internat
i-Dötzchen, i-Kötel

J
Jahrgangsstufe
Jugendweihe [DDR]
Junge Pioniere [DDR]

K
Kartenraum, -ständer
Kartoffelferien
Kartzer
Katechismus
Katheder

Kettenaufgabe
Kladde
Klasse
Klassenarbeit
Klassenbester, -erster
Klassenbuch
Klassenclown
Klassenfahrt
Klassenfrequenz
Klassenkeile
Klassenraum, -zimmer
Klassenspiegel
Klassensprecher
Klassentreffen
Klausur
Klingelzeichen
Knabenschule
Konrektor
Konzentration
Kopfnoten
Kopfrechnen
Kreide
Kunsterziehung
Kursangebot

L
Latein
Lehramtsanwärter
Lehrer, Lehrerin
Lehrerkollegium
Lehrerkonferenz
Lehrervertretung
Lehrerzimmer
Lehrkörper
Lehrmethode
Lehrmittel, -raum
Lehrplan
Leibesübungen
Leistungskontrolle
Leistungskurs
Leistungsvergleich
Leistungsversagen

Lernbereitschaft
lernen
Lernmittelfreiheit
Lesebuch
lesen (vorlesen)
Lieblingslehrer, -lehrerin
Lineal
Lob
Löschblatt
Logarithmen
Lückentext
Lyzeum

M
Mädchenschule
Malfolgen
Malwettbewerb
Mappe
Mathematik
Mehrstufenunterricht
Mentor
Mitarbeit
Mitschüler
Mittelstufe
Mittlere Reife
Morgengruß, -lied
Musik
Musikstunde
Musikraum^
Musterschüler

N
Nachhilfe, -stunden
Nachhilfeunterricht
nachsitzen
Nadelarbeit
Noten,
Notenspiegel

O
Oberlehrer
Oberprima

Oberschule
Oberstudienrat
Oberstufe
Oktavheft
Ordnung, Ordnungsmaßnahme
Osterferien

P
Pädagoge
Patenschule, -klasse
Pauker
Pause [kleine, große]
Pausenaufsicht
Pausenbrot
Pausenraum
Pedell
Pennäler
„Penne"
Pensionat
Pensum
Pfingstferien
Pflichtfach
Pflichtlektüre, -literatur
Physik
Platz (Geh auf deinen ... !)
Präfekt
Prima, Primaner
Primarstufe
Primus
Privatschule
Projektwoche
Prozentrechnung
Prügelstrafe
Prüfung, Prüfungsarbeit
Prüfungsangst, -ergebnis, -fragen
Prüfungskommission
Punktzahl
Pult

Q
Quarta
Quinta

R
Rabauke
Radiergummi
Rahmenplan
„Ratzefummel"
Raumlehre
Realienbuch
Realschule
Rechnen
Rechenbuch
Rechenschieber
Rechtschreibung
Referendar
Reformpädagogik
Reifeprüfung
Reifezeugnis
Rektor
relegieren
Religionsstunde, - unterricht
Repetent (Sitzenbleiber)
Rohrstock
Rotstift
Russisch

Sch
Schiefertafel
Schönschreiben, Schönschrift
Schüler, Schülerin
Schüleraustausch
Schülerausweis
Schülerbeirat
Schülerfahrkarte
Schülermütze
Schülervertretung
Schülerwettstreit
Schülerzeitung
Schulamt
Schulanfänger
Schulaufsicht
Schulatlas
Schularzt

Schulbank
Schulbeginn
Schulbehörde
Schulbesuch
Schulbibliothek
Schulbildung
Schulbräuche
Schulbuch
Schulbus
Schulbrot
Schulchor
Schulchronik
Schuldirektor
Schule
Schulfach
Schulferien
Schulfernsehen
Schulfest
schulfrei
Schulfreund, -freundin
Schulfunk
Schulgarten
Schulgebäude
Schulgeld
Schulgesetz
Schulglocke, -klingel
Schulheft
Schulhof
Schulhort
Schulinspektor
Schuljahr
Schuljugend
Schulkamerad, -kameradin
Schulkleidung
Schullandheim
Schulleiter, -leitung
Schulmappe, -tasche
Schulmeister
Schulmuseum
Schulordnung
Schulorchester
Schulpflicht

Schulschwimmen
Schulsekretärin
Schulstreiche
Schultafel
Schultag, Schulalltag
Schultüte
Schulturnen
Schulranzen
Schulrat
Schulreife
Schulschwänzer
Schulsparen
Schulspeisung
Schulsport
Schulsprecher
Schulstrafe
Schuluniform
Schuluntersuchung
Schulverweis
Schulweg
Schulweihnachtsfeier
Schulwettbewerb
Schulwettstreit
Schulwitze
Schulzeitung
Schwamm
Schwarzes Brett

S
Sekunda
Sekundarstufe
Sexta
sitzenbleiben, Sitzenbleiber
Sitzplan
Sommerferien
Sonderschüler, -schule
Sozialkunde
Spickzettel
Sportfest
Sportlehrer, -zeug, -stunde
Sprachkabinett
Staatsbürgerkunde [DDR]

Strafarbeit
Streber
Studienrat
Stundenplan
Sütterlinschrift

T
Tadel
Tafellappen, -kreide, -schwamm
Tafelwerk
Tertia
Test /Testat
Textaufgaben
Tinte, Tintenfaß
Tintenklecks
Töchterschule
Turnen
Turnbeutel
Turnhalle
Turnkleidung
Turnschuhe
Turnstunde
Tuschkasten
Tutor

U
Übungsaufgaben
Umschulung
unentschuldigtes Fehlen
Unterprima
Unterricht
Unterrichtsausfall
unterrichtsfrei
Unterrichtsziel
Unterstufe
UTP [Unterrichtstag in der
Produktion DDR]

V
Versetzung
versetzungsgefährdet
Verspätung

Vertrauenslehrer
Vertretungslehrer, -stunde
Verweis
Visitation
Vokabeln, Vokabelheft
Völkerball
Volksschule
Vorklasse
vorsagen
vorsingen

W
Wahlfach
Wandertag
Wandkarte
Wandzeitung
Wandzeitungswettbewerb
Weihnachtsferien
Werken
Wiederholung
Winkelmesser
Winterferien
Wörterbuch
Wurzelrechnung

Z
Zeichenblock
Zeichensetzung
Zeichnen
Zeigestock
Zensur
Zensurendurchschnitt
Zensurenkonferenz
Zentralabitur
Zeugnis, - ausgabe
Zinsrechnen
Zirkel
Zirkelkasten
Zuckertüte
Zuspätkommen
Zwergschule
Zwischenprüfung

Band 1

1921–1945

Schuljahresanfang 1931: Eine Gruppe von Sextanern, auf dem Kopf die Schülermütze, läuft untergehakt durch die Straßen von Berlin.

[Ullersdof, Kreis Glatz*), Niederschlesien;
1921–1925]

Hertha Wittwer

Die einklassige Schule

Mein Vater war als junger Lehrer 1912 in die einklassige
Schule nach Ullersdorf in der Nähe von Glatz berufen worden. Hier erblickte ich 1915 das Licht der Welt. Die Graf-
schaft Glatz war überwiegend katholisch, so daß mancher-
orts für die wenigen evangelischen Kinder eine einklassige
Schule eingerichtet wurde. Damals hielt man die Konfession
für entscheidend. Das Gustav-Adolf-Werk hatte in dem sieben Kilometer langen Bauern- und Industrieort Ullersdorf
ein Gebäude errichten lassen, das gleichzeitig eine Lehrerwohnung, ein Klassenzimmer und einen Kirchenraum um-
faßte. Die meisten Dorfhäuser waren weiß gekalkt und hatten rote Ziegelsteindächer. Mein Elternhaus aber, in Kreuz-
form gebaut, bestand aus roten Ziegelsteinen (Klinkern), sein
Dach war mit graublauen Schieferplatten gedeckt. Es gab
einen kleinen Turm, in dem eine Glocke hing. Die Kirche
sah man von allen Seiten, denn das Bieletal war an dieser
Stelle am breitesten. Eine stabile Holzbrücke führte über
den Fluß und verband das bäuerliche Dorf mit dem Gelände
einer Flachsgarnspinnerei und einer Rösterei.
   Mein Elternhaus, das zugleich Kirche und Schule war,
stand in einem großen Garten mit vielen Fliederbüschen,
Kastanienbäumen und einer weitausladenden Linde, etlichen

---

*) heute Kłodzko in Polen

Obstbäumen, Rasenflächen und Gemüsebeeten. Es war ein regelrechtes Kinderparadies, in dem sich auch meine katholischen Freundinnen tummelten. Meine Eltern lebten den Kindern die Toleranz vor, indem sie sich mit dem Rektor der katholischen Schule angefreundet hatten.

Die große, schwere Eichentür war der Eingang für die Kirchenbesucher und für die Schüler. Sie ging nach innen auf und stand meist von morgens bis mittags offen. An der Tür des Klassenraumes hing ein Schild: *Schulstube.*

Die Schulstube war etwa 24 Quadratmeter groß, hatte drei Fenster, einen Kachelofen, eine Holzdiele, ein Katheder, das auf einem Podest stand, eine Tafel, die mittels Holzkeilen in verschiedene Höhen verstellt werden konnte, und eine einzige Lampe in der Mitte der Decke. Die Bänke standen in zwei Reihen. Links saßen die „Großen" auf Zweisitzern, rechts die „Kleinen" zu fünft in einer Bank. Die Pulte waren leicht abgeschrägt, hatten eingelassene Tintenfässer, die immer wieder neu gefüllt werden mußten, und darunter befanden sich Bretter, auf die wir unsere Schultaschen legten. Wenn wir mit den Knien an diese Barriere stießen, war es Zeit, eine Bank höher gesetzt zu werden!

An jedem Wochenende wurden die Bänke beiseite geschoben, und der Fußboden wurde mit Schmierseife geschrubbt. Die Holzdielen gaben beim Hin- und Hergehen seltsame Geräusche von sich, die mir noch heute in den Ohren klingen.

In den Weihnachtsferien ging mein Vater ins Gemeindebüro, um zu erfahren, wieviele evangelische Kinder zu Ostern schulpflichtig werden würden. In den betreffenden Familien machte er dann Hausbesuche und prüfte, ob das Kind auch schulreif sei. Es war oft schwer zu entscheiden, ob man einen einzigen Erstkläßler einschulen sollte. Manchmal war es besser, ein Jahr zu warten, bis es zwei oder drei Kinder waren. Es kam auch vor, daß ein Jahrgang gar nicht vertreten war.

Als ich 1922 zur Schule kam, saß ich mit drei Jungen auf der ersten Bank. Wir lernten einzelne Buchstaben, die wir

Ullersdorf, Kreis Glatz, in Niederschlesien: Mein Elternhaus war evange-
lisches Kirchlein, einklassige Dorfschule und Lehrerwohnung in einem.
Hier amtierte und wohnte mein Vater, der junge Lehrer Rudolf Krause,
mit seiner Frau und uns vier Kindern. Im Schulgarten stand eine alte
Linde. Foto etwa 1910.

später zu Silben und Wörtern zusammenziehen mußten. Das
Lesenlernen war schwerer als das Schreibenlernen. Wir besa-
ßen Schiefertafeln und Griffel aus dem gleichen Material, die
sehr leicht zerbrachen. Ein gewisser Druck war jedoch nötig,
um die Schrift lesen zu können. Die Tafel hatte auf der einen
Seite Linien, auf der anderen Kästchen. Am Holzrahmen war
ein Loch, durch das eine Schnur gezogen wurde, an deren einem Ende der nasse Schwamm, am anderen der Lappen zum
Trocknen hing. Das Reinigen der Tafel recht mühsam! Erst
im zweiten Schuljahr bekamen wir Hefte.

Einen festgelegten Stundenplan gab es nicht. Wenn sich der Lehrer mit den „Kleinen" beschäftigte, bekamen die anderen Jahrgänge schriftliche Aufgaben. Schönschreiben war ein beliebter Lückenfüller. Wehe, wenn die Buchstaben über den Zeilenrand gingen!

Rechenaufgaben wurden sowohl schriftlich als auch mündlich erledigt. Das kleine Einmaleins übten wir zwei Jahre lang. Manchmal machte mein Vater ein Wettspiel daraus: Alle Kinder mußten aufstehen, und wer die richtige Lösung zuerst wußte, der durfte sich wieder hinsetzen. Aus den vier Grundrechenarten entstanden lange Kettenaufgaben.

Der Deutschunterricht war sehr vielseitig. Bestimmten Hauptwörtern mußten wir das richtige Geschlechtswort zuordnen, Texte in die Vergangenheit setzen oder Worte finden, die mit „heit", „keit", „ung" oder „ing" ergänzt werden konnten. Stand ein Klassenaufsatz an, so praktizierte mein Vater folgendes: Er setzte einen Schüler in unser Wohnzimmer, einen anderen in die Küche oder in das Schlafzimmer. So hatte jeder die nötige Ruhe zum Nachdenken.

Deutsch war mein Lieblingsfach. Ich las gern und viel, einige Bücher sogar mehrmals. Ich bevorzugte Märchen. Meine Eltern schenkten mir zum Geburtstag, zu Ostern und zu Weihnachten ein neues Märchenbuch, so daß ich beim Wechsel zur Höheren Schule nicht nur die Märchen der Gebrüder Grimm kannte, sondern auch die von Hauff, Andersen und Bechstein. Ich besaß die „Märchen an den französischen Kaminen" sowie chinesische und japanische Erzählungen mit wunderschönen Illustrationen. Gedichte, Lieder, Psalmen oder Balladen waren mir geläufiger als anderen Schülerinnen. Ich las lauter und fließender als sie, was mir manches Lob einbrachte. Ich wußte damals nicht, daß mein Vater infolge einer nicht erkannten Mittelohrentzündung als Kind etwas schwerhörig geworden war. Daher hatte er uns immer eine laute und deutliche Ausdrucksweise abverlangt. Ich spreche heute noch sehr artikuliert und kann als Märchenerzählerin einen ganzen Saal ohne Mikrofon unterhalten.

Mein Vater, zugleich auch Kantor, spielte im Gottesdienst die Orgel. Für den Gesangsunterricht an der Schule hatte er noch ein Melodieinstrument, die Geige, erlernt. Ehe sie zum Einsatz kam, mußte sie jedesmal erst gestimmt werden. Inzwischen sangen wir schon mal ein Lied, obwohl unser Lehrer „Ruhe!" schrie. Wir sangen zu jeder Gelegenheit, denn singen macht froh: vor dem Unterricht, zur Entspannung zwischendurch oder zur Belohnung für eine besondere Leistung. Wir lernten viele Volkslieder mit allen ihren Strophen.

Der Naturkundeunterricht fand meistens im Freien statt. Die Ähren wurden direkt auf dem Feld erklärt, die Bäume an ihrer Rinde und ihren Blättern beschrieben. Wir sammelten Heilkräuter, trockneten sie und verwendeten sie dann als Tee. Wir lernten neben den deutschen Bezeichnungen die lateinischen Namen der Pflanzen. Blüten und Blätter wurden gepreßt, um damit Karten zu verzieren. Die Lehre von den Tieren war für das Winterhalbjahr vorgesehen.

Für Erdkunde wurde eine Landkarte an einem Ständer hochgezogen. Als ich später in die Höhere Töchterschule der Kreisstadt Glatz kam, fielen meine Kenntnisse in diesem Fach besonders auf. Ich kannte die Hauptstädte der wichtigsten Länder und konnte sie auf Anhieb auf der Karte zeigen. Das Gesellschaftsspiel „Stadt, Land, Fluß" hatte sicher dazu beigetragen. Die Lehrerinnen staunten über mein Wissen, das hätten sie einem Kind, das eine einklassige Schule besucht hatte, nicht zugetraut!

In den Geschichtsunterricht mischte sich sogar meine Mutter ein. Sie feierte über Jahre noch Kaisers Geburtstag mit einem Kuchen, sie kannte die Namen aller Prinzen und Prinzessinnen und wußte deren Lebensläufe und Verwandtschaftsgrade. Mein Vater aber ging streng nach Lehrplan vor. Er vermittelte Fakten und Daten, zum Beispiel über die Herrschaftszeiten der Hohenzollern und Hohenstaufen, die Reformation, die Gegenreformation, die Goten, die Tataren, die Kreuzzüge, den Gang Heinrichs IV. nach Canossa – wobei mir sogleich die Ballade über „Heinrich den Vogler" einfällt.

„Turnen" gab es selten. Eine Turnhalle und Geräte hatten wir nicht, auch keine Reifen oder Bälle. Wenn das Wetter schön war, stellten wir uns draußen im Kreis auf und machten einige gymnastische Übungen. Oft blieben Leute am Wiesenrand stehen und schauten uns zu, was wir gar nicht schätzten. Die Turnübungen gingen am Ende in Spiele über, mit denen wir ausreichend beschäftigt waren.

An Zeichenunterricht kann ich mich nicht erinnern. Farbstifte und Malblöcke waren wahrscheinlich zu teuer.

An den Ausflügen nahmen alle Schüler teil. Die älteren halfen den jüngeren. So wuchs die Gemeinschaft aller Altersklassen. Unterwegs wurde natürlich wieder gesungen.

Fiel ein Schüler durch Krankheit aus, besuchte meine Mutter die Familie und half mit Rat und Tat, weil ein Arzt oft zu teuer war. Meine Großmutter war Anhängerin von Pfarrer Kneipp, meine Mutter half nach seiner Theorie.

Handarbeit war ein besonderes Fach für uns Mädchen. Unsere Lehrerin war gelähmt. Das Fräulein Hotz war ledig geblieben und etwa 25 Jahre alt. Wir gingen nachmittags zu ihr nach Hause, wo sie uns im Rollstuhl empfing. Sie lehrte uns zu stricken, sticken und zu häkeln. Mein Sticktuch mit allen Zierstichen ging erst bei der Vertreibung verloren. Handschuhe und Socken kann ich heute noch anfertigen. Und wie wäre ich bloß über die schweren Jahre 1945–1948 gekommen, wenn ich mir nicht hätte helfen können?

Wenn ich aus Stroh, Flickenresten oder Säcken Kleidung für mich und die Kinder improvisierte, dachte ich oftmals dankbar an meine Handarbeitslehrerin, die ihre letzten Lebensjahre wohlbetreut in Bethel verbracht hat.

Aus: „Stöckchen-Hiebe", Reihe ZEITGUT, Band 3.

[Adorf bei Oelsnitz, Vogtland;
1923]

Gottfried Schädlich

Strenge Liebe

„Paß gut auf, Junge, damit du viel lernst", mahnte die Mutter. „Dir soll es einmal besser gehen als uns!"

Wie dies durch viel Lernen zu bewerkstelligen sei, war für
mich unerfindlich, doch ich fragte nicht. Das Lernen machte
mir Spaß, also brauchte man kein Wort darüber zu verlieren.

Der Schulweg führte durch die Taumühle, die wir auch Gän-
semühle nannten, doch dieses Problem war abgehakt, erledigt. Zwar lauerten die Gänse wie eh und je, mit langem Hals
und zischend, aber sie trauten sich nicht heran. Ich beobachtete die Gefiederten mißtrauisch und war auf der Hut. Doch
die Gänse dachten nicht an einen Angriff, nicht bei uns. So
war es schon fast langweilig, und ich schritt, stolz wie ein Spa-
nier, quer über den weiten Platz der Mühle voran, die anderen folgten mir. Der Pit war größer, der Berthold auch, trotzdem blieben sie hinten. Hahnemann, geh du voran ...

Eine gute halbe Stunde mußten wir Jungen laufen, bevor
die Volksschule in Sicht kam: ein großer Kasten aus roten Zie-
geln, an den Fensterlaibungen weiß verputzt. Die Schule lag
an einem Abhang. Sie war von weitem zu sehen. Nur die Kirche überragte sie noch, die thronte ganz oben. Die Volksschule besuchten fast alle Kinder von Adorf. Nur eine Handvoll
der älteren fuhr mit der Reichsbahn nach Oelsnitz zur Höheren Schule, manche sogar noch weiter. Das waren die Auser-
wählten, diejenigen, die nicht nur den nötigen Verstand mit-

bekommen hatten, sondern auch das Geld für Schulbesuch und Bahnfahrt. Die trugen stolz eine Schülermütze: Seht her, was ich bin!

Betrat man das breithingelagerte zweistöckige Gebäude, brauchte man keine Augen, um zu wissen, wo man sich befand, man roch es. Die Schule stank nach jenem Öl, mit dem die Holzdielen getränkt worden waren und in den Ferien immer wieder neu getränkt wurden. Geräumig und hell waren die Klassenzimmer. 30, 40 oder noch mehr Kinder waren dort bequem unterzubringen, denn die Bänke waren schmal und eng. Für dünne Hinterteile, Dreierbrötchen, reichten sie. Auf der Kopfleiste der Zweierbänke steckten Tintenfässer im Holz, zwei gefüllte Tintenfässer mit Deckel darauf. Es machte Spaß, diese Deckel auf- und zuschnappen zu lassen, laut klappernd. Seine Tücken sollte ich bald zu spüren bekommen.

Eine Aula, einen Festsaal, gab es nicht. Wozu denn? Das konnte man billiger haben. Wenn es etwas zu feiern gab, höchst selten im übrigen, dann tat es auch die Turnhalle. Einen Absatz tiefer zog sie sich hin wie eine weiträumige Scheune: Steinsockel, Holzverschlag an den Seiten, Schiefer oben. Genügte das nicht?

Für eine Feier, bei der man ja auch stehen konnte? Beim 25jährigen Jubiläum des Karnickelzüchtervereins? Beim Turnfest? Frisch-fromm-fröhlich-frei? Turnvater Ludwig Jahn wäre zufrieden gewesen. Keine Mätzchen, dafür Bescheidenheit. Mehr Sein als Schein, bitte sehr.

Vor der Turnhalle, geteert sogar, breitete sich der Schulhof aus: übersichtlich, breitflächig. Der in den Pausen beaufsichtigende Lehrer hatte alles im Griff oder vielmehr im Auge. In den Pausen wurde viel marschiert, singend immer im Kreis herum. „Wem Gott will rechte Gunst erweisen", erklang es und „Das Wandern ist des Müllers Lust ..."

Die Kleinen kamen nicht recht mit und verstolperten den Takt, aber auch die würden es lernen. Man mußte nur genug üben.

Gegenüber lag das Schmuckstück der Schule, ein besonders sehenswerter Teil. So empfand es jedenfalls Lehrer Loos. Seine nimmermüden Augen waren vor allem auf jene Seite der Schule gerichtet, die an den Schulhof grenzte, den Garten nämlich. Jawohl, auf dem Garten, einem Schulgarten, ruhte sein Blick. Es war kein eingezäunter, bewahre, sondern einer aus lauter winzigen Beeten, gut gepflegten Beeten wohlgemerkt, Beeten gleicher Größe. Verschiedene Größen wären gegen sein Gerechtigkeitsgefühl gewesen. Keiner sollte leer ausgehen.

So nannte also jeder Schüler, der bei Herrn Loos in Naturkunde unterrichtet wurde, solch ein Minigärtchen sein eigen. Das durfte und mußte das Kind bebauen, dort mußte es Unkraut zupfen: „Wie heißt das hier? Das mit den gezackten Blättern?"

„Löwenzahn?" – „Richtig!"

Häckeln und gießen mußten die Schüler, aber sie durften auch ernten. Lehrer Loos wollte ihnen zeigen, daß Fleiß und Kenntnisse ihren Lohn brächten. Klein, aber zäh und wendig, energisch, fleißig, naturlieb vor allem und zielstrebig. Hatten Lehrer nicht so zu sein, damit auch die Kinder so wurden?

Mutter hatte mir im Frühjahr Radieschensamen besorgt, auch den von Rettichen und Möhren. „Dann hast du im Sommer etwas und im Herbst", hatte sie versprochen, und es stimmte auch. Nach der Ernte habe ich die roten, knackigen Radieschen bereits zur Pause gefuttert; die Möhren waren noch zu dünn. Die Hoffnung auf süße schnurpsende Möhren beflügelte meine Arbeit im Garten. Nächstes Jahr, so beschloß ich jetzt schon, nächstes Jahr kommen aber Erbsen in die Erde. Schoten aß ich für mein Leben gern. Ruten zum Stützen würde ich mir schon besorgen.

Lehrer Loos wurde fuchsteufelswild, wenn jemand sein Beet verkommen ließ. Er schrie dann mit einer Stimme, die man seiner schmalen Brust nicht zugetraut hätte. Er gehör-

Schüler einer Volksschule haben sich unter Aufsicht ihrer Lehrer in Zweierreihen auf dem Schulflur aufgestellt. Bei schönem Wetter war die Hofpause Pflicht. Bei Regen wurden in den Korridoren – ebenfalls in Zweiergruppen – Runden gedreht.

te auch zu jenen älteren Lehrern, die ein langes Lineal nicht nur zum Ziehen eines geraden Striches benötigten. Außer Naturkunde gab er Rechnen, schließlich mußte man zählen können, was man im Leben – nicht nur im Garten – erntete. Deshalb veranstaltete er oft Wettrechnen. „Auf!" befahl er dann scharf. „Hoch mit euch, ihr Faulpelze! Also: ..."

Nun folgte eine Zahlenreihe. Eine Zahl nach der anderen purzelte heraus, es wurde addiert, subtrahiert, multipliziert. Plötzlich hielt er inne und fragte: „Und wieviel ist das?"

Antwortete eine der Schülerinnen oder einer der Schüler wie aus der Pistole geschossen und war das Ergebnis richtig, dann durfte man sich setzen – mit einem erleichterten Seufzer. Dieser Kelch war wieder einmal vorübergegangen. Wehe

aber denen, die sich immer wieder verhaspelten, weil sie entweder nicht so schnell rechnen konnten oder ihnen die Aufregung das Gehirn blockierte! Denen legte Lehrer Loos
schweigend sein langes Holzlineal auf die ausgestreckten
Hände, das Mehrzwecklineal.

„Dann wollen wir mal", sagte er trügerisch ruhig.

Und wupp, zog er das Lineal von den Händen und ließ es
heftig darauf niedersausen. Und wehe, einer der Geprügel-
ten brüllte! Das gab es nicht. Hart wie Spartaner sollten
wir sein, von denen in meinem Realienbuch sagenhafte Geschichten standen. Da hatte doch ein Spartanerjunge einen
Fuchs gestohlen und unter dem Mantel versteckt, aber immer geleugnet, daß es so war, obwohl ihm der Fuchs die
Brust zerbiß!

*Wanderung zur Quelle der Weißen Elster mit Lehrer Voigt, er gab Erdkun-
deunterricht vor Ort. Im Hintergrund ist das Hochmoor zu sehen.*

Ob Herrn Loos' Methode gut war und das Rechnen be-
schleunigte, blieb strittig, doch es gab niemanden, der sich
deswegen aufgeregt hätte. „Wenn sie dabei besser lernen,
wird das schon in Ordnung sein", meinten die Eltern. „Bei
uns war das auch nicht anders."

Den Höhepunkt eines jeden Tages bildete die große Pause, da gab es nämlich Quäkerspeise. Unten im Keller dampf-
ten riesige Kessel, dort schwangen freiwillig Helferinnen die
Kelle, senkten sie in die duftenden Dämpfe und holten sie
gefüllt wieder heraus, gefüllt mit heißer Flüssigkeit. Meist
war es Milch mit Haferflocken, manchmal sogar Weizenflok-
ken mit Backpflaumen. Pflaumen! In Weizen!

Ob alle Schüler dieses Labsal genießen durften, entzog sich
meiner Kenntnis. Ich gehörte zu den Glücklichen. Dabei dachte ich nicht an Mutters Worte: „Du mußt groß und stark
werden!", sondern nur an meinen Hunger und den guten
Geschmack. Mir war es gleichgültig, woher diese Gottesga-
be kam, wie Mutter sie nannte, bis ich einmal die Eltern darüber sprechen hörte. Aus Amerika stammte das alles, von
mildtätigen Menschen, die andere nicht hungern lassen wollten; von frommen Leuten, die Mitmenschen etwas Gutes tun
wollten. Vater sah es zwar auch so, doch er machte Einschrän-
kungen: „Seltsam: Erst haben sie uns im Krieg kaputtge-
macht mit ihrer Masse an Mensch und Material, und nun
päppeln sie uns wieder auf."

Amerika schien ein sehr großes Land mit sehr verschie-
denartigen Menschen zu sein.

Aus: „Zwischen Kaiser und Hitler", Reihe ZEITGUT, Band 15.

[Berlin-Prenzlauer Berg;
1924/25]

Liselotte Haak

Händchen auf den Tisch und Köpfchen frisch!

Mein sechster Geburtstag lag gerade hinter mir, als meine
adrett gekleidete Mama mit mir zur Schulanmeldung ging.
Das große, graue Schulgebäude in unserem Berliner Stadtbezirk Prenzlauer Berg kannte ich schon vom Sehen.

„Wenn der Rektor dich nach deinem Namen fragt, sagst
du Anna Ottilie Liselotte Haak", hatte mir meine Großmutter eingetrichtert, „und wenn er nach deinem Vater fragt,
gibst du zur Antwort: Er hieß Willi Haak, ist im Krieg gefallen und war Bankbeamter." Na, das war leicht zu behalten.

Über dem Eingangsportal in der Thorner Straße stand:
„272. Gemeindeschule". Auch den merkwürdigen Namen des
Rektors hatte ich schon erfahren. Er hieß „von der Kam-
mer" und war ein kleiner, rundlicher Herr. Als ich mit lauter
Stimme meine drei Vornamen herausposaunt hatte, lachte
er und sagte: „So genau will ich es nicht wissen!"

Das ärgerte mich, und die folgenden Antworten kamen nur
zögernd und leise. Auf seine Frage, ob ich mich auf die Schule freue, antwortete ich strahlend: „Ja, sehr, ich will doch
endlich lesen lernen, das L und das A kenne ich schon!"

Damit waren wir entlassen, und ich hüpfte fröhlich die
drei Eingangsstufen hinunter.

„Warum habt ihr mir Anna Ottilie beigebracht?" beschwer-
te ich mich. „Nun hat er mich deswegen ausgelacht!"

Mutter lachte und erklärte mir, daß ich die beiden Tauf-

namen nach meinen Patinnen, den beiden Großmüttern, erhalten habe.

Am ersten Schultag erhielt ich eine große, bunte Schultüte voller Süßigkeiten und mein Bruder eine kleine. Die Fibel
liebte ich sehr, wenn mir auch nicht alle Bilder gefielen. Da
war ein Hund abgebildet, der wie ein böses Wildschwein aussah. Zu den ersten fünf Bildern brachte uns unsere Klassenlehrerin, Fräulein Sommer, passende Verse bei, die ich schnell
lernte:

> *Heini, Heini, ach, ist Heini dumm:*
> *stippt mit allen Fingerchen im Tintenfaß herum!*

O EI NE MAUS — WO
LAUF ER NA — RUF MA MA
SO EI NE FAU LE MI AU
O MEIN FEI NES SO FA
NUN MAL LOS
LAUF RAUS — MI AU
EI NE MAUS

*Eine Seite aus
meiner ersten
Fibel aus dem
Jahr 1924.*

Übrigens waren wir nur Mädchen in der Klasse, 30 an der Zahl, auch später im Lyzeum.

Schon in der 1. Klasse wurden wir je nach Leistung in eine bestimmte Rangfolge gesetzt. In den Grundschuljahren war ich meist die Erste. Es machte mir aber auch nichts aus, wenn ich Dritte wurde, was durch mein Versagen im Kopfrechnen des öfteren vorkam. Dann hieß es: „Zwei runter mit Mappe und Frühstück!" Ärgerlich wurde ich nur, wenn die Lehrerin ungerecht handelte, was leider auch vorkam.

Einmal hatte ich auf Fräulein Sommer eine regelrechte Wut, weil sie mich in die Ecke stellte. Mein Vergehen: Ich hatte gegähnt, ohne mir die Hand vor den Mund zu halten.

„Du hast keine Manieren", schimpfte sie.

Ich weinte und beobachtete dabei fasziniert die Tränen, die an meiner dunkelroten, rauhen Wolljacke wie Perlen hängenblieben.

Aber mit meinen Leistungen war die strenge Lehrerin zufrieden. Oft mußte ich Worte mit Kreide an die schwarze Wandtafel schreiben, ansonsten benutzten wir ABC-Schützen Griffel auf Schiefertafeln. Nachdem wir die großen Buchstaben in Druckschrift beherrschten, ging es an die Sütterlin-Schrift. Obwohl ich Linkshänderin war, lernte ich das Schreiben mit der rechten Hand schnell. Nur beim Basteln machte es sich negativ bemerkbar. Schon in der ersten Woche stellten wir ein Armband aus aufgefädelten Apfelsinenschalenstücken her, das mir nicht so gut gelang. Aber ich trug es ebenso stolz wie meine Klassenkameradinnen.

An ein besonderes Lob meiner ersten Lehrerin erinnere ich mich noch ganz genau. Wir mußten den Beruf des Vaters angeben. Meine beste Freundin, Erika Körnig, schwieg. Da meldete ich mich und sagte: „Herr Körnig ist Expedient."

Fräulein Sommer staunte und fragte mich, ob ich auch wüßte, was ein Expedient zu tun hätte. Auch das konnte ich ihr beantworten, weil meine Mama es mir erklärt hatte. Daraufhin lobte die Lehrerin: „Da haben wir ja eine kleine

Wortgewaltige in der Klasse. Du hast das Zeug zu einer Schriftstellerin!"

Mit diesen Worten konnte ich noch nichts anfangen, aber ich wußte, daß es ein Lob war.

Jeden Morgen machte ich mich zusammen mit Erika auf den Schulweg. Sie war einen Kopf größer als ich, sehr dünn und sehr ruhig. Hand in Hand trabten wir los, die schweren, braunen Lederschulmappen mit den baumelnden Schwämmchen für die Schiefertafel auf dem Rücken. An der Ecke drehten wir uns noch mal um, um meiner Mama, die am Fenster stand, zuzuwinken. Am Nachmittag kam Erika oft zu uns, und meine Mama übte mit uns Diktate. Auch in der Schule hatte ich da immer null Fehler. Sorgfältig schrieben wir mit Tinte und Federhalter in Sütterlinschrift:

Mama, Bubi, Lene, Hose, Nase, Leine, Pilz, Schirm, Kohlen, Tinte, Feder, Rose.

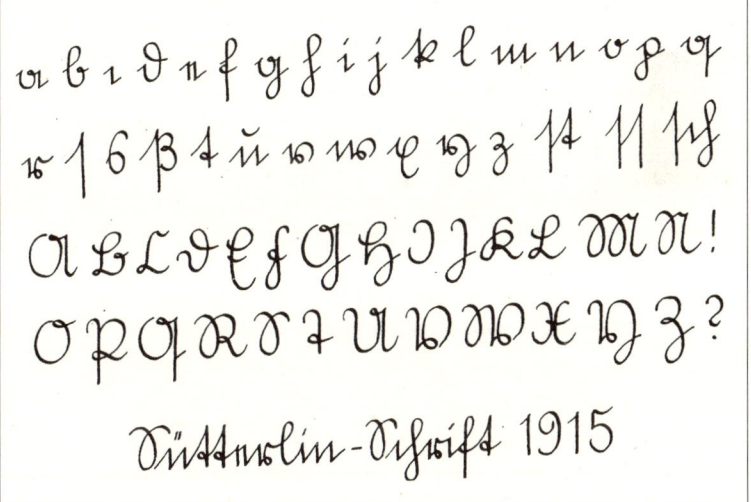

Die von dem Grafiker Ludwig Sütterlin (1865–1917) geschaffene Schrift wurde bis 1941 an den Schulen als „Deutsche Schreibschrift" gelehrt.

Die Schulspeisung liebten wir alle sehr. Da die meisten
Kinder in den Kriegs- und Nachkriegsjahren zum Teil sehr
schlecht ernährt waren, bekamen die Ärmsten unter uns jeden Tag als zusätzliches Frühstück einen Becher Milch und
ein Rosinenbrötchen. Beides stammte aus Geldspenden der
amerikanischen Quäker. Wie beneideten wir anderen die
Dünnen um diese Zukost!

Oft blieben Brötchen übrig. Die zerschnitt die Lehrerin in
vier Teile und warf die Stücke, mit dem Gesicht von uns ab-
gewandt, über ihren Kopf in die Klasse. Das gab jedesmal
viel Jubel, wenn man ein Stück fing und es essen durfte.

Ausgerechnet Schuhleder!

Mit sieben Jahren war ich zum ersten Mal in meinem Leben
verliebt. „Er" war für kurze Zeit unser Vertretungslehrer in
der zweiten Klasse. Unsere Klassenlehrerin, Fräulein von
der Heyden, eine respekteinflößende ältere Dame, war krank
geworden. Ihr graues Haar trug sie gerade gescheitelt und
straff zu einem Dutt zusammengesteckt. Der goldgefaßte
Kneifer gab ihr ein strenges Aussehen. Wir hatten zwar keine Angst vor ihr, aber wenn sie morgens die Klasse betrat,
verstummte schlagartig unser Lachen und Schwatzen. Brav
senkten wir die Köpfe zum Morgengebet: „Wie fröhlich bin
ich aufgewacht ..."

Vom Unterricht selbst ist mir keine Erinnerung geblieben, wohl aber der oft zitierte Spruch der Lehrerin: „Händchen auf den Tisch und Köpfchen frisch!"

Wir haßten es, wenn das Fräulein von Zeit zu Zeit unsere
Ohren, Hände und Fingernägel inspizierte. Wer ihren An-
sprüchen in puncto Sauberkeit nicht genügte, bekam einen
scharfen Hieb mit dem Lineal auf die Hand.

Eines Morgens betrat anstelle der Klassenlehrerin ein junger Mann den Raum und sagte forsch: „Eure Lehrerin ist im
Krankenhaus, wir werden ein paar Wochen miteinander arbeiten. Mal sehen, ob ihr schon meinen Namen lesen könnt!"

Gespannt verfolgten wir, wie er in schönster Sütterlinschrift „Schuhleder" an die Wandtafel schrieb. Ein Geraune und Gekichere ging durch die Reihen. Und dann fragte die kecke Gerda: „Und Ihr Vorname?" Daraufhin schrieb er „Tristan". Wir schauten uns ratlos an. Unsere Väter und Brüder hießen Otto, Walter, Paul und Emil, aber Tristan – nie gehört! Bei dem neuen Lehrer machte der Unterricht Spaß, vor allem gefiel uns sein Äußeres: Er war mittelgroß und zierlich, hatte blondgelocktes Haar und blaue Augen, die fröhlich in die Welt lachten. „Trissi" wurde der Schwarm der ganzen Klasse, wir fanden ihn einfach „süüüß"!

Mit seiner Geige brachte uns Herr Schuhleder viele Lieder bei. Besonders lustig ging es zu, wenn wir sangen:

Eine kleine Geige möcht' ich haben,
eine kleine Geige hätt' ich gern.
Nachbars Kinder und der Spitz
kämen alle wie der Blitz,
und sängen und sprängen
gar lustig herum,
fiedelfiedel fummfumm, fiedelfiedel fummfumm ...

Wir durften alle den Geigenspieler nachahmen und fiedelnd durch die Klasse laufen. Beim Kehrreim faßten wir uns paarweise an und hopsten ausgelassen herum. Das Verlassen der Schulbänke war damals etwas ganz Neues und Unerhörtes! Da wir es oft wiederholten, erfand ich eine Variante: Ich war Nachbars Spitz, der mit rhythmischem „Wauwau!" durch die Klasse sprang. Herr Schuhleder war begeistert. Er zauberte mit Papier und Schere einen buschigen Spitzschwanz, den er mir ans Röckchen steckte. Die Klasse jubelte so laut, daß der Rektor plötzlich in der Tür stand und sich den Lärm verbat. Aber der „junge Kollege" wußte ihn zu beschwichtigen: „Die Bewegungsspiele lockern die Kinder auf und machen sie danach lernfreudiger!"

*Klassenausflug in den Grunewald im Sommer 1926 – mit unserer alten
Lehrerin. Noch lange schwärmen wir kleinen Mädchen von „Trissi", dem
jungen Vertretungslehrer. Tristan Schuhleder lautete sein bürgerlicher
Name. Ich sitze im Matrosenkleid in der zweiten Reihe ganz links.*

Wir waren von „Trissis" Mut beeindruckt. Donnerwetter, er
war nicht nur nett, sondern ein Held!

Ich selbst erfuhr durch ihn viel Anerkennung. Noch heute
wundere ich mich, daß keine der Klassenkameradinnen behauptete, ich würde vorgezogen oder ich schmeichele mich
bei ihm ein. Nein, auch Inge und Traute, die beide Führungs-
positionen in der Klasse innehatten, hegten keinen Arg gegen mich. Sie fanden es auch in Ordnung, daß ich vom dritten Platz auf den ersten vorrückte. Nur Friedel Golz räumte
mit bitterbösem Gesicht die Spitze, als es hieß: „Eins rauf
mit Mappe und Frühstück!"

Das Allerschönste aber war für mich die Morgenstunde.
Da hatte ich „Trissi" ganz für mich allein. Als erste stand
ich vor dem Schulgebäude. Wenn der Lehrer dann pfeifend
angeradelt kam, hielt ich ihm das schwere Schultor auf. Gemeinsam gingen wir zum Fahrradschuppen. Während der

junge Mann sein Rad verstaute und die Hosenklammern lö-
ste, durfte ich seine Aktentasche halten. Die Belohnung be-
stand aus dankenden Worten: Er nannte mich seine „getreue
Helferin", „das frühe Lottchen" oder auch „Krümelchen"!
So herzlich hatte noch nie jemand zu mir gesprochen. Zu
Hause wehte ein kühler Wind!

Bis zum ersten Klingeln saßen wir nebeneinander auf der
Außentreppe und plauderten. Herr Schuhleder stammte von
einem Bauernhof. Er erzählte vom Hofhund Nero, der so gern
die Hühner jagte, von der Lieblingskuh Buntjack und vom
Schafbock Max, der ihn einmal zu Boden gestoßen hatte. Das
waren Geschichten nach meinem Herzen. Und er erfuhr von
der kleinen Liselotte, daß sie noch immer davon träumte,
der im Weltkrieg vermißte Vater würde eines Tages leibhaf-
tig und gesund vor der Tür stehen. Das hatte ich noch keinem Menschen anvertraut!

In meinem Kinderherzen lebte aber auch schon die Eifersucht. Wenn unser Unterricht zu Ende war, übte Herr Schuhleder oft mit den Großen, den Vierzehnjährigen, Volkstänze
auf dem Schulhof. Zu viert oder fünft standen wir Kleinen
als Zuschauer dabei, unsere Ranzen lässig an einem Leder-
riemen hinterherschleifend. „Mudder Witsch", „Wenn hier
ein Pott mit Bohnen steht", „Ei ja, so springen wir" wurden
getanzt, auch einfache Kreisspiele „Ich nahm die Brille vor
meine Augen, um zu sehn, was die Bücher taugen".

Am besten gefiel mir „Nein, ich mag nicht haben die da!"
Der Innenkreis der „Jungen", die es ja bei uns nicht gab,
löste sich beim Kehrreim auf und jeder suchte sich zum Paar-
tanz ein „Mädchen":

Die ich mir zum Tanze auserwähl',
die ist so lustig und fidel – wie ich!

Mit geballten Fäusten und Neid im Herzen beobachtete ich,
wie der junge Lehrer die schwarze Elvira holte, mit ihr wild
herumtanzte und so daß ihre langen Zöpfe nur so flogen!

Doch dann geschah einmal das erhoffte Wunder: Herr Schuhleder winkte uns, Friedel, Alma, Luzie Fischer und mich, in den Kreis zum Mitmachen. Wir mußten uns ordentlich anstrengen, um mit den Großen Schritt zu halten. Mein Glück kannte keine Grenzen, als mich der geliebte Lehrer „auserwählte", und mich gar zum Schluß mit gestreckten Armen hochstemmte und in der Luft drehte, da jubelten die Großen und riefen: „Oh, wie niedlich!"

Ich ging nach Hause wie auf Wolken, aber nicht, ohne der Elvira einen triumphierenden Blick zuzuwerfen: Ätsch, mich mag er auch!

Mit dem Beginn der großen Ferien waren auch die fröhlichen Stunden zu Ende. Der Schulalltag wurde wieder grau wie das häßliche Reformkleid der Klassenlehrerin. Natürlich verlor ich auch wieder meinen ersten Platz. Fräulein von der Heyden stand mit erhobenem Zeigefinger vor mir und sagte: „Du mußt viel fleißiger Kopfrechnen üben. Das ist im Leben wichtiger als das viele Trallala und Hopsassa!"

Mit trotzigem Gesicht schaute ich die alte Lehrerin an. Ich hörte aus ihren Worten auch die Kritik an dem Junglehrer, der unsere Herzen gewonnen hatte.

Kein Wort kam über meine Lippen, nur die Tränen kullerten auf das buntgeblümte Sommerkleid. Sie galten nicht dem verlorenen ersten Platz, sondern einem lieben Menschen, der Freude und Wärme in mein kleines Kinderleben gebracht hatte, und den ich nie wiedersehen würde.

Aus: „Zwischen Kaiser und Hitler", Reihe ZEITGUT, Band 15.

Irma Lang

Der Schwarm der Oberklasse

In der Schule hatte ich eine Freundin, sie hieß Lenchen. Jede freie Minute hockten wir beieinander und – wie Jugendliche es sich so vorstellen – wollten auch später beruflich zusammenbleiben. 1923 war unsere Schulzeit beendet. Nach der Volksschule hätte ich gern auf die höhere Schule gewechselt, ich hatte auch einige Chancen, aber aus jeder Klasse wurden nur zwei Schüler zugelassen. Meine Mutter ging zum Rektor. Beide hatten ein sehr intensives Gespräch. Der Rektor machte meine Mutter auch auf die finanziellen Schwierigkeiten aufmerksam, die auf unsere Familie zukommen würden – und so wurde nichts daraus.

Es war eine bittere Zeit. Der Höhepunkt der Inflation war erreicht. Wenn unsere Väter mit dem Lohn nach Hause kamen, rannten wir sofort los, um das Geld in Lebensmittel umzusetzen, sonst war es im Nu nichts mehr wert. Für uns Schulabgänger sah es nicht gerade rosig aus. Konfirmationen und Abschlußfeiern konnten nur mit sehr wenigen Mitteln gestaltet werden.

Eines Tages kam meine Freundin ganz aufgeregt zu mir und berichtete von einer Schule hier in Hamburg, an der wir noch in einem freiwilligen neunten Schuljahr die Oberklasse besuchen könnten. Die Anmeldezeit war befristet. Es eilte also, wenn wir diese Chance nutzen wollten.

Natürlich war ich sofort Feuer und Flamme. Meine Mut-

Schulentlassungs-Zeugnis

für *Frieda Schramm*

Ort, Jahr und Tag der Geburt: *Warnsdorf, den 11. Dezember 1908*

Eltern, bez. Mutter oder Pfleger des Schülers (der Schülerin): *Adolf Ewald Blachut, Gastwirt, hier.*

Konfession oder Religion
des Schülers (der Schülerin): *ev. Gla.*
der Eltern:

Aufnahme in der Schule: *Ostern 1915.*

Stufe: *Warnsdorf*

Folgende: *Ostern 1915.*

Austritt: Tag, Angabe des Grundes und der Schulklasse, aus welcher der Schüler (die Schülerin) entlassen wird.

Am 28. März 1923 aus Kl. I wegen erfüllter Schulpflicht.

Abgangs-zeugnis

Betragen: *lobenswert (1)*

Fortschritte: *gut (2a)*

Zahl der ungerechtfertigt versäumten Schultage: *–*

Zahl der gerechtfertigt versäumten Schultage: *33.*

Besondere Bemerkungen:

Fleißig und gehorsam.

Warnsdorf, den 28. März 1923.

Ewa Dickmann, Schullehrer.

Zensurgrade: Sehr gut (1, 1b), gut (2a, 2, 2b), genügend (3a, 3, 3b), wenig genügend (4), ganz ungenügend (5); a erhöht, b erniedrigt die Bedeutung der Ziffer etwas.

Hauptbuch-Nummer *123.*

ter war von dieser Idee nicht so angetan, doch mein Vater stand voll auf meiner Seite.

Am folgenden Morgen machten wir beiden Mädchen uns sogleich auf den Weg zum Ausschlägerweg 18 im Stadtteil Hamm, wo wir die „Volksschule für Mädchen" aufsuchten, in der der Unterricht für das freiwillige 9. Schuljahr stattfinden sollte. Wir hatten Glück, denn an diesem Tag endete die Anmeldefrist. Die Klasse war jetzt voll belegt, und wir konnten gleich am Unterricht teilnehmen. Mädchen aus allen Stadtteilen Hamburgs saßen hier beisammen, sogar eine Finkenwerderin war dabei. Der Lehrer, noch jung, eben 30 Jahre alt, erläuterte uns zunächst den Lehrplan. Später kam der Rektor in unsere Klasse und sprach ein paar Worte zu uns. Ich konnte mein Glück, das mir so unerwartet zugefallen war, noch gar nicht recht fassen!

Der lange Schulweg, der nun jeden Tag zurückgelegt werden mußte, spielte keine wesentliche Rolle mehr. Oftmals begegneten wir dabei morgens unserem Lehrer Harry Laub. Mit Vergnügen legten wir die letzte Etappe gemeinsam zurück. Der Unterricht bei Mister L., wie wir ihn nannten, war nie langweilig. In der Englischstunde bildeten wir mit unseren Stühlen einen Kreis, nahmen unsere kleinen Büchlein zur Hand und lasen abwechselnd einen Abschnitt aus der Geschichte des kleinen Lord Fontleroy. Ich fühlte mich wohl in der Klasse, und so freute ich mich nach den Ferien immer wieder auf den Unterricht.

Die Schule besaß ein kleines Landhaus in Lütjensee. Auch aus unserer Oberklasse durften vier oder fünf Schülerinnen dieses Schulheim für eine Woche besuchen. Ich hatte das Glück, dabeizusein. Einige Lehrkräfte waren zur Aufsicht

Linke Seite: Schulentlassungszeugnis der Volksschule für Herta Blauhut aus Wernsdorf in Sachsen vom 23. März 1923. Ostern 1915 eingeschult, endete die reguläre Schulpflicht nach acht Jahren. Wie es sich für ein Mädchen gehörte, war sie „fleißig und strebsam".

mitgekommen, auch unser geliebter Mister L. In der Küche waren Mütter von einigen Schülerinnen beschäftigt. Auch wir fünf Großen mußten ein wenig mithelfen. Wenn wir uns nicht richtig betragen hatten, wurden wir ebenfalls in die Küche beordert. Aber das war durchaus keine Strafe, eher eine Begünstigung, denn unser Lehrer setzte sich beim Kartoffelschälen zu uns, nahm seine Gitarre und musizierte, und wir sangen fröhlich dazu.

Abends saßen wir in der Gartenlaube, und Mister L. erzählte uns Abenteuergeschichten so spannend, daß wir gar nicht genug davon hören konnten. Nur die glimmende Zigarette war in der Dunkelheit zu sehen. Mister L. mußte schon als ganz junger Mensch an die Front und geriet in Gefangenschaft. Hier hatte er sich das Rauchen angewöhnt. Mit Sicherheit gab es dort keine sonstigen Annehmlichkeiten des Lebens. Und so war er ein starker Raucher geworden. Eigenartigerweise empfanden wir es nicht als unangenehm.

Zum Abschluß des Abends sangen Lenchen und ich zweistimmig noch ein paar gefühlvolle Lieder wie: „Kennst du das Land, wo die Zitronen blüh'n?" oder Lieder von Hermann Löns. Gerade das Richtige für uns, so herrlich romantisch! So hatten diese sieben Tage Lütjensee mich mit der Ferienzeit ausgesöhnt. Wir konnten es nicht verheimlichen, unser Lehrer war unser aller Schwarm.

Die Mär vom Zopfabschneider

In dieser Zeit sollten sich unsere weiblichen Frisuren wesentlich verändern. Der Bubikopf war im Kommen, ein Trend aus Amerika. Nur ging es nicht einfach so von heute auf morgen und schon gar nicht gegen den Widerstand der meisten Eltern. In unserer Klasse trugen alle Mädchen noch Zöpfe, und den Nacken zierte eine große Haarschleife, ein „Butterlecker".

Gertrud aus Barmbek, die Dritte im Bunde, ein kesser Backfisch, wollte so schnell wie möglich einen Bubikopf haben. Aber mit der folgenden Überraschung hatten wir dann doch nicht gerechnet: Als wir drei uns eines Morgens wie gewohnt trafen, kam sie schluchzend auf uns zu und erzählte uns von einem Zopfabschneider, der ihr das Haar abgeschnitten hätte. Sie verplapperte sich aber bald und bat uns inständig, sie nun nicht alleinzulassen.

Lenchen und ich waren in Nöten. Einerseits wollten wir die Freundin nicht im Stich lassen, aber unseren geliebten Lehrer zu belügen, war uns doch ein schrecklicher Gedanke. In der Schule angekommen, konnten wir es kaum glauben, wie leichtfertig unsere Freundin erneut flunkern konnte. Unsere Klasse hatte an diesem Tag vor, ein Museum zu besuchen. Mit dem halb abgeschnittenen Haar konnte sich Gertrud unmöglich auf der Straße sehen lassen. So schnitt ich ihr die Haare so gut ich es vermochte zurecht, und Gertrud strahlte glücklich.

Mister L. hatte inzwischen mit dem Rektor über die Angelegenheit gesprochen. Er kam in die Klasse und hielt uns

Unser Mister L. inmitten seiner Grazien im Schulheim am Lütjensee, unweit von Hamburg. Rechts neben ihm stehe ich. Im Sommer 1923 verbrachten wir hier eine wunderbare Zeit.

Meine Oberklasse in Hamburg-Hamm mit dem geliebten Klassenlehrer.
Schülerinnen aus allen Stadtteilen Hamburgs absolvierten hier 1923/24
ein freiwilliges neuntes Schuljahr. Als vierte von links stehe ich in der
hinteren Reihe zwischen Gertrud und Lenchen, die eine Kette trägt.

einen Vortrag, aber man hörte aus seinen Worten heraus,
daß er das Ganze so ziemlich durchschaut hatte.

Der Zufall brachte die Wahrheit ans Licht. Am anderen
Morgen trafen wir Gertrud mit ihrer Mutter. Die Mutter war
sehr aufgeregt, sie schaute Lenchen und mich sehr böse an,
sprach aber kein Wort mit uns. Sie beklagte sich bei unserem Lehrer über die beiden „Bösewichter“, die ihre Tochter
zu dieser unmöglichen Tat verführt hätten!

Die berufstätige Mutter hatte nicht mitbekommen, daß
ihre Tochter sich das Haar selbst abgeschnitten hatte und
auf die originelle Idee kam, es in der Toilette verschwinden
zu lassen. Gertrud bemerkte aber nicht, daß es nicht ganz
hinuntergespült wurde, und so entdeckte die Mutter später
das Dilemma.

Zu meinem Kummer nahm uns unser Schwarm diese ko-
mödienhafte Geschichte und die Flunkerei schon etwas übel.

Ob er die Angelegenheit an sich überhaupt so ernst nahm, wie er vorgab, wußten wir natürlich nicht.

In den Wintermonaten trafen wir uns manchmal nachmittags mit unserem Lehrer in der Schule zu einer Gesprächsrunde. In dieser fröhlichen Gesellschaft kamen uns viele Ideen, wie wir in unserem Schulalltag verbessern konnten, so auch der Vorschlag, uns in den Schulpausen ein warmes Getränk zu gönnen. Zubereiten konnten wir es selbst in der Schule. Alle waren damit einverstanden. Ein andermal erzählte uns Mister L. vom regen Hamburger Theaterleben. Er hatte einige Programmhefte und Bilder von Schauspielern mitgebracht. Wir wollten so gern Theater spielen!

In der Adventszeit studierte Mister L. das Märchen „König Drosselbart" mit uns ein. Ich bekam die Rolle einer Hofdame. Die mußte ihr Haar hochgesteckt tragen. Eine Mitbewohnerin aus der Drögestraße bastelte mir am Tage der Aufführung eine vorschriftsmäßige Frisur zurecht. Doch ich war gar nicht zufrieden damit, ich kam mir furchtbar erwachsen vor. Kurzerhand zerstörte ich undankbares Geschöpf alles wieder, was sie so schön aufgebaut hatte. Anschließend steckte ich mir mein Haar selber zurecht, so gut es ging.

Abends war es dann soweit: Die Schule festlich geschmückt und die Bühne zauberhaft dekoriert, hofften wir sehr aufgeregt, daß unsere Aufführung zum Besten gelingen würde. Unser Lehrer stand an der Tür und begrüßte die Eltern, bis der Saal voll besetzt war. Dieser wunderschöne, gelungene Abend begeisterte alle!

Viel zu schnell ging dieses Schuljahr zu Ende. Wir waren alle sehr traurig. Fünf Schülerinnen und ich hatten das Glück, noch eine Zeitlang privat bei Mister L. unsere Englischkenntnisse zu erweitern.

Wir starteten ins Berufsleben. Ich hatte bald eine Lehrstelle für eine kaufmännische Ausbildung gefunden. Das Büro lag am Hopfenmarkt in der Hamburger Innenstadt. Dort waren neben einem Kompagnon eine Angestellte und einige Vertreter beschäftigt. Mein Chef hatte viel Humor. Alle waren freundlich zu mir.

Meine Freundin hatte eine Lehre bei Karstadt begonnen. In dieser Zeit wurde sie sehr krank und bekam Lungenschwindsucht. Viele junge Menschen waren damals davon betroffen. Ich konnte es gar nicht fassen, daß dieses schöne, kräftige Mädchen sterbenskrank werden mußte. Sie starb im 18. Lebensjahr. Auch ihr Schwager erlag dieser Krankheit. Weil ich Lenchen oft im Krankenhaus besucht hatte, wurde ich nach ihrem Tod auf diese Krankheit hin untersucht. Zum Glück war ich gesundgeblieben, aber ihr Tod hat mich sehr traurig gemacht. Castor und Pollux, wie uns Mister L. wegen unserer festen Freundschaft nannte, waren nun getrennt.

Auf Lenchens Beerdigung traf ich nach längerer Zeit meinen Lehrer wieder, und er lud mich zu einem Treffen ein. Danach sahen wir uns öfter, und ich wußte bald, daß er mehr als nur Sympathie für mich empfand.

„Othello" war die erste Oper, die ich mit ihm erlebte. Während der Pause äußerte er Bedenken darüber, daß der Stoff wohl doch zu grausam sei. Aber ich beruhigte ihn und versicherte meinem fürsorglichen Begleiter, daß diese Oper ein Erlebnis für mich sei. Mein Lehrer war ein sehr begabter Freizeitmaler, und er führte mich in die Welt der Malerei ein. Am zweiten Opernabend beglückte er mich mit „Figaros Hochzeit", und so erlebte ich viele schöne Stunden mit dem Menschen, der meine erste große Liebe war. Aber trotz der innigen Zuneigung fühlte ich mich noch nicht reif genug für eine Ehe.

Aus: „Zwischen Kaiser und Hitler", Reihe ZEITGUT, Band 15.

[Pieschen, Stadtteil von Dresden, Sachsen;
1923/24]

Erich Franze

Das Zepter

Die Klasse IVa saß da wie gelähmt. Jungen, die sich während der Pausen neckten, stritten und balgten, hockten verschüchtert herum. Sogar unser Klassenspaßmacher brütete stumm vor sich hin. Was war geschehen?

Vor wenigen Minuten hatten wir erfahren, daß unsere Klasse zu Beginn des neuen Schuljahres einen anderen Lehrer bekommen würde. War das wirklich so schlimm?

Gewiß nicht, aber es war damit ein Name verbunden, der bei allen Schülern Furcht und Schrecken verbreitete: Herr Gerisch! Oberlehrer Gerisch!

Wie konnte unser guter Herr Härtwig, der vier Jahre unser Lehrer war, uns so etwas zumuten? Uns, seinen Goldsöhnen und Prachtkerlen, wie er uns nannte, natürlich nur, wenn er mal besonders gut gelaunt war. Und nun, nach den Osterferien diesen Gerisch! „Was haben wir verbrochen?", fragten wir uns. Wir konnten es nicht fassen.

Am nächsten Tag, während der großen Pause, gingen wir in die Klasse, die Oberlehrer Gerisch vor Ostern abgab. Dort herrschte Hochstimmung. „Wir lassen uns von dem vertrockneten Pauker überhaupt nichts mehr gefallen!" So prahlten ein paar besonders vorlaute Burschen.

Das Gerücht ging schon lange im Schulhaus um, Gerisch, der Schulschreck, sei einmal von einer empörten Klasse in den Papierkorb gesetzt worden. Wir wollten herausbekommen, welche Klasse das vollbracht hatte. Die jetzigen Schüler von Gerisch rühmten sich dieser Tat nicht. Und die Klasse, welcher diese Tat zugeschrieben wurde, stand kurz vor der Entlassung. Als wir diese Jungen, die sich schon fast wie Erwachsene benahmen, fragten, gaben sie uns zur Antwort: „O ja, Gerisch hat mal im Papierkorb gesessen, aber nicht bei uns. Das wäre für uns eine Kleinigkeit gewesen, aber dann hatten wir Mitleid mit dem Zwerg."

So blieb das Gerücht von der Papierkorbbekanntschaft des Lehrers ungeklärt im Schulhaus hängen.

Am ersten Schultag nach den Osterferien, pünktlich mit dem Läuten der Schulglocke, stand er vor uns, der neue Klassenleiter Oberlehrer Gerisch: ein dürres Männlein, mit einem Gesicht wie zerknittertes Pergament, hinter einer altmodischen Nickelbrille ein stechendes Augenpaar: giftig, feindselig. Kohlschwarzes Haar hing ihm in wirren Strähnen über der Stirn.

Lauernd und verbissen ging er die Bankreihen auf und ab. Endlich durften wir uns setzen. Da fragte er vom Katheder herab: „Was ist das?" Er zeigte uns eine derbe Weidenrute.

„Na, was ist das?", wiederholte er drohend seine Frage.

Einer hob schüchtern die Hand.

„Na?"

„Das ist ein Stock, Herr Oberlehrer."

Gerisch tat diese Antwort mit einer unwirschen Handbewegung ab. „Na, wo bleibt die richtige Antwort?"

Keiner von uns wußte, was er antworten sollte. Der kleine Jähnig, den er aufrief, stotterte ängstlich. „D-d-d-as is Ihr Rohrstock."

„Rohrstock?" wiederholte höhnisch der Oberlehrer, „da, riech mal dran, aber richtig!"

Jähnig stand da und beschnupperte tatsächlich den Weidenstock, den ihn Gerisch unter die Nase hielt.

„Na, riechste was?" Genießerisch weidete sich Gerisch an der Angst des Schülers. Doch dann befahl er: „Sag du es, Bittner!"

Bittner sprang auf und leierte herunter: „Das ist Ihr Zepter, Herr Oberlehrer!"

Bittner war ein Sitzenbleiber aus der Klasse, die Gerisch abgegeben hatte und daher auf diese Frage dressiert. Mit dem „Zepter" unseres neuen Klassenlehrers hatte es seine Bewandtnis. Es war noch nicht lange her – 1923 –, als eine fortschrittliche sächsische Regierung die Prügelstrafe in den Schulen verbot. Die Rohrstöcke wurden eingezogen. Für Gerisch war es unvorstellbar, ohne Rohrstock zu unterrichten. Mit der Herausgabe seines Rohrstocks sah er sich seiner Macht entblößt, fühlte er sich entwaffnet, entthront als Herrscher über 35 Schüler. Er hatte sich aber bald Ersatz beschafft: die Weidenrute aus dem Schulgarten. Dieses „Zepter" pfiff nun über unsere Fingerspitzen und strammgezogenen Hosenböden. Griffbereit lag es immer auf dem Pult.

Aus den meisten der etwa 35 Jungen wurden verängstigte und geduckte Wesen. Die Schule wurde zur Strafe. Fröhlichkeit und Lachen erstarben schon bei dem Gedanken, am nächsten Tag wieder unter Gerischs Fuchtel zu sitzen. Dazu das öde Gepauke, der stupide Drill.

„Deutsche Sprachlehre" stand auf dem Stundenplan. Gerisch stellte die Frage nach dem Hauptwort, dem Eigenschafts- und dem Tätigkeitswort. Er schlug mit dem „Zepter" den Takt zu dem Sprechchor „Wer oder was, wie, was tut?" Zwanzigmal wiederholte das die gesamte Klasse, dann nochmals jeder Schüler einzeln. Den Zusammenhang begriff kaum einer. Automatisch wurde das heruntergeleiert, und jeder war froh, wenn er ohne Hiebe davonkam.

Die Empfindungen stumpften ab, und der fortwährende Zustand der Angst wich nach und nach einer immer stärker werdenden Auflehnung. Ganz vereinzelt begann das, zum

*Meine Klasse im 4. Schuljahr 1923/24 der 26. Volksschule in Dresden–
Pieschen, hier allerdings nicht mit Oberlehrer Gerisch.*

Beispiel beim Gesangsunterricht. Kirchenchoräle sollten wir
singen. Einige weigerten sich. „Mein Vater hat gesagt, die
Schule ist keine Kirche", verteidigte sich einer der Jungen.

Darauf bekam Gerisch einen Tobsuchtsanfall. Im Zeichenunterricht sollten Fahnen gemalt werden. Die sächsische mit
den Farben weiß-grün, das war uns klar. Aber die Reichs-
flagge in schwarz-weiß-rot? Das kam für uns nicht in Frage.
Wir malten sie, wie es sich gehörte, in den Farben schwarz-
rot-gold! Das war befehlswidrig!

Gerisch fauchte schon wieder wie ein gereizter Kater. Aber
je mehr er schlug und drohte, je mehr er quälte und schika-
nierte, desto störrischer wurde die Klasse. Insgeheim war
unter den Schülern verabredet worden, das „Zepter" verschwinden zu lassen. Aber wie?

Die Prügelstrafe war gesetzlich verboten. Aber niemand
unternahm etwas gegen den Prügellehrer Gerisch, und er
hatte nicht wenige „Kollegen". Die legten die Abschaffung
der Prügelstrafe auf ihre Weise aus. Das gelte nur für Schul-
buben, aber nicht für Lausbuben. Basta!

Das Attentat auf Gerischs „Zepter" reifte heran. Die Frage war, wann sich dazu eine Gelegenheit bot.

Eines Tages, in der Naturkundestunde, war es soweit.

„Nenne mir ein Nagetier, Papke!"

Unschlüssig und verlegen trat Papke von einem Bein auf das andere, aber ein Nagetier konnte er nicht nennen. Aus einer der hinteren Bänke kam Hilfe. Jemand raunte ihm zu: „Elefant". Sichtlich erleichtert sprudelte Papke hervor: „Der Elefant ist ein Nagetier!"

Mühsam unterdrücktes Gewieher ging durch die Klasse, und einige, die sich das Lachen absolut nicht verbeißen konnten, gluchsten so laut, daß Gerisch es hörte. Der stand da, die Arme in die Seite gestemmt, die Brille auf die Stirn geschoben; seine Kinnbacken malmten wie Mühlsteine.

„Wer hat vorgesagt und wer hat gelacht?" zischte er wütend.

Drei, vier Hände hoben sich zaghaft. Wortlos wies er mit der ausgestreckten Hand nach dem Katheder. Die Vier schlichen dahin, und wie ein Habicht folgte ihnen Gerisch. Das „Zepter" wippend, leitete er die übliche Prozedur ein. Die vier Jungen hielten ihm pflichtschuldig die Handteller hin. Das „Zepter" pfiff, zunächst probeweise, durch die Luft. Unwillkürlich zuckten die vier Hände zurück.

„Angst habt ihr, ihr Brüder", höhnte Gerisch.

Da stand „Erle" auf.

Gerisch stutzte mißtrauisch.

„Ich habe auch gelacht, Herr Oberlehrer!"

Erstaunt und verblüfft zugleich über dieses freimütige Bekenntnis ließ Gerisch das „Zepter" fallen. Eilfertig hob „Erle" den Stock auf. Mechanisch griff Gerischs Hand danach, aber sie griff ins Leere. „Erle" machte eine Kehrtwendung, und dann flog das „Zepter" durchs offene Fenster im hohen Bogen davon. In der dichten Baumkrone unterhalb des Fensters verfing es sich.

Was dann geschah, läßt sich kaum beschreiben. Des Oberlehrers Gesicht verzerrte sich zu einer wilden Grimasse. Wie angewurzelt stand er da. Dann ergriffen seine spindeldürren Arme die Kante des Pultes und stemmten es in die Höhe. Ein Stapel Schreibhefte klatschte herab, das Tintenglas fiel herunter, die Tinte ergoß sich über die auf dem Boden verstreuten Hefte. Seine Hände, die krampfhaft das Pult hochkippten, ließen los, dröhnend fiel es auf das Podium zurück. Kraftlos, erschöpft ließ sich Gerisch auf seinen Stuhl fallen. Sein Kopf mit dem wirren Haar sank herab, seine Schultern zuckten. Schluchzte er?

Banges Schweigen lag über der Klasse. Einige Beherzte begannen mit dem Auflesen der Schreibhefte und dem Aufwischen der vergossenen Tinte.

Da ging die Tür auf. Der Lehrer aus dem darunterliegenden Klassenzimmer schaute erschrocken auf das Chaos und auf Gerisch, der teilnahmlos auf seinem Stuhl kauerte. Stumm sahen sich beide Lehrer an. Eine müde, hilflose Gebärde war alles, dessen Gerisch noch fähig war.

Der Unterricht in den folgenden Tagen lief ab, als sei nichts Besonderes geschehen. Nur das „Zepter" fehlte. Unser Oberlehrer zeigte sich stumpfsinnig und gleichgültig. Gelangweilt blätterte er in dem Realienbuch, einem Lehrmaterial für die Naturkunde. Schließlich fragte er: „Was gibt es für Reisarten?"

Bergreis und Sumpfreis hätten wir antworten müssen. Aber wir saßen da, stumm wie die Fische. Einer meldete sich endlich und stammelte etwas von „Bruchreis", weiter langte es nicht.

Mit einem verächtlichen Grinsen lehnte sich Gerisch in seinem Stuhl zurück. „Bruchreis, Bruchreis", murmelte er. Der Schüler mit der „Bruchreis"-Antwort stand noch in der Bank, denn Gerisch hatte ihm noch nicht erlaubt, sich zu setzen. Mit einer abfälligen Handbewegung rief er dem Schüler zu: „Setz dich, du Pfund Bruchreis!"

Die Ellenbogen auf das Pult gestützt, brabbelte er vor sich

hin: „Was denn, ihr seid doch anderer Leute Kinder. Was
geht ihr mich überhaupt an?" Und plötzlich stieß er laut und
zornig hervor: „Bleibt dumm! Pfundsdumm!"

Dann kramte er in den Taschen seiner abgeschabten Jak-
ke nach seiner Tabakspfeife, stopfte sie in aller Ruhe und
verließ mitten in der Unterrichtsstunde zynisch lächelnd das
Klassenzimmer.

Nur noch wenige Tage war dieser mit Kathederweisheit
angefüllte und auf Rohrstockdrill abgerichtete Mensch als
Lehrer tätig. Dieses cholerische Nervenbündel hatte seine
Pflicht getan. Vierzig Jahre lang hatte dieser Rohrstockpau-
ker den Untertanengeist in heranwachsende Menschen hin-
eingedroschen, vierzig Jahre lang lehrte er Kinder, vor der
Obrigkeit zu zittern. Nun war es Zeit für ihn, in den Ruhestand zu treten.

Die Klasse hatte allen Grund, sich auf das neue Schuljahr
zu freuen. Dem neuen Lehrer, der die Klasse übernehmen
sollte, ging ein guter Ruf voraus, er galt als human, fortschrittlich und vielseitig gebildet. Heute, am Ende des Schuljahres, würden wir zum allerletzten Male Unterricht bei
Gerisch haben.

So sehr wir uns freuten, einen anderen, einen besseren
Lehrer zu bekommen, so innig wir uns das lange Schuljahr
über gewünscht hatten, Gerisch loszuwerden, jetzt, da es end-
lich soweit war, empfanden wir keine Genugtuung. In der
Pause wurde sogar davon gesprochen, unserem scheidenden
Oberlehrer ein paar Blumen zu überreichen.

„Habt ihr Geld?" fragte einer, dem der Vorschlag anschei-
nend nicht behagte.

Geld hatten wir nicht, aber die Blumenhändlerin gegenüber dem Schulgebäude, der wir oft geholfen hatten, Stiegen und Kisten wegzutragen, würde unsere Bitte, so hofften
wir, nach einem Sträußchen für unseren alten Lehrer bestimmt nicht abschlagen. Und es klappte. Nach der Pause

hatten wir einen bunten Strauß frischer Frühlingsblumen. Wer von uns sollte ihn überreichen? Da waren wir uns bald einig, obwohl etliche Klassenkameraden immer noch drucksten und maulten: „Warum wollt ihr denn den Schindpauker noch mit Blumen und schönen Reden verabschieden?" Aber ganz so ablehnend klang das nicht mehr. Mehr noch: Auf einmal wurden kleine Episoden des vergangenen Schuljahres herausgekramt.

Oberlehrer Gerisch hatte die Angewohnheit, während der großen Pausen im Klassenzimmer zu bleiben und dort auch zu frühstücken. Im Lehrerzimmer hielt er sich selten auf. Während der Pausen war er überhaupt sehr friedfertig. Einmal saß er an seinem Pult, schälte bedächtig einen Apfel und schaute dabei in die Runde. Wir Jungen frühstückten auch, allerdings nur diejenigen, die ein Frühstücksbrot mitbekommen hatten. Einige saßen hungrig da. Einen solchen Hungrigen winkte Gerisch heran: „Hast nischt zu fressen, was? Da, nimm!" Damit schob er ihm sein Frühstückspäckchen zu. Er rief ihm noch nach: „Aber friß nicht alles. Denk auch an andere!"

Ein anderes Mal, es war kurz vor Weihnachten, rief er meinem Banknachbarn zu: „Heute nachmittag kommst du mal zu mir in die Wohnung!"

Dem Jungen fuhr ein Schreck in die Glieder. Hatte er etwas „ausgefressen"?

Ich erbot mich, ihn auf seinem Weg zu begleiten, zumal ich wußte, daß in meines Vaters Schusterstübchen ein Paar fertigbesohlte Schuhe für Gerisch standen, die ich sowieso hinbringen mußte. Bei Gerischs Wohnung angelangt, empfing uns dessen Frau, freundlich und betulich. Unseren Oberlehrer trafen wir in der Küche beim Gemüseputzen. Er wurde aber sofort von seiner Frau mit der Aufforderung in Bewegung gesetzt, Packpapier und Schnürfaden herbeizuschaffen. Inzwischen brachte sie aus dem Speisekämmerchen einen herrlichen Weihnachtsstollen. Gleich darauf tadelte sie ihren Mann, daß das Verpackungsmaterial noch nicht bereitläge. Emsig suchte der in seiner Ecke herum, beflissen brachte er schließlich ein paar Bogen Papier. Und da bekam er schon wieder einen Rüffel, weil er kein Pergamentpapier mit hingelegt hatte. „Dir muß man aber auch alles haarklein vorkauen!" murrte die Frau.

Wandertag zur Burgruine Weblen in der Sächsischen Schweiz.
Die Aufnahme an den Sandsteinfelsen im Uttewalder Grund zeigt meine Klasse mit dem Schulleiter, dem Nachfolger Gerischs als Klassenlehrer.

Unser Oberlehrer nahm das wie selbstverständlich und widerspruchslos hin.

Während seine Frau den Stollen verpackte und er, um auch etwas zu helfen, den Bindfaden hielt, schob sich ein Jüngling von etwa 17 Jahren, der Sohn, in die Tür und raunzte seinen Vater an: „Wie oft soll ich dir deine Quadratlatschen nachräumen? Jetzt stehen die Klamotten schon wieder vor meinem Schrank!"

Unwillig brummend verschwand er wieder. Frau Gerisch sagte dazu nichts; sie hob nur strafend den Zeigefinger gegen ihren Mann. Mein Schulkamerad und ich grienten uns verstohlen an. Vielleicht dachte er wie ich in diesem Augenblick auch daran, wie oft Gerisch, das Bild einer Furie, vor uns im Klassenzimmer stand, die Fäuste geballt und zornbebend hervorstieß: „Wenn ihr bloß mal fünf Minuten meine wärt!" –

Belustigt über den Einblick in das Familienleben unseres Lehrers gingen mein Schulfreund und ich wieder nach Hause. Dieser freute sich königlich über den Weihnachtsstollen. Die Freude gönnte ich ihm von Herzen. Er hatte zu Weihnachten nicht viel zu erwarten. Sein Vater war schwer verunglückt und siechte seitdem mit gebrochenem Rückgrat im Gipsbett qualvoll und hoffnungslos dahin.

Solcher Anekdoten erinnerten wir uns, als unser Oberlehrer das Klassenzimmer wieder betrat. Eine seltsame Stille trat ein. Oberlehrer Gerisch setzte sich an sein Katheder, die letzte Stunde seines Lehrerberufs begann. Das ging ihm offensichtlich sehr nahe. Seine Erregung konnte er nur mühsam verbergen; nervös trommelte er mit den Fingern auf die Pultplatte. Dann gab er sich einen Ruck, und in betont aufrechter Haltung befahl er: „Laßt eure Schwarten im Ranzen! Was ich euch in einem Jahr nicht beibringen konnte, das schaffen wir in der letzten Stunde auch nicht mehr."

Und mit eigenartig gedämpfter Stimme fügte er hinzu: „Ihr seid doch froh, daß ihr mich endlich loswerdet, stimmt's?"

Eigentlich hatten wir im Chor antworten müssen: „Gott sei Dank!" Aber wir schwiegen.

Da erhob sich unser Mitschüler „Männe". Er hatte es übernommen, unserem Klassenlehrer das Abschiedssträußchen zu überreichen. Dazu hielt er eine kleine Ansprache, die der alte Mann gerührt über sich ergehen ließ. Sie enthielt gute Wünsche für seinen Ruhestand, für Gesundheit und Wohlergehen. Über alles andere, das viele Unschöne, das sich mit dem Namen Gerisch für uns verband, fiel kein Wort.

Voller Verlegenheit winkte unser alter Oberlehrer ab. „Ach Männe, laß schon, laß gut sein, Hermann!"

Wir schauten uns verwundert an. Niemals hatte Gerisch einen von uns mit dem Vornamen angeredet. Jetzt, in seiner letzten Unterrichtsstunde, tat er, was er in seinen vierzig Berufsjahren wahrscheinlich nie getan hatte.

Der Lehrer schaute auf das Sträußchen, immer und immer wieder, und sagte dann sehr nachdenklich: „Das sind die ersten, aber auch die letzten Blumen, die ich jemals von meinen Schülern erhielt."

Dann griff er nach seinem zerbeulten Hut, und mit gequälter Fröhlichkeit rief er im Weggehen: „Freßt nicht so viel, verstanden? Fressen macht dumm! Füttert euern Geist! Dann lebt wohl, ihr – ihr – Halunken!"

Aus: „Zwischen Kaiser und Hitler", Reihe ZEITGUT, Band 15.

*

Ob Oberlehrer Gerisch von seiner vorgesetzten Schulbehörde ein Dankschreiben erhielt, ist nicht überliefert. Aber auch damals gab es zahlreiche Lehrerinnen und Lehrer, die äußerst beliebt waren, wie die von Brigitte Brüning zur Verfügung gestellte Urkunde ihres Großonkels Dr. Ernst Schmidt auf der nachfolgenden Seite zeigt. Er genoß Anerkennung und Respekt – und kam gänzlich ohne die Prügelstrafe aus.

**Herrn Studiendirektor
Dr. Ernst Schmidt**

sprechen wir aus Anlaß seines Scheidens aus seinem Amte namens der Stadt unsern tiefgefühlten Dank für seine hingebende Tätigkeit im Interesse der von ihm geleiteten Realschule aus.

Nach 39jähriger, an Erfolgen reicher pädagogischer Tätigkeit sehen wir Herrn Dr. Schmidt mit Bedauern die Stätte seines verdienstvollen Wirkens verlassen und wünschen ihm mit der Versicherung ewigen dankbaren Gedenkens einen geruhsamen Lebensabend.

Seehausen, den 31. März 1921.

Der Magistrat.   **Die Stadtverordneten-Vers.**

Bei seinem Ausscheiden nach 39 Jahren Schuldienst erhielt Dr. Ernst Schmidt am 31. März 1921 diese Urkunde. Von seinen Schülern, Kolleginnen und Kollegen wurde er ehrfurchtsvoll „unser Professorchen" genannt. Das Städtische Realgymnasium in Seehausen in der Altmark war seine Wirkungsstätte.

Schuldirektor Ernst Schmidt 1908 im Kreise seine Familie. Die Kleine in der Mitte ist seine Adoptivtochter Elsa Louisa Marie Schmidt, die nach dem Tod ihrer Mutter als Dreijährige in das weltoffene Haus kam. Hier lernte sie viele intelligente und begabte Menschen kennen, so 1915 auch den Gymnasiasten Emil Meyer, den sie 1925 heiratete und der nach seinem Vorbild Dr. Schmidt später ebenfalls Lehrer wurde.
Zu diesem Zeitpunkt war im Hause Schmidt die Traurigkeit eingekehrt, denn beide Söhne waren im Ersten Weltkrieg gefallen.

[Zepkow, nahe Röbel/Müritz,
Mecklenburg-Vorpommern;
7. Februar 1926]

Magda Riedel-Zehlke

Lehrer Ahrend hat Geburtstag

Der 7. Februar war für uns Schulkinder in Zepkow, Mecklenburg-Vorpommern, fast wie ein Feiertag, und der des Jahres 1926 sollte allen lange in Erinnerung bleiben. Wir Kinder hatten uns schon wochenlang auf diesen Tag gefreut. Ich war acht Jahre alt und meine Schwester Irma sechs.

Der letzte langgezogene Ton des dürftigen Glockengebimmels der Dorfkirche war verklungen – ein Zeichen für uns, daß die Schule gleich anfing.

„Seid vorsichtig!" rief Großmutter uns nach, als wir das Haus verließen. „Auf dem Kopfsteinpflaster liegt noch Nachtfrost. Es ist sehr glatt!"

Das Schulgebäude bestand aus einem Klassenraum und der Lehrerwohnung. Für die 42 schulpflichtigen Kinder im Alter von sechs bis vierzehn Jahren stand nur ein einziger Lehrer zur Verfügung. Herr Ahrend war etwa 40 Jahre alt, er war ein angenehmer Mann. Von den Gemeindemitgliedern wurde er respektiert, von den Schülern geachtet. Der Rohrstock, der drohend hinter dem Pult lauerte, tat sein übriges.

„Wir gratulieren zum Geburtstag", schallte es im Chor aus vierzig jungen Kehlen.

„Setzt euch", antwortete der Lehrer mit einer leichten Handbewegung. Das übliche Kratzen der Griffel auf den Schiefertafeln setzte ein.

„Was soll das, Friedrich, warum fuchtelst du mit dem Zeigefinger in der Luft herum? Hast du noch etwas auf dem Herzen?"

„Herr Ahrend, uns Vadding hett gistern abend twelf swatte, lütte-Schornsteinfäger gräpen."

„Ich verstehe nicht, was hat er gräpen?"

Zuhause war das Plattdeutsche üblich, aber im Unterricht verlangte der Lehrer, daß die Kinder Hochdeutsch sprachen.

Eine Stimme aus der letzten Bank übersetzte: „Friedrich Bub will sagen, daß ihre Sau gestern nacht zwölf schwarze Ferkel geworfen hat."

„Hier ist eines, Herr Lehrer, ich habe es mitgebracht!"

Damit zog der Junge einen Sack unter der Bank hervor, aus dem ein quietschendes, schwarzes Knäuel auf den Tisch rollte und heftig mit seinen vier Beinen zappelte.

Wie die Irrwische wirbelten die Schüler von den Bänken, mit Gekreische und Geschubse drängten sie sich hin zu dem kleinen Burschen und jeder versuchte, ihn zu streicheln. Das „Ah!" und „Oh, wie ist der süß!" drang bis auf die Straße, und das Ferkelchen grunzte wohlig dazu.

In dem Durcheinander hörte niemand, daß die lose in den Angeln hängende Tür aufgestoßen wurde. Einem wütenden Stier gleich kam Vater Bub hereingestürmt. Er schwenkte einen dicken, knorrigen Knüppel in der rechten Hand, und seine Mütze hing schief über einem Ohr. Er brüllte: „Da bist du ja, du infamer Bengel! Was hast du mit dem Ferkelchen vor? Man müßte dir gleich eins überziehen!"

„Ich wollte es doch unserem Lehrer zum Geburtstag schenken", greinte Friedrich.

„Ohne Muttermilch muß das Kleine sterben, das habe ich doch versucht, dir zu erklären. Na, warte nur! So geht das nicht!"

Der Knüppel sauste angsterregend durch die Luft.

Betretenes Schweigen im Raum. Dem Friedrich zitterten die Knie, und dicke Tränen rannen ihm über die roten Wan-

Unsere Dorfschule in Zepkow, Mecklenburg, 1926. Lehrer Ahrend unterrichtete in einem Raum 42 Schüler im Alter von von sieben bis vierzehn Jahren. Ich bin die vierte von links in der ersten Reihe, rechts neben mir sitzt Friedrich Bub, der das Ferkel mitgebracht hat, und ganz rechts in dieser Reihe sitzt meine Schwester Irma.

gen. Er wischte sie mit dem Hemdsärmel fort und stopfte das Ferkel mit zusammengekniffenen Lippen in den Sack.

„Herr Bub", mischte sich schließlich Lehrer Ahrend ein, „nehmen Sie Ihr Ferkel und stecken Sie Ihre Nase schnellstens in die frische Luft. Sie stören den Unterricht!" Seine Stimme hatte einen scharfen Unterton angenommen.

Verärgert zog der Mann mit dem Ferkelchen ab.

Endlich, sehnsüchtig erwartet, lugte Lieschen spitzbübisch durch den Türspalt. Sie stand mit ihren vierzehn Jahren schon „in Diensten" – bei der Lehrerfamilie. Die Augen treuherzig auf- und zuklappend meldete sie: „Frau Lehrer läßt um zwei starke Buben bitten, die den schweren Wäschekorb herüberholen."

Das war das Fanal für den Höhepunkt des Tages!

Sofort schälten sich, wie in jedem Jahr, zwei von den großen Jungen, diesmal waren es Otto und Karl, breit grinsend aus der Bank. Mit einem großen Wäschekorb voll Streuselkuchen kamen sie wieder, gefolgt von Frau Ahrend. Die trug eine blauweiß-karierte Schürze und hatte ein Spitzenhäubchen auf dem Kopf. Wir stellten uns der Größe nach an.

Frau Ahrend war auf die Knie gerutscht und saß auf einem Kissen, während sie immer wieder in den Korb langte und sagte: „Für jeden ein Stück."

Wir gingen noch einmal auf unsere Plätze und sangen: „Hoch soll er leben, hoch soll er leben, dreimal hoch. Er lebe hoch, er lebe hoch, er lebe dreimal hoch!"

Mit vollem Mund kauend, stürmten wir aus der Schule. Alle Kinder waren sich einig: „Der Lehrer könnte jeden Tag Geburtstag haben."

Aus: „Zwischen Kaiser und Hitler", Reihe ZEITGUT, Band 15.

[Brüssow, nahe Prenzlau, Uckermark – Berlin – Herford;
1930–1933]

Ursula Meier-Limberg

Himbeerbrause im Speisewagen

Ich war noch keine sechs Jahre alt, als ich 1930 in Brüssow
eingeschult wurde. Welch eine Freude, welch ein Glück! Nun
wurde ich endlich losgelassen wie ein kleiner Hund. Ich tobte mit der Dorfjugend, kein Baum und keine Mauer waren
zu hoch. Puppen mochte ich nicht, wie schön sie auch aussa-
hen, sie waren mir ein Greuel.

Mein kleiner Heimatort Brüssow ist zwar eine Stadt, 1259
gegründet, aber sehr dörflich. Im Sommer wie im Winter
spielten wir auf einem alten Friedhof hinter der Stadtmau-
er. Die Grabkreuze waren verrostet und zum Teil umgefal-
len, die Hügel waren eingeebnet. Das Gestrüpp war ideal
zum Budenbauen.

Wir lebten sehr intensiv mit den Jahreszeiten. Jede hatte
ihr wiederkehrendes Ritual. Den Frühling begrüßten wir in
der Caselower Heide, etwa 15 Minuten mit dem Fahrrad entfernt. Dort wuschen wir Hände, Füße und Gesicht mit eis-
kaltem Quellwasser, tranken es auch und aßen dazu Veil-
chenköpfe. Dies sollte uns das Jahr über gesund erhalten.
Der Sommer fing für uns bereits am 1. Mai an. Ob es kalt
oder warm war, an diesem Tag badeten wir im Großen Brüs-
sower See.

Unser Winterritual war das gründliche Einseifen mit
Schnee. Das wurde so gründlich gemacht, daß ich mich meistens hinterher umziehen mußte. Hände voll Schnee steck-

ten uns die Jungen unter heftigstem Wehren und Gebrüll in den Halsausschnitt. Die Erwachsenen schimpften heftig mit den Jungen: „Wollt ihr wohl die Mädchen in Ruhe lassen!"

Sie wußten ja nicht, daß es Spaß war und eine stille Übereinkunft gab. Bei Schnee fuhren die Milchwagen mit großen Pferdeschlitten. Man hörte die Glöckchen an den Pferdehälsen schon von weitem bimmeln. Für uns war es das schönste Vergnügen, auf die Kufen der Schlitten aufzuspringen und mitzufahren. Die Kutscher sahen das nicht gern, und zogen uns öfter eins mit der Peitsche über. Davon ließen wir uns aber nicht abschrecken.

In meiner Klasse saß Kurti Fischer. Er war erheblich kleiner als wir alle und häufig zu Späßen aufgelegt, ein Unikum. Einmal ließ er sich in den Klassenschrank einschlie-

1930 kam ich, zweite von links, in dem Städtchen Brüssow in der Uckermark zur Schule.

Der erste von links ist unser Klassenclown Kurti Fischer, der für eine Mark einen Regenwurm aß.

ßen und spielte während des Unterrichts den Heiligen Geist und polterte. Ein anderes Mal ließ er eine Spieluhr laufen. Zur Strafe schickte ihn der Lehrer oft vor die Tür. Auch dann machte er seine Späße, steckte Wunderkerzen durch das Schlüsselloch oder warf Stinkbomben. Das Allertollste war jedoch, daß er sich für eine Mark nackt in die Brennesseln legte und sich darin einmal herumdrehte. Dabei schrie er wie am Spieß, und wir lachten uns fast tot, denn nie hatten wir geglaubt, daß er dies tun würde. Genau so war es mit dem Regenwurmessen. Kurti aß ihn – wiederum für eine Mark! – und mir wurde schlecht.

Meine erste große Reise stand bevor. Mein Vater konnte nur im Winter, meistens im Februar, Urlaub nehmen. So erhielt ich vom Schulrat Sonderurlaub. Diese Reise und das Drum

und Dran sprengten den Rahmen meiner Vorstellungskraft.
Zunächst kam Fräulein Pfeiffer außer der Reihe ins Haus,
um mir ein neues Kleid zu nähen – erdbeerfarben mit Plisseekragen und Plisseemanschetten – ein Traum, wie ich fand.

Endlich war es soweit und die Reise ging es los, zunächst
mit dem Auto bis zur Kreisstadt Prenzlau, 23 Kilometer weit.
Dort stiegen wir in ein Ungetüm von Zug, nicht zu vergleichen mit unserem gemütlichen Bimmelbähnchen. In Berlin
fuhren wir mit einer Taxe zu einem anderen Bahnhof. Ich
verstand überhaupt nicht, daß es einen weiteren Bahnhof
gab. Und dann die riesige Bahnhofshalle! Unser ganzer Ort
hätte da wohl hineingepaßt.

Wir stiegen in den Zug, der aus Warschau kam und nach
Paris fuhr. Ich hörte viele fremde Laute, und fremd ausse-
hende Menschen hasteten an uns vorbei. Ich klammerte mich

*Dieses Foto zeigt mich etwa
1930/31 mit Cousine Hanna.
Für die erste große Reise bekam
ich ein neues Kleid – erdbeerfarben mit Plisseekragen und
Plisseemanschetten.*

fest an Mutters Hand, ich hatte Angst, hier verlorenzuge-
hen. Endlich kam der Zug nach Herford. Als wir einstiegen,
sah ich doch tatsächlich einen völlig schwarzen Mann! Ich
flüsterte meiner Mutter zu: „Siehst du, es gibt ihn doch, den
schwarzen Mann."

Vater hatte mir einmal erzählt, daß man im Zug auch essen könne an Tischen mit richtigem Geschirr. Das habe ich
ihm nicht geglaubt. Und nun saß ich mit den Eltern im Speisewagen und durfte sogar Himbeerbrause trinken. Die war
für mich viel köstlicher als Mutters selbstgemachter Erd-
beersaft. Das mußte ja ein Heidengeld kosten, dachte ich und
fragte meine Eltern flüsternd, ob sie das alles denn überhaupt bezahlen könnten?

In der Schule durfte ich dieses Erlebnis vor der ganzen
Klasse in allen Einzelheiten erzählen. Man hat mir kaum
geglaubt.

Nach meinem neunten Geburtstag wurde alles ein wenig anders. Ich durfte auf einmal nicht mehr so viel herumtoben.
Vor dem Essen mußte ich meine Zöpfe nochmals flechten
und stets hieß es jetzt: „Das tut man nicht, das darf man
nicht, geh gerade und tritt nicht wie ein Trampel auf ..."

Ich bekam Klavierunterricht auf einem musealen Klavier
aus dem Nachlaß der berühmten Sängerin Adeline Patti. Die
Lehrerin reiste extra aus Prenzlau an. Es war schrecklich.
Bei schönstem Wetter, wenn die anderen umhertollten, mußte
ich üben. Gleichzeitig wurde ich in Deutsch und Grammatik
auf die Umschulung für das Lyzeum in Prenzlau vorbereitet. Das machte Fräulein Labuda am Nachmittag. Diesen
Sonderunterricht erhielten alle Umschüler – nur in diesem
Jahr war ich die einzige.

Aus: „Zwischen Kaiser und Hitler", Reihe ZEITGUT, Band 15.

[Breslau*) – Fürfurt und Weilburg/Lahn, Hessen;
1931–1939]

Hans Wagner

Pauker und Pennäler

Mein Vater wurde 1931 nach Breslau versetzt, wo er Regierungsvizepräsident wurde. Die restliche Familie – meine Mutter, meine 18jährige Schwester und ich, zehn Jahre alt, –
war darüber nicht sehr begeistert, da uns die alte Militär-
stadt Potsdam mit ihrer schönen Umgebung und den vielen
Freunden sehr ans Herz gewachsen war. Am Hobrechtsufer
Nr. 12 bezog die Familie eine Acht-Zimmer-Wohnung, alles
eine Nummer größer und komfortabler als in Potsdam. Von
dort konnte man jenseits der Oder das neuerbaute Maria-
Magdalenen-Gymnasium sehen, in dessen Sexta ich eingeschult wurde. Erste Schwierigkeiten traten auf, da ich in
Potsdam die Sütterlinschrift gelernt hatte, in Breslau aber
„lateinisch" gelesen und geschrieben wurde. Doch das ließ
sich lernen, die Lehrer waren geduldig.
Unser Klassenlehrer war Dr. Eckert, bei dem wir Latein
hatten. Er trug dunkle Röhrenhosen, und wenn er die Jacke
aufknöpfte, um seine Taschenuhr zu konsultieren, kam eine
straff geknöpfte Weste zum Vorschein. Die Uhr hing an einer eisernen Kette, die an der Westentasche befestigt war,
man konnte darauf „Gold gab ich für Eisen" lesen, ein Zeichen, daß der Träger im Ersten Weltkrieg seine goldene Uhr-
kette für das Vaterland gespendet hatte. Eine Aktion, die,

---

*) heute Wrocław in Polen

wie man weiß, nicht von Erfolg gekrönt war. Am Revers der Jacke trug er eine schmale, lange Ordensspange mit vielen Orden. Er war, wie man heute wohl sagen würde, ein erzkonservativer Knochen, aber er hatte einen sehr großen Vorzug: er war gerecht. So gerecht wie seine Lateinnote war, so war der ganze Mann.

Unangenehm war der Musiklehrer, der beim Kopfschütteln, was er häufig tat, reichlich Schuppen in die Umgebung streute. Daß er ein Hakenkreuz auf der Brust trug, wunderte meinen Vater überhaupt nicht. Unser erster Zusammenstoß erfolgte, als er von mir die Tonleiter hören wollte. Wie in Potsdam gelernt, sagte ich: „Do - Re - Mi - Fa - So - La - Ti." Darüber geriet er fast außer sich, bekam einen roten Kopf, schrie, ob ich ihn „veräppeln" wollte, und warf mir eine Reihe von Buchstaben an den Kopf, die ich gleich wieder zu vergessen beschloß. Ich hatte bei ihm immer ein „Mangelhaft". Das Problem löste sich erst durch den Schulwechsel einige Jahre später. Dann bekam ich stets ein „Gut" und sang als lautstarkes Mitglied des Schülerchors.

Das zweite Problem war der Turnlehrer. Er konnte einfach nicht verstehen, daß es mir nicht gelang, meinen gewichtigen Körper an einem langen Seil der Sonne näherzubringen. Ich hatte auch keine Lust, mir die Beine an den Holmen des Barrens aufzuschlagen und mit gepuderten Händen meinen Körper um eine Reckstange zu wickeln. Lieber ruderte ich, fuhr Rad oder wanderte, schwamm und tauchte. Ich fuhr sogar Ski und fühlte mich sportlich durchaus ausgelastet. In den übrigen Fächern gab es keine Probleme.

Das bisherige harmonische Leben der Familie wurde 1933 nach Hitlers Machtübernahme abrupt zerstört. Als von der SPD-Regierung eingesetzter Regierungsvizepräsident wurde mein Vater aus dem Staatsdienst entlassen, die vierköpfige Familie mußte von einer merklich geringeren Pension leben. Unsere Wohnung konnten wir nicht behalten und zogen in eine wesentlich kleinere in der Tiergartenstraße.

Ende Juni fuhr der rastlose Vater zu den beiden Schwestern meiner Mutter, beide Kriegerwitwen, die an der Eder zwei Höfe bewirtschafteten, und stürzte sich dort in die Erntearbeit. Vom Erntewagen herunter wurde Vater verhaftet und kam über verschiedene Haftanstalten schließlich in das Konzentrationslager Börgermoor in Ostfriesland, um dort Torf zu stechen. Einen Richter hat er nie gesehen, und es gab auch nie einen Prozeß. Meine Mutter hat die Festnahme wohl am meisten mitgenommen, sie weinte und klagte, während meine 20jährige Schwester von Pontius zu Pilatus zog, um eine Freilassung zu erwirken, leider ohne Erfolg.

Am 31. Oktober 1933 klingelte es an unserer Tür. Da stand ein dürrer Mann mit schlohweißem Haar und einem Pappkarton unterm Arm, der sich als mein Vater ausgab und sich „gehorsamst von der Moorkur zurückmeldete". Auch jetzt weinte meine Mutter, aber diesmal Freudentränen. Wie es zu dieser überraschenden Wende gekommen war, ist nie geklärt worden. Am wahrscheinlichsten ist aber, daß ein junger Assessor, der bei meinem Vater in Potsdam gearbeitet hatte, dabei eine Rolle spielte. Dieser Dr. Diels bekleidete inzwischen einen hohen Posten im Innenministerium. Uns war es egal, Hauptsache, Vater war wieder da.

Die Familie war sich einig: Wir wollten raus aus Breslau. Von einem Besuch in seinem Elternhaus in einem kleinen Ort an der Lahn brachte mein Vater die Nachricht mit, daß dort ein schönes Haus zu verkaufen sei. Leider kostete es 9000 Mark – die wir nicht hatten!

Meine Mutter verkaufte ihre Äcker in ihrer Heimat an der Eder, auch eine Hypothek mußte aufgenommen werden. Ostern 1934 wurden wir stolze Besitzer eines Hauses in Fürfurt, dem oben erwähnten kleinen Ort, dort, wo die Lahn am schönsten ist – das sagen wenigstens die Einheimischen.

Mein Vater sattelte um und wurde ein leidenschaftlicher Bienenzüchter, der sich sehr darüber ärgerte, daß keines der Familienmitglieder Honig aß. Meine Mutter betreute einen

großen Garten, Hühner sorgten für das tägliche Ei, ein Schaf
besorgte die Rasenpflege und dann gab es noch einen Hund.

Mit Beginn des neuen Schuljahres wurde ich Ostern 1934
in das traditionsreiche Weilburger Gymnasium Philippinum,
eine der ältesten Lateinschulen des Landes, aufgenommen,
wo ich die Jahre bis zum Abitur in einer intakten Klassengemeinschaft verbrachte. Mit einigen der Jungen verstand ich
mich von Anfang an besonders gut. Unvergessen sind mir
auch einige der Lehrer. Schacko, unser Klassenlehrer, der
auch den Lateinunterricht erteilte, war ein begeisterter „Rad-
schieber", denn fahren sahen wir ihn nur dort, wo der Weg
absolut eben war.

*Ausflug mit Schacko, unserem
Klassenlehrer, diesmal zu Fuß,
ohne Fahrrad, neben ihm Margot,
eine jüdische Mitschülerin,
die später nach Amerika auswan-
derte. In der Bubenklasse waren
dann nur noch zwei Mädchen.*

Der Mathematiklehrer, ein schnauzbärtiger, rothaariger
Mann, der seine langen Bartenden des öfteren genüßlich zwir-
belte, gönnte sich und der Klasse wohl einmal in der Woche
ein „Späßchen". Dann wurde ein wenig begabter Schüler an
die Tafel beordert, um dort mathematische Begriffe zu erklären, was zu mancher Heiterkeit führte. Er hatte aber ebenso viel Verständnis für unsere Scherze.

Versetzt in die Untersekunda. Ich bin der Dicke mit den Knickerbockern in der ersten Reihe.

Da war weiter Dr. Gotthold Schmidt, seit Schülergeneratio-nen „Humplibi" genannt, der uns neben dem „Geradesitzen" unzählige Balladen und Gedichte beibrachte, die in meinem späteren Leben noch eine Rolle spielen sollten.

Französisch erteilte Studienrat August Laermann. Er hat-te einen kahlen Kopf und war ziemlich beleibt, was ihn aber nicht hinderte, sich sehr schnell fortzubewegen. Seine Lei-denschaft war es, von den Erfahrungen seines Lebens, be-sonders seines Studienaufenthaltes in Paris, zu erzählen, worüber er oft die Zeit vergaß. Wenn es dann klingelte, sagte er: „Aber das nur nebenbei", und räumte sein Buch in die Tasche. Seine Spezialität war das Werfen seines Schlüssel-bundes, sobald er auf Unaufmerksamkeit stieß.

Oberstudiendirektor und Leiter der Schule war Dr. Fried-rich Fenner, ein großer, kräftiger Mann, der so steif ging und stand, als hätte er einen Stock in seiner Wirbelsäule. Vor jeder Äußerung zog er die Luft laut hörbar durch die Nase

Manchmal spielten wir Reporter. Der Junge mit dem Mikrofon bin ich.

ein und begann fast jeden Satz mit: „Nun, nicht wahr?" Auch
war ihm der Buchstabe „e" offensichtlich so sympathisch,
daß er ihn vielen Worten anhängte. Er war ein pathetischer
Redner und vergaß niemals, worüber er auch redete, die klassische Zeit der Griechen und Römer lobend zu erwähnen.
Hier war die Wiege der Menschheit und der Kultur, und wir
könnten uns glücklich preisen, deren Sprache lernen zu dürfen. Das war zwar schmeichelhaft, aber ich war darüber gar
nicht so glücklich.

Ganz ohne Einfluß sollte der Umgang mit Werten des klas-
sischen Altertums auf die Schüler doch nicht bleiben. Davon
zeugt das folgende Poem, das im Anklang an Homers Odys-
see von einem Mitschüler in Hexametern verfaßt wurde,
nachdem der Direktor beim Anprall auf das Weilburger Landtor den Arm gebrochen hatte:

Kaum, daß schrillte des Weckers tönendes Zeichen,
jäh verjagend den Schlaf ihm, den süßen,
da sprang heraus aus des Bettes erhabenen Federn
Friedrich Fenner, der vielverschlagene Dulder.
Kriechend in seine Kleider, benetzte er sein Haupt
mit Wasser, der Leitung entflohen.
Drauf sein Frauchen noch grüßend, das gold'ne,
verläßt er ohn' Frühstück sein Heim,
beflügelnden Schrittes hinaneilend die Stufen
will er biegen hinein in die Gerade der Vorstadt.
Siehe, da nahet das jähe Verderben,
das Landtor steht drohend im Wege
dem eilend wallenden Lehrer.
Gleich wie stürzet die mächtige Eiche,
mit sich reißend die um sie stehenden Bäume,
also stürzet der eilende Lehrer hin auf das Pflaster,
nicht im Stande, sich allsobald wieder zu erheben.
Doch nicht lange währte die Freude,
welche die Schüler erfaßte, die fleiß'gen,
denn bald erschien wieder Friedrich, der Bandagierte,
eifrig betreibend die hehren Direktorgeschäfte ...

„Das Landtor steht drohend
im Wege dem eilend
wallenden Lehrer ..."
Das bedichtete Weilburger
Landtor, an dem sich unser
Direktor Friedrich Fenner
den Arm brach.

Gekürzter Beitrag aus:
„Heil Hitler, Her Lehrer!",
Reihe ZEITGUT, Band 13.

Gisela Schröder

Bunte Kreisel und erste Schatten

Endlich war der heißersehnte Tag da: Im April 1931 wurde
ich in Wilsdruff in die Volksschule aufgenommen. Ungedul-
dig hatte ich darauf gewartet. Nun schritt ich, den neuen
Ranzen auf dem Rücken, erwartungsvoll mit vielen gleichaltrigen Mädchen und Jungen an der Seite meiner Eltern
zur Aufnahmefeier. Mir war, als breite das große helle Haus
mit den vielen freundlichen Fensteraugen die Arme aus:
„Habe nur keine Angst. Ein ganz neues Leben beginnt jetzt
für dich. Viele interessante Dinge wirst du lernen. Und bald
kannst du lesen und schreiben!"

Das war für mich die wichtigste Motivation. Meine Bilder-
bücher kannte ich schon alle auswendig. Nun würde ich in
den vielen Büchern in Vatis großem Bücherschrank lesen
können. Auch meine kleinen Rollen beim Theaterspielen,
wofür mir Mutti gewöhnlich Satz für Satz eintrichterte, könnte ich jetzt selber lernen.

Weit war das große Tor für uns geöffnet. Heute war unser
Festtag. Alltags empfing uns künftig Hausmeister Josiger
im Kellergeschoß und wachte über Ruhe und Ordnung beim
Eintritt in die Schule. Unser Lehrer begrüßte uns an der
„offiziellen Treppe", geleitete uns in einen Festsaal, wo Kinder sangen und spielten, aber auch feierliche Reden gehalten wurden. Danach führte er uns in unsere Klasse, jeden an
seinen Platz. Die Eltern mußten draußen warten. Wir wa-

ren zum ersten Mal auf uns selbst gestellt und bestaunten vor allem den großen Zuckertütenbaum, der das Pult des Lehrers verbarg. Welche Tüte würde ich wohl bekommen?

Darüber dachten wohl alle nach und hörten kaum zu, was Lehrer M. erzählte. Endlich „pflückte" er für jedes Kind eine herrliche bunte Zuckertüte von dem „Gewächs" und drückte uns den Stundenplan in die Hand. Dann durften wir stolz als Schulkinder nach Hause gehen und uns feiern lassen.

Bald schon gehörte die Schule zu meinem Kinderleben. Unbeschwert flogen die Tage und Monate dahin. Ich wuchs und wuchs und gewöhnte mir an, im Plural zu reden. *Wir*, das waren die Spielgefährten aus der Parkstraße, die Nach-

1931: Wie freute ich mich, endlich in die Schule gehen zu dürfen! Bald würde ich selber lesen können.

barskinder rund um die „Fischerhütte", wo wir wohnten und, immer wichtiger werdend, die Klassenkameradinnen. Kaum waren die Schularbeiten gemacht, ging's hinunter an den Saubach, der in Regenperioden auch schnell zur „Wilden Sau" wurde, auf die Felder und Wiesen, in den verbotenen Steinbruch, in den Park, ins Sommerbad oder wir ließen die bunten Kreisel um die Wette tanzen. War das ein Spaß! ...

Und doch begannen sich im Laufe der ersten Schuljahre die Strukturen der Spielgruppen zu verändern. Wir waren nun alt genug, um Kindergruppen verschiedener Vereine anzugehören je nach Beruf, Bildung, Standesbewußtsein und politischer Einstellung der Eltern. Gleich nach Schulbeginn wurde ich im Deutschen Turnverein angemeldet, meine Freundin Marianne ging in den Arbeiterturnverein. Selbstverständlich turnten wir beide in den Mädchengruppen.

Anfangs rannte die Kinderschar einfach bei den vielen verschiedenen Umzügen oder Demonstrationen begeistert mit, besonders, wenn eine Blaskapelle voranschritt. Dann aber bestimmten Vereins- und Parteiinteressen oder politische Sympathien der Eltern mehr und mehr die Begleitung. Das Angebot war groß. So gab es sozialdemokratische, kommunistische, nationale Parteien, „Stahlhelmer", nicht zu vergessen einen Krieger- und einen Schützenverein, der jedes Jahr für die ganze Stadt ein großartiges Schützenfest veranstaltete. In beiden war der Vater meines Spielfreundes Günther prominentes Mitglied. Ich hielt es mit den „Stahlhelmern", vor allem aus Sympathie für Lieselotte Luft, eine große Schülerin und Lehrerstochter, weil dort viel gesungen und gewandert wurde.

So kam das Jahr 1933 heran. Die flüsternden Gespräche meiner Eltern, die Wolken auf ihren Stirnen nahm ich – ganz mit mir selbst befaßt – nicht wahr. Im Gegenteil!

Am 30. Januar war schul- oder zumindestens hausaufgabenfrei, und unsere Schulfreundin Hanna hatte Geburtstag. „Was hat die für ein Glück!" dachten wir. „Jedes Jahr garantiert zum Geburtstag ein ganzer oder halber Feiertag!" Es interessierte uns nicht ein bißchen, daß da ein Adolf Hitler die Macht übernahm. Viel wichtiger war die Geburtstagskuchenschlacht mit süßem Kakao an der langen Tafel, an der wir uns von Hannas Mutter bewirten lassen durften. Besonders lustig war das Mehlabschneiden, denn wir wurden in große Schürzen gesteckt und eingehüllt bis zum Hals, damit wir uns nicht von Kopf bis Fuß bestäubten. Inmitten des Mehlbergs lag ein Ring. Wer sein „Stück Mehl" abschneiden konnte, ohne daß er sich bewegte, hatte eine Runde überstanden. Ungeschickte mußten ihn mit dem Mund herausklauben. Welcher Spaß, wenn sie dazu auch noch niesen mußten! Zum Schluß setzte sich das musikalische Geburtstagskind ans Klavier, und es wurde gesungen.

Aber das Leben veränderte sich. Daheim brachen die Eltern immer öfter plötzlich ihre Gespräche ab, wenn ich unvermittelt ins Zimmer trat. Fragte ich nach, wurde ich mit einem „Das verstehst du nicht!" abgespeist.

Abend für Abend saß Vati an seinem Schreibtisch, wühlte in vergilbten Papieren, notierte, stöhnte, suchte, schrieb. Öfter als gewöhnlich kam der Postbote mit Stößen von Briefen. Hastig wurden die Umschläge aufgerissen. Als ich keine Ruhe ließ, verriet mir Mutti: „Vati muß als Beamter aufschreiben, wer zu unserer Familie gehört, und er muß nachweisen, daß alle unsere Verwandten Deutsche und keine Juden sind. Sonst wird er womöglich auch noch arbeitslos."

Ich weiß noch genau: Sie verwendete nicht das fremde, unverständliche Wort „Arier", das mich später noch lange beschäftigen sollte.

„Vielleicht kann er dann beim Autobahnbau mitarbeiten", plapperte ich los, denn alle Welt redete davon, auch in meiner Klasse hatten schon einige Väter dort Arbeit und Brot gefunden.

„Du weißt nicht, wovon du redest!" gab mir Mutti zur Antwort, und es wurde wieder still, wenn ich nur in der Nähe war. Merkwürdig. Auch daß ich nicht mitgehen durfte, als nun endlich unser Vati im Gleichschritt mit den Parteigenossen der NSDAP durch den Ort mitmarschierte.

Unter die Hausaufgaben bekamen wir jetzt statt des gewohnten roten oder schwarzen Strichs einen seltsamen Krakel, von dem unser Lehrer sagte, es sei ein altes germanisches Zeichen, eine Rune. Und die Germanen wären unsere uralten Vorfahren.

Als der Muttertag 1934 nahte, wollte uns unser umschwärmter Lehrer eine ganz besondere Freude machen: Wir Puppenmütter durften am Sonnabend vorher unsere Lieblingspuppen mit in die Schule bringen und den anderen vorstellen. Wie aufregend! Welche sollte die Auserwählte sein?

Natürlich fanden wir alle, daß sie nichts Anständiges anzuziehen hätten und setzten unsere Mütter unter Druck, neue Kleider zu nähen. Manche wuschen verstohlen in einer Pause noch das eine oder andere Stück, denn in unserer modernen Schule boten die warmen Rohre der Dampfheizung die seltene Chance raschen Trocknens. Wir hatten viel zu tun. Schließlich mußten die Püppchen vorher gebadet und ordentlich frisiert werden. Einige brannten sogar mit der Lokkenschere ihrer Mutter Locken und Wellen in die Haarpracht, was ihr nicht immer bekam. Vorher wollten wir gemeinsam die Puppenbabies taufen, im Handwaschbecken des Lehrers, einer Emailleschüssel im Eisengestell, und und und ...

Ich litt unter der Qual der Wahl, denn auf meinen geliebten Teddy mußte ich verzichten. Es sollte ein richtiges Puppenkind sein. Die steife Gliederpuppe, mit der schon Großmutter gespielt hatte? Die alte Käthe-Kruse-Puppe mit aufgemaltem Haar, die wie ein kleines Geschwisterchen ausschaute? Oder das hübsche Baby, das man so schön wickeln konnte und das „Mama" piepste, wenn man es auf und nieder bewegte?

Schließlich entschied ich mich für Muschi, mein Mohrenkind. Es war mit seiner dunkelbraunen Haut, dem schwarzen Lockenhaar, den braunen Klappaugen und den herrlich langen Wimpern ganz bestimmt die Allerschönste. Stolz trippelte ich, Muschi im Arm, in die Schule und setzte sie in ihrem gehäkelten rosa Sonntagskleidchen, ein rosa Schleifchen im Haar, auf meiner Bank sorgsam in Positur. Noch zupften alle Puppenmütter an ihren Kindern herum, da betrat unser Lehrer das Klassenzimmer.

Die Stille knisterte vor Spannung und Erwartung. Natürlich war jede Puppenmama überzeugt, daß ihr Kind alle anderen überstrahlte. Auch ich hing an dem Gesicht meines verehrten Lehrers. Doch komisch – obwohl ich ganz vorn saß, glitt sein Blick gleichgültig über mich hinweg!

Beifällig nickte er den Müttern mit den blondbezopften und blauäugigen Puppen zu, ließ sich ihre Kinder vorstellen und von Sorgen und Nöten berichten. Selbst Mariannes selbstgefertigte Lumpenpuppe bewunderte er ausgiebig. Und die war nur mit Stoffetzen bekleidet!

Eine Weile saß ich still hinter seinem breiten Rücken, den er mir zugekehrt hatte, aber dann hielt ich es einfach nicht aus, nicht beachtet zu werden. Laut mit den Fingern schnipsend, meldete ich mich immer wieder, bis er sich endlich langsam umdrehte.

„Ach die Gisela! Du willst uns wohl dein Lieblingskind vorstellen? Na, dann zeig' mal her! Was sehen wir da? Krauses schwarzes Haar, kaffeebraune Haut, dunkle Augen."

Er wandte sich den anderen zu: „Was meint ihr? Kann diese Negerpuppe überhaupt Giselas Kind sein?"

„Nein!" schrien die glücklichen Puppenmütter. „Nein, die Gisela hat doch helle Haut und grünliche Augen!"

Ich konnte das nicht fassen, ich hatte ja schließlich selbst kohlrabenschwarzes glattes Haar.

Lehrer M. blicke mich streng an: „Du bist doch ein deutsches Mädchen. Wie kannst du nur mit Negerpuppen spielen? Die gehören nach Afrika, zu den Wilden, zu den Heiden!"

„Nein", schrie ich, „nein! Meine Muschi ist keine Wilde und keine Heidin. Sie glaubt doch an den lieben Gott!" Schluchzend schloß ich sie in meine Arme und verließ das Zimmer. Das war meine erste Begegnung mit der nationalsozialistischen Rassentheorie.

Mutti versuchte, mich zu trösten: „Das hat dein Lehrer bestimmt nicht so gemeint!"

„Doch", schluchzte ich immer wieder, „doch. Warum nur?" Muttis Argumente und Tröstungen halfen nicht, bis sie denn einfach sagte: „Er mag eben keine Negerpuppen. Das gibt es doch. Nächstes Mal nimmst du halt die blonde Käthe mit."

So einfach schien es, und es beruhigte ein wenig meinen Puppenmutterschmerz.

Aber so einfach war es leider nicht. Mutter war viel zu arglos und unerfahren, um das Signal eines politisch-pädagogischen Prinzips zu erkennen, das ihrem Kind schaden konnte. Diese Gefahr bestätigte sich bald, wie das nebenstehende Bild aus dem Jahr 1934 offenbart. Da steht die kleine Puppenmama, die ihr schokoladenbraunes Kind verteidigt und beschützt hatte, im braunen Kleidchen der nationalsozialistischen Kinder- oder „Kükengruppe" mit einem Blumensträußchen vor Wilsdruffs Rathaus und begrüßt den Ministerpräsidenten von Sachsen, Killinger und seine braunen Gefolgsleute mit einem von jungen Frauen „selbstgestrickten" Gedicht, hebt wenig später den Arm zum Führergruß:

> *Die Jugend sind wir,*
> *ein einiges Band.*
> *Sieg Heil unserm Führer,*
> *Sieg Heil deutsches Land!*

Wie ist das möglich? Was ist mit dem Kind geschehen? Begreift es, was es hier spricht? Wer hat es so gewandelt?

Gekürzt aus: „Heil Hitler, Herr Lehrer!", Reihe ZEITGUT, Band 13.

*1934 in Wilsdruff: Mein Auftritt zur feierlichen Begrüßung national-
sozialistischer Funktionäre aus der Gauleitung Dresden. Ich trage die
Kleidung der nationalsozialistischen Kindergruppe.*

Hans Georg Finken

Non scholae, sed vitae discimus

Wie es in der Schule zuging, wußte ich schon längst vor dem
Schuleintritt. Meine Geschwister waren älter als ich, und so
mußte ich meistens den Schüler darstellen, wenn sie Lehrer
spielen wollten. Die Rolle des braven und fleißigen Schülers
hatte ich – wie die des aufsässigen und faulen – also schon
geübt, als Mutter mich in der Katholischen Volksschule an-
meldete. Rektor Splett, der auch als Stadtverordneter der
Zentrumspartei in Halle allgemein bekannt war, notierte die
Personalien. Mutter gab Auskunft und legte Geburtsurkun-
de und Impfschein vor.

Dann wandte sich der Rektor mir zu. Wieviele Beine ein
Hund habe, wollte er wissen. Meine prompte Antwort be-
friedigte ihn zu meiner Verwunderung nicht, er gab vielmehr
zu bedenken, daß ich wohl den Schwanz vergessen hätte.
Daraus entspann sich ein längerer Streit, in dem ich meine
Absicht, den braven und schüchternen Schüler zu spielen,
ganz aus dem Auge verlor. Das hatte der Rektor mit seiner
albernen Frage wohl auch beabsichtigt.

So lebhaft ging es dann im Unterricht nicht zu. Ich kam
am 5. April 1932 in die Klasse 8g zu Herrn Lehrer Tschinke.
Das „G" bedeutete gemischt. Grundsätzlich wurden damals
Knaben und Mädchen getrennt erzogen. Waren aber in einem Jahrgang so viele Anmeldungen vorhanden, daß die k-
und m-Klassen zu voll geworden wären, nahm man die re-

formpädagogische Forderung nach Koedukation auf und bildete zusätzlich eine gemischte Klasse. Und wir waren in mehrfacher Hinsicht ein bunt gemischtes Völkchen!

Neben den gängigen Familiennamen, mit denen wir ausschließlich gerufen wurden, wie Schäfer, Hartmann, Ludwig, fallen mir auch recht seltene ein, mit deren richtiger Schreibung selbst unser Lehrer zuweilen Schwierigkeiten hatte: Kowalsky, Siwik, Brzoska, Lepka, Hadaš, Czensny und andere, und es scheint mir, als seien diese sogar in der Überzahl gewesen. Es war ja eine konfessionelle Schule, die von katholischen und oft auch von jüdischen Kindern besucht wurde. Bodenständige Katholiken gab es aber in Halle kaum. Erst seit der Mitte des 19. Jahrhunderts waren im Zuge der Industrialisierung Arbeiter aus traditionell katholischen Gegenden nach Mitteldeutschland gekommen, sogenannte Sachsengänger, von denen viele seßhaft wurden und Familien und Gemeinden gründeten. Nach etlichen Generationen erinnern oft nur der Name und die Konfession an die Herkunft aus dem Böhmischen oder Polnischen.

Mein Vater stammte aus der Eifel. Als Soldat meldete er sich zur Kaiserlichen Schutztruppe nach Südwestafrika, dem heutigen Namibia. Das kostete ihn seine Gesundheit, brachte ihm aber den Versorgungsschein. Der preußische Staat schickte ausgediente Soldaten gern in Landesteile fern ihrer Heimat, wo sie ohne verwandtschaftliche Bindungen und Rücksichten eine Beamtenlaufbahn einschlagen konnten, beispielsweise Gendarm wurden oder einen Hausmeisterposten bekamen.

In Halle wurde mein Vater zunächst als Friedhofsgärtner beschäftigt, denn er kam aus der Landwirtschaft und hatte eine Gartenbauschule besucht. Bald rückte er in die Verwaltung auf. Als ich geboren wurde, war er Sekretär der Kunstgewerbeschule Burg Giebichenstein bei Prof. Thiersch. Nach dessen Abgang wurde er zum Standesamt versetzt und durfte nun Trauungen vornehmen und Geburt, Heirat und Tod beurkunden. Sein Gehalt war langsam gestiegen, blieb aber bis zu seinem Tode in recht bescheidenem Rahmen. Unter meinen Mitschülern waren Kinder von Direktoren, Ärzten, Arbeitern, Angestellten, Schaustellern und wohl auch Bettlern, so daß ich in diesem gemischten Häuflein irgendwo in der Mitte einzuordnen war.

Vor Lehrer Tschinkes gestrengem Blick waren alle gleich. Er hielt straffe Ordnung und gebrauchte auch den Rohrstock. Wir hielten das für ganz normal und waren geradezu erleichtert, wenn wir für eine Missetat unsere Strafe empfangen hatten. Dann war die Sache erledigt, die Welt war wieder in Ordnung, es wurde nichts nachgetragen. Im Grunde war unser Lehrer gutmütig und hatte Humor. Er war in den vier Grundschuljahren unser einziger Lehrer. Nur wenn er krank war, wurden wir Knaben und Mädchen getrennt der jeweiligen Parallelklasse zugeteilt. Da wurde es arg eng zu dritt auf einer Zweierbank.

Meine Klasse 7g der Katholischen Volksschule in Halle/Saale mit unserem Lehrer Friedrich Tschinke.

Die Schulstuben waren mit „Rettichbänken" ausgestattet, Holzbänken mit leicht geneigter Schreibplatte und einem Ablagefach unter dem Tisch. Sie waren in verschiedenen Größen vorhanden und sorgten für eine gute Körperhaltung. Am oberen Ende des Pultes war eine Rille zur Ablage des Federhalters und für jeden Schüler ein versenktes Tintenfaß. Im ersten Schuljahr schrieben wir mit dem Griffel auf die Schiefertafel, dann mit genau vorgeschriebener Feder ins Heft. Füllhalter waren uns noch unbekannt. Normalerweise hatten wir die sogenannte deutsche Schrift nach Sütterlin zu verwenden, daneben aber auch die „lateinische".

Bei den unfreiwilligen Gastspielen in der Parallelklasse wurde uns bewußt, was wir an unserem Klassenlehrer hatten. Er unterrichtete anschaulich, ging methodisch geschickt vor und regte uns zum Beobachten und Nachdenken an, auch wenn ich bei dem häufigen Üben und Wiederholen manchmal das Gefühl hatte, es ginge im Unterricht zu langsam voran. Häufig machten wir Unterrichtsgänge und lernten dabei unsere Heimatstadt gründlich kennen.

In die Zeit meines Grundschulbesuchs fielen Ereignisse, deren Tragweite wir nicht begriffen: Hitlers Machtantritt, die Suspendierung der demokratischen Verfassung, der Beginn der Wiederaufrüstung und vieles mehr. Unser Lehrer erzählte nun häufiger von seinen Erlebnissen im Ersten Weltkrieg. Es gab Luftschutzübungen, die wir später, als der Luftkrieg auch Halle erreichte, als völlig realitätsfremd erkannten. Mit Stahlhelm und umgehängter Gasmaske erschien uns unser Lehrer mitten im Frieden ziemlich lächerlich. Der alte Rektor wurde von den Nazis gefeuert. Der neue, ein ehemaliger Offizier, führte ein, daß wir in der Hofpause klassenweise rund um den Hof marschieren mußten, was uns höchst zuwider war.

Von der Nazipropaganda blieben wir weitgehend verschont. Unsere Schule war ja eine Einrichtung der katholischen Minderheit, die sich immer etwas vom Durchschnitt abgehoben hatte und nicht mit dem Strom zu schwimmen gewöhnt war. Sie hat sich bis 1939 halten können. Unser Lehrer kam während des Krieges wegen unvorsichtiger Äußerungen ins Gefängnis und ins Konzentrationslager Buchenwald.

Am Leben der Familie ging das politische Geschehen nicht spurlos vorüber. Mein 15 Jahre älterer Bruder hatte sich mit SA-Leuten herumgeschlagen. Er mußte mit Racheakten rechnen. Unser Vater ermöglichte ihm unter großen Opfern die Ausreise nach Brasilien. Das kostete viel Geld und belastete die Familie noch jahrelang. Außerdem trat Vater 1933 gegen seine Überzeugung der Nazipartei bei. Der Blockwart, ein unangenehmer Mensch kam nun jeden Monat, um den Beitrag zu kassieren und die „NS-Schulungshefte" zu bringen, die ungelesen ins Altpapier wanderten. Vielleicht war Vater dem gefährlichen Irrtum erlegen: „Wenn genügend vernünftige Leute in dieser Partei sind, kann es nicht so schlimm kommen, als wenn nur die Scharfmacher das Sagen haben!"

Hitler hatte verkündet, daß er die Arbeitslosigkeit beseitigen würde. Wunder hatte er freilich auch nicht zu bieten. Dafür erklärte er erst einmal den 1. Mai zum „Feiertag der nationalen Arbeit". An den ersten nunmehrigen Feiertag im Jahre 1933 kann ich mich noch lebhaft erinnern. Wir hatten schulfrei. Mutter ging mit uns neugierigen Kindern zum Markt, wo eine große Feier angekündigt war. Vom Balkon des Rathauses hielt jemand eine Rede, die schon akustisch kaum zu verstehen war. Anschließend sollte als Höhepunkt an einem frisch aufgestellten und gestrichenen Fahnenmast die Hakenkreuzfahne gehißt und dazu das Lied „Die Fahne hoch!" gesungen werden. Bei diesem Lied hatte jedermann den rechten Arm zu heben.

Als nun der Redner den markigen Befehl „Heißt Flagge!" gegeben hatte und jenes Lied angestimmt wurde, bewegte sich die Fahne nur ein kleines Stück aufwärts, zum größten Teil schlumperte sie noch am Boden herum. Es zeigte sich, daß wohl jemand in der Nacht die Fäden verwirrt haben

Meine Eltern
und ich 1940.
Dies ist das letzte
Foto mit meinem
Vater, er starb am
22. August 1940.

mußte, sicherlich nicht nur der Wind, das himmlische Kind. Also mußte ein dicker SA-Mann unter allerlei Spottrufen am Mast hinaufklettern. Mit einer Hand hielt er sich am Mast fest, mit der anderen knaupelte er – so nennt man das in Halle – an den Fäden herum. Die Aktion zog sich in die Länge. Das Lied war dürftig zu Ende gesungen und den Leuten wurde der rechte Arm schwer. Die so symbolträchtig gedachte Feier ging in allgemeinem Gelächter unter, während die Naziprominenz rote Köpfe bekam ...

Nach den vier Grundschuljahren konnten wir zu einer mittleren oder höheren Schule übergehen. Mein Vater hatte nur die einklassige Dorfschule besucht und die Erfahrung gemacht, daß der Mensch nicht nach seinem Können beurteilt wird, sondern nach dem Zeugnis, das er vorlegen kann. Da Vater keine materiellen Güter zu vererben hatte, war er bemüht, seinen Kindern eine möglichst gute Schulbildung mitzugeben. So wurde ich in der Latina angemeldet, einem Gymnasium mit sehr gutem Ruf. Der Direktor nahm mich nach Besichtigung des letzten Zeugnisses und des Diktat- und Rechenheftes ohne weitere Prüfung in die berühmte pietistische Anstalt der Franckeschen Stiftungen auf.

Ostern 1936 wurde ich Sextaner. Das Schuljahr begann damals im Frühjahr. Was änderte sich?

In der Volksschule hing ein Kreuz an der Wand, hier war es der Alte Fritz. Unseren Lehrer hatten wir früh im Chor begrüßt: „Gu-ten Mor-gen, Herr Tschin-ke!" Nun wurde jede Unterrichtsstunde mit dem Hitlergruß begonnen. Manche Lehrer umgingen das, wedelten ein bißchen mit dem Arm in der Luft herum und sagten einfach: „Setzt euch!", was gegebenenfalls als Zerstreutheit entschuldigt werden konnte. Nur der Musiklehrer, der sich rühmte, zu den ersten Anhängern Hitlers gehört zu haben, bestand auf einer zackigen Meldung, nachdem wir vor dem Musiksaal in Reih und Glied Aufstellung genommen hatten. Statt unseres einen Lehrers hatten wir jetzt sechs oder sieben, Studienräte, Assessoren, einen Oberschullehrer und einen Pastor.

Die Schüler waren entweder Internatszöglinge der Waisenanstalt, des Pädagogiums und der Pensionsanstalt oder Stadtschüler, zu denen ich gehörte. Für uns wurden vor und nach dem Unterricht die Zugänge zum Gelände der Stiftungen geöffnet: das Schwarze Tor, das Apothekenpförtchen und das Lindenpförtchen. Zu anderen Zeiten konnte man nur beim Pförtner am Francke-Platz Einlaß in das große Gelände erlangen. Mädchen sahen wir nur von weitem im benachbarten Lyzeum.

Jeden Morgen fand in der Aula eine Andacht statt, nur katholische, jüdische und gottlose Schüler durften in der Klasse bleiben und Vokabeln lernen. Mancher erledigte in dieser Zeit auch sein ganzes Hausaufgabenpensum und geriet in Bedrängnis, wenn die Andacht kurz ausfiel, so daß es zum Abschreiben nicht reichte. Das Schwergewicht des Unterrichts lag bei den Sprachen Latein, Griechisch, Englisch und Französisch. Man kann darüber streiten, ob die Kenntnis dieser Sprachen wirklich von Wert war. Richtig ist sicher, daß sie zum besseren Verständnis der eigenen Sprache führte. Die Lektüre der Werke des Cicero, Tacitus, Homer, So-

Von 1936 bis 1944
besuchte ich die
Latina in Halle.
Sie wurde 1697 von
A. H. Francke gegrün-
det. Das 1906 neu
erbaute, architekto-
nisch reizvolle
Gebäude wurde 1945
durch Bombentreffer
fast völlig zerstört.
Zeichnung:
Wilhelm Krieg.

phokles und Plato, die nach den Mühen der Anfangsjahre
unter Anleitung erfahrener Philologen im Original möglich
wurde, stellt auch einen unschätzbaren Gewinn dar. „Non
scholae, sed vitae discimus"*), hörten wir immer wieder.

Als wir in den Flegeljahren waren, hatten wir vor den meisten Lehrern recht wenig Respekt. Gelegentlich verabreich-
te Ohrfeigen beeindruckten uns nicht, auch wenn sie mit dem
Vers dekoriert wurden: „Wer nicht geschunden wird, wird
nicht erzogen".

Es klingt seltsam, daß ich als ABC-Schütze in eine 8. Klasse
eingeschult wurde und 1944 nach 12 Jahren wiederum in
einer 8. Klasse das Abitur machte. Anfangs war noch die alte
Zählung üblich, die die Ältesten in einer Schule als 1. Klasse

---

*) Aus dem Lateinischen: Nicht für die Schule, sondern für das Leben lernen wir.

einstufte, im Gymnasium als Prima. 1938 wurde das geändert, nun waren die Schulanfänger in der 1. Klasse. Auch die höheren Schulen gaben ihren Neulingen diese Bezeichnung, obwohl sie ja bereits im 5. Schuljahr waren. Gleichzeitig mit dieser Reform wurde der Schuljahresbeginn nach den Sommerferien eingeführt, ein Zugeständnis an das dem Deutschen Reich damals einverleibte Österreich.

Die ersten Gymnasialklassen habe ich mit mäßigem Fleiß überstanden. Erst nach dem Tode meines Vaters 1940 wurde mir der Ernst bewußt, da ich mich um Schulgelderlaß und ein Stipendium bewerben mußte.

Getrennt von der Schule sollte die Hitlerjugend an unserer Erziehung mitwirken. Die Zehn- bis Vierzehnjährigen bildeten das Jungvolk und wurden „Pimpfe" genannt. (Die Erklärung des Wortes unterblieb wohl aus guten Gründen, es bedeutet „kleiner Furz".) „Dienst" hatten die Pimpfe immer am Sonnabend. Wer wie ich nicht dazugehörte, mußte zur Schule gehen. Es wäre aber eine Benachteiligung der Hitlerjungen gewesen, wäre man im ordentlichen Schulstoff weitergegangen. Zudem blieben in jeder Klasse nur wenige Schüler übrig. So faßte man vier Jahrgänge zusammen und erteilte ihnen vom Lehrplan unabhängigen Unterricht „im nationalen Sinne". Die ersten beiden Stunden gab ein Altphilologe, der uns unentwegt über die römisch-germanische Forschung informierte, wozu er eine unermeßliche Zahl von Lichtbildern vorführte. Danach kamen zwei Stunden Sport bei dem oben erwähnten Musiklehrer, der leider von Sport absolut nichts verstand. Man kann sich denken, daß es beim „Rechts um! – Links um!", Marschieren und Naziliedersingen blieb. Am liebsten waren mir die beiden Stunden am Nachmittag bei unserem Kunsterzieher. Er brachte uns den Linolschnitt und den Stoffdruck bei. Das änderte sich – wie so vieles – im Jahre 1938.

Gekürzt aus: „Heil Hitler, Herr Lehrer!", Reihe ZEITGUT, Band 13.

[Falkenberg/Elster;
1933]

Heinz Weiß

Die rechte Hand am Peitschenknauf

Als Hitler an die Macht kam, änderten sich schlagartig einige Gewohnheiten an der Schule. Bis dahin begrüßten sich
Lehrer und Schüler morgens mit „Guten Morgen!"

Am 30. Januar 1933 aber sprang eine starke Jungengrup-
pe von den Plätzen und grölte den Lehrer mit „Heil Hitler!"
an. Der Lehrer Henri Holz schien überwältigt, ließ sich aber
nichts merken und grüßte gelassen mit „Heil Hitler!" zurück. Von diesem Tage an blieb das so. Fortan nannte man
das den deutschen Gruß. Außerdem führte man vor und nach
den Ferien Fahnenappelle ein. Die gültigen Fahnen wurden
gehißt, wobei Lehrer und Schüler mit erhobenen Armen das
Deutschlandlied und das Horst-Wessel-Lied sangen.

Postwendend waren auch einige Lehrer wegen ihrer ab-
weichenden politischen Gesinnung entlassen worden, ohne
daß die Personallücken sofort geschlossen werden konnten.
Die Klassenstärken stiegen überall dort, wo das möglich war,
an. Das reichte aber nicht aus. Deshalb führte man sogenannte Bummelstunden ein, in denen die betroffenen Schüler ohne Lehrer waren. Sie durften tun, was sie wollten, nur
nicht stören.

Anfangs waren die Bummelstunden bei uns Schülern beliebt. Wir dachten, es sei schön, die Freiheit zu genießen,
merkten aber bald, daß viele mit der leeren Zeit nichts anzufangen wußten. Ich war zehn Jahre alt und besuchte die

3. Klasse. Da wir unweit der Schule wohnten, ging ich regelmäßig nach Hause, um zu meinem Frühstück ein Glas Milch zu trinken. So verging beim Bummeln die Zeit. Das sollte auch am 10. Mai 1933 so ablaufen. Merkwürdig, an diesem Tag stand die Werkwohnungstür offen. Wir wohnten im Überlandwerk, in dem meine Eltern arbeiteten. Viel dachte ich mir nicht dabei und ging hinein.

Meine Mutter stand im Rahmen der Küchentür, sah mich an und hielt sich den rechten Zeigefinger vor den Mund. „Sprich nicht!" bedeutete das.

Trotzdem fragte ich naiv tolpatschig: „Warum soll ich ruhig sein?"

Geheimnisvoll zeigte die Mutter auf die offene Wohnzimmertür. Da sah ich die Bescherung. Gendarm Schilling stand, mir einen unaussprechlichen Schrecken einjagend, vor den Bücherschränken. Hinter ihm sah ich den Buchhalter Heitkamp, den alle nur mit einer großen Glatze kannten. Heute hatte er sie mit einer SA-Mütze bedeckt. Auch sonst war er uniformiert. In der rechten Hand trug er eine lederne Reitpeitsche, mit der er lässig gegen seine schwarzen Schaftstiefel klatschte.

Ich wollte losheulen, aber meine Mutter hielt mir den Mund zu. SA-Männer rissen Bücher aus den Schränken und Regalen und warfen sie achtlos in bereitgestellte Waschkörbe. Jetzt erst merkte ich, daß sie jeden Titel laut lasen und auf den Befehl Heitkamps warteten.

„Thomas Mann?" wiederholte der eine gerade. – „Weg!"

„Tucholsky?" – „Weg!"

„Brachvogels Friedemann Bach?" – „Lassen."

„Feuchtwanger? – „Weg!"

„Heine?" – „Weg!"

„Bibeln und religiöse Schriften?" – „Weg!"

So ging das Buch für Buch. Heitkamp klatschte jedesmal, wenn ein neuer Titel kam, mit der Lederpeitsche gegen seinen schwarzen Stiefelschaft, als langweile ihn das Ganze.

1932: Beschäftigte des Überlandwerkes Falkenberg, Bezirk Halle, vor dem Haupteingang des Verwaltungsgebäudes (ohne Arbeiter). Meine Eltern (zweite Reihe von oben, dritter von rechts, mein Vater, obere Frauenreihe, die dritte von links, die kleine Frau, meine Mutter) waren hier als Hausmeister beschäftigt. Links, verdeckt, unsere Wohnung im Parterre.

Ängstlich verzog ich mich zurück in die Schule, konnte aber der nächsten Unterrichtsstunde nicht folgen. Mein Herz klopfte rasend. Was war geschehen? Womit hatten meine Eltern Unrecht getan? Ich verstand die Welt nicht mehr.

Ängstlich fragte ich zu Mittag die Mutter: „Haben sie die Märchen und ‚Nesthäkchen' auch mitgenommen?"

„Nein", kam es erleichtert über ihre Lippen, „sogar Brachvogels ‚Friedemann Bach' und einige andere Bücher ließen sie liegen." – Ich atmete auf.

Im Vorraum unserer Werkswohnung hing ein großer gläserner Schlüsselschrank an der Wand. Als Hausmeisterin hatte meine Mutter sämtliche Schlüssel des Werkes zu verwalten. Darunter stand ein Tisch mit dem schwarzen Telefon und den täglich oder wöchentlich ankommenden Zeitungen für das Werk. Von hier aus wurden sie in die einzelnen Büros der 150 Beamten gebracht. Vorher blieb mir meist genügend Gelegenheit, in den reich bebilderten Zeitschriften „Der gemütliche Sachse", „Kladderadatsch" und „Simplicissimus" zu blättern.

In diesen Tagen bildete der „Simplicissimus" auf der Titelseite eine Trödlerin ab und legte ihr die Worte in den Mund: „Dös san die neuesten Antiquitäten, sicherns Eahna a Stück!" Dahinter sah man unter altem Gerümpel Pfaffenhüte und Abzeichen mit Hammer und Sichel.

„Kladderadatsch" veröffentlichte auf der ersten Seite einen riesigen Adler mit ausgebreiteten Flügeln, in einem Feuer stehend, das aus Büchern gespeist wurde. Auf einigen konnte man die Namen der Autoren erkennen, so Emil Ludwig, Lion Feuchtwanger, Karl Marx, August Bebel, Thomas Mann. Die Brust des Adlers trug die rote Handschrift:

„Deutsche Dichtung".

Darunter stand dick gedruckt: „Der neue Phönix".

Ich wußte nicht, was das bedeutet und fragte meine Mutter. Sie erklärte mir, als Phönix bezeichne man in Helden- und Göttersagen einen Wundervogel, der sich selbst verbrenne und dann wieder auferstehe.

„Und was sind Antiquitäten?", wollte ich wissen.

„Olle Sachen", antwortete sie kurz und bündig.

Bald darauf mußten wir aus der Werkswohnung ausziehen. Am 27. September 1933 hatte mein Vater die Kündigung erhalten. In dem Schreiben hieß es:

„Es sind in der letzten Zeit wiederholt von der zuständigen Behörde bei Ihnen Haussuchungen abgehalten worden. Bei diesen Haussuchungen wurden stets Bücher und Schriften beschlagnahmt, die als staatsfeindlich anzusprechen sind ..."

Aus: „Pimpfe, Mädels & andere Kinder", Reihe ZEITGUT, Band 4.

Eva Wallmeier

„Nur" ein Viertel

Meine Mutter hatte 1933 ihre Stellung als Studienrätin verloren, weil sie Halbjüdin war. Das hinderte meinen Vater nicht
daran, als alter SA-Mann weiter eifrig mit dem Säbel zu ras-
seln. Ich war acht Jahre alt, als meine Mutter ihn verließ,
weil die Situation unerträglich wurde. Das ewige Schwärmen für den „Führer" klang wie Hohn in ihren Ohren. Dar-
überhinaus war die finanzielle Situation meiner Familie un-
tragbar geworden. Mein Vater war Architekt und arbeitslos,
als Selbständiger hatte er keinen Anspruch auf Arbeitslo-
sengeld. Während er zu Hause herumsaß, hatte bisher meine Mutter als beamtete Lehrerin für den Unterhalt gesorgt.
Nun aber wurde das Geld knapp. Den Ärger darüber ließ
mein Vater an meiner Mutter und uns Kindern aus.

Zum Glück konnte uns meine jüdische Großmutter helfen. Sie bekam als Professorenwitwe vorläufig noch ihre –
allerdings gekürzte – Pension und mietete die Wohnung für
uns. Meine Mutter erhielt nun monatlich 150 Reichsmark
vom Staat. Auf die Frage, wie sie damit sich und zwei Kinder durchbringen sollte, empfahl ihr der zuständige Beam-
te, doch putzen zu gehen.

Wenn nicht Studienräte an anderen Oberschulen Hannovers so kollegial gewesen wären, ihr Nachhilfeschüler zu
schicken, hätten wir am Hungertuch nagen müssen. Der
Nachhilfeunterricht war natürlich illegal. Die Kollegen hät-

ten ernsthafte Schwierigkeiten bekommen, wenn die Sache herausgekommen wäre. Aber jeder schwieg, und so konnten wir diese schwere Zeit überstehen.

Meinen Vater besuchten mein Bruder und ich jeden Sonntagnachmittag. Er verwöhnte uns dann, versäumte aber keine Gelegenheit, auf unsere Mutter, Großmutter und die Juden im allgemeinen zu schimpfen.

Den größten Ärger aber gab es, wenn er an unserer Wohnung vorbeikam und bemerkte, daß an einem Tag, an dem geflaggt werden sollte, an unserem Balkon keine Hitlerfahne hing. Trotz aller Drohungen und Beschimpfungen blieb meine Mutter unnachgiebig.

„Das wäre wohl das Letzte, daß ich für diesen Hitler, der mir so viel genommen hat, auch noch die Fahne hisse!" sagte sie empört.

Die Schulfeier

Hunderte von Schülerinnen waren 1935 in der Aula der Sophienschule in Hannover versammelt. Es gab ein wichtiges Ereignis zu feiern: Das Saarland war ins Deutsche Reich heimgekehrt. Alle Schülerinnen hatten zu diesem Anlaß in der BDM-Uniform anzutreten.

Ich betrat die Aula und blickte mich verloren um. Hier waren nur Mädchen mit schwarzen Röcken, weißer Bluse und brauner Jacke. Ich war in Zivil, weil ich dem BDM nicht angehörte. Mein Ahnenpaß hatte eine zwar christliche, aber rassisch jüdische Großmutter aufgedeckt. Das hinderte mich daran, mit meinen zehn Jahren Mitglied in der obligatorischen Jugendbewegung zu werden.

Ich hatte kaum Platz genommen, als sich ein unheimlich dickes Mädchen in der Reihe vor mir umdrehte und mich vertraulich angrinste. Sie war ebenfalls nicht in Uniform.

„Ich bin Lisa Weiß" , stellte sie sich vor. „Seit gestern bin ich in deiner Klasse. Mein Vater ist Vorsitzender der Jüdischen Vereinigung."

Von dieser Selbsthilfegruppe hatte ich schon gehört. Wir bekamen manchmal Kinderbücher geschenkt, die dort gespendet worden waren. Außerdem wurden wir mit nützlichen Informationen versorgt.

„Ich bin Halbjüdin", erklärte Lisa kumpelhaft.

„Ich bin's nur zum Viertel", erwiderte ich stolz und bemühte mich, meine Ablehnung ihr gegenüber deutlich zu machen.

Die Feier war sehr beeindruckend. Trotzdem war ich froh, als sie zu Ende war. Zu Hause erzählte ich mein Erlebnis. Die Reaktion meiner Mutter war, wie erwartet. „Wir sind nun einmal Außenseiter", sagte sie traurig.

Am nächsten Morgen wartete ich an der Haltestelle Lortzingstraße auf die Straßenbahn. Plötzlich fuhr ein Lastwagen vor. Die hintere Klappe wurde geöffnet und eine Laderampe ausgefahren. Von der Lortzingstraße her näherte sich ein Zug alter Damen mit leichtem Gepäck. Ich kannte einige Bewohnerinnen des vornehmen jüdischen Altersheimes, es waren Freundinnen meiner Großmutter: Professorenwitwen, Witwen von Ärzten und Rechtsanwälten. Ich hatte mich immer darüber lustig gemacht, daß man sie mit den Titeln ihrer verstorbenen Männer anredete. Aber jetzt verging mir jeder Gedanke an Spott. Als die neunzigjährige „Frau Professor" Traunstein von einem Uniformierten brutal die Laderampe hinaufgestoßen wurde, kamen mir die Tränen.

Nachdem die alten Damen alle in das Innere des Lastwagens verfrachtet worden waren, kam die Straßenbahn. Ich stieg weinend ein und fuhr zur Schule.

Nach diesem Erlebnis war ich zwar erleichtert, „nur" Vierteljüdin zu sein, stolz aber war ich darauf nicht mehr.

Aus: „Heil Hitler, Herr Lehrer!", Reihe ZEITGUT, Band 13.

[Pfaffenhofen-Weiler, Schwaben, Bayern;
Frühjahr 1933]

Wilhelm Schäfer

Die letzte Mahnung

Im April hatte, wie damals üblich, ein neues Schuljahr begonnen. Ich war 12 Jahre alt und kam in die 7. Klasse der
Volksschule Weiler. Die Schulbücher wurden zumeist von der
jeweils höheren Klasse übernommen. Nur wenn sie bis zum
letzten Blatt verschlissen waren, mußten neue gekauft werden. So verhielt es sich mit meinem Schulatlas, der nur noch
einem Kartenspiel glich, manche Blätter fehlten ganz. Da es
im Dorf keine Buchhandlung gab, besorgte unser Lehrer, der
alle sieben Klassen unserer Dorfschule unterrichtete, per
Sammelbestellung die fehlenden Bücher.

Mein neuer Altlas war eine einfache Ausgabe und kostete
4,50 Reichsmark, das war für uns viel Geld. Meine Eltern
und auch die Eltern der anderen Kinder, die neue Bücher
bekommen hatten, konnten diese nicht gleich bezahlen. Das
Geld war in vielen Familien äußerst knapp. Die seit Jahren
herrschende Arbeitslosigkeit und der fehlende Nebenver-
dienst bei den Kleinbauern waren schuld daran.

Von Woche zu Woche mahnte der Lehrer die Bezahlung
der Bücher an. Eines Samstags, es war bereits Mai, sagte er
zum Unterrichtsschluß sehr energisch, es sei jetzt das letzte
Mal, wir sollten am Montag endlich das Geld mitbringen.

Zu Hause wiederholte ich ebenso betont die Worte des Lehrers. Meine Mutter stand in der Küche vor dem kleinen
Schrank, in dem sie gewöhnlich das Haushaltsgeld aufbe-

Blick in den Unterrichtsraum einer einklassigen Dorfschule in den 30er Jahren. Der Lehrer und ein Schüler stehen an der Tafel, an der Wand hängt eine Europakarte für den Erdkunde-Unterricht.

wahrte. Sie hob abwehrend beide Hände und meinte: „Da brauche ich gar nicht erst nachzuschauen, ich habe keinen Pfennig Geld mehr im Haus! Vater will Onkel Gottlieb besuchen und hat das letzte Geld mitgenommen."

Ich wußte, daß mein Vater alljährlich, wenn die Arbeit im Weinberg erledigt und auf dem Feld die Saat im Boden war, für einige Tage seinen Bruder in Pforzheim besuchte. Das war die einzige Abwechslung, die er sich im ganzen Jahr gönnte. Damit er das Fahrgeld für die Bahn auf die Hälfte reduzieren konnte, lief er in einem dreistündigen Fußmarsch eine Abkürzung über den Stromberg bis Mühlacker.

„Gerade ist Vater losgegangen", sagte Mutter, „wenn du schnell läufst, kannst du ihn noch einholen!"

Ich rannte das mittlere Gäßle hoch und die Steige zum Dorf hinaus. Es war ein Maientag, wie er im Buche stand. Die Son-

ne schien in den Hohlweg der Steige hinein, die Akazien links
und rechts an den hohen Böschungen standen in voller Blüte.
Bald sah ich auch meinen Vater. Er hatte die Jacke ausgezogen,
und seine weißen Hemdsärmel leuchteten in der Sonne. Vater
schritt munter aus. Als ich ihn eingeholt hatte, fragte er mich
freundlich, wie er immer zu mir war: „Was gibt's?"

Ich erzählte ihm von der allerletzten Mahnung des Lehrers,
den neuen Atlas zu bezahlen.

Eine Weile sagte mein Vater nichts. Dann schob er langsam seine Hand in die Hosentasche und holte den Geldbeutel heraus. Er zählte mir genau 4,50 Mark in meine offene
Hand, es waren lauter Silbermünzen, die in der Mittagsson-
ne glitzerten. Ich schloß meine Hand ganz fest, als hätte ich
einen sehr kostbaren Schatz darin.

Vater steckte langsam den Geldbeutel wieder ein und
sprach leise vor sich hin: „Jetzt kann ich nicht mehr nach
Pforzheim fahren, das war mein letztes Geld."

Diese Worte gaben mir einen Stich ins Herz. Ich kehrte
um und machte mich auf den Weg zurück ins Dorf. Als ich
mich noch einmal umdrehte, sah ich meinen Vater langsam und
müden Schrittes weiterziehen.

Erst am Abend, als es Zeit war, das Vieh zu füttern, kam
Vater wieder nach Hause. Wir fragten ihn nicht, wo er den
ganzen Nachmittag gewesen sei. Mutter und ich konnten es
uns denken. Nach der Enttäuschung, daß er nun nicht zu
seinem Bruder fahren konnte, hatte Vater sicher keine Lust
mehr zum Arbeiten gehabt und einfach blau gemacht, was
damals für die einfachen Leute fast eine Sünde war. Wahrscheinlich hatte er am Feldrain bei den Bühläckern unter
einem schattigen Baum ausgeruht, denn von dort hat man
eine wunderbare Aussicht auf das Tal. Wie oft haben wir
gemeinsam dort gesessen, wenn wir Vesperpause von der
Feldarbeit gemacht haben!

Aus: „Heil Hitler, Herr Lehrer!", Reihe ZEITGUT, Band 13.

[Bad Pyrmont, Niedersachsen;
1933–1938]

Ursula Sonnemann

Wo sind sie geblieben?

Plötzlich öffnet sich unsere Klassentür. Wir sind gerade dabei, ein Diktat zu schreiben. Herein tritt unser Rektor, ein nicht gerade großer Mann mit wenig Haaren und einer kleinen, silbernen Brille. Seine Taschenuhr hängt an einer goldenen Kette, die im Knopfloch seines Jacketts befestigt ist. Sofort stehen wir auf, das tun wir immer, wenn ein Erwachsener in unseren Klassenraum kommt. „Setzen!" ruft er.

Wir wissen alle, der Herr Rektor kommt nicht ohne wichtigen Grund zu uns. Er verkündet: „Ab heute sagt ihr nicht mehr ‚Guten Morgen', sondern ‚Heil Hitler!' Das ist der neue deutsche Gruß. Wir werden ihn sogleich einmal gemeinsam üben. Aufstehen! Erhebt den rechten Arm und sprecht mit mir laut und deutlich: ‚Heil Hitler!' Und noch einmal, das muß noch besser werden."

Wir üben, und es wird besser. Der Rektor erklärt uns, daß Adolf Hitler unser Führer sei, daß wir ihm zu Dank verpflichtet wären, denn er gäbe den Arbeitslosen Arbeit und den Menschen genug zu essen. Er erwarte von uns Zucht und Ordnung, absoluten Gehorsam und bedingungslose Gefolgschaft.

Anni kramt in ihrer Schultasche. Endlich hat sie gefunden, was sie suchte. Sie zieht eine Postkarte aus einem Briefumschlag, auf der der Führer abgebildet ist. Stolz zeigt sie das Bild herum. Dann erbittet es sich der Rektor. Er stellt sich auf das Podest, hält die Karte ganz hoch, so daß nun alle das Bild des Führers sehen können.

Meine Großmutter hat immer schon gesagt, daß Zucht und Ordnung wieder ins Land einkehren müßten. Und wenn's der Herr Rektor nun auch meint, dann wird Adolf Hitler sicher der richtige Mann für uns sein, denke ich.

Braune Männer

Ich sitze am Küchentisch und bin mit meinen Hausaufgaben beschäftigt. Da erschallt Marschmusik. Zunächst höre ich nur Trommelschläge, aber dann wird die Musik immer lauter. Ich laufe zum Stubenfenster und erblicke viele Männer: jüngere und ältere in braunen Hosen und braunen Hemden. Sie tragen schwarze blankgeputzte Stiefel, einen Schulterriemen aus Leder und ein braunes Koppel. Am linken Arm leuchtet eine rote Binde mit weißem Feld und schwarzem Hakenkreuz. Gerade, als sie an unserem Hause vorbeimarschieren, beginnen sie, einen neuen Marsch zu spielen.

„Mutti, Mutti, komm mal schnell, das sind SA-Leute!" rufe ich aufgeregt. Ich weiß, wie sie aussehen, Annis Vater trägt auch eine solche Uniform.

„Ja", sagt meine herbeigeeilte Mutter, „du wirst sie jetzt öfter sehen, denn wir haben ja nun eine neue Regierung."

Nachmittags gehe ich zu meiner Großmutter. „Hast du auch die SA-Leute gesehen?" fragt sie. „Die sorgen nun endlich wieder für Zucht und Ordnung, das haben wir unserem Führer zu verdanken", erklärt sie mir. Und tatsächlich kommen die SA-Leute nun oft unsere Steinstraße entlang, wenn sie mit zackiger Marschmusik durch Bad Pyrmont marschieren. Kinder laufen mit, Fenster öffnen sich, und die Leute schauen hinaus. Ich bin schon acht Jahre alt, aber ich darf nicht mitlaufen, und meine Mutter öffnet auch kein Fenster.

„Papa", frage ich meinen Vater, „willst du nicht auch wie Annis Vater zur SA gehen?"

Er antwortet: „Ich habe den Weltkrieg als Offizier mitgemacht, da mußte ich genug marschieren. Und für Zucht und Ordnung sorge ich in der Schule." Mein Vater ist Lehrer.

Jungmädel

Zwei Jahre später, 1935, kommt unser Rektor wieder zu uns ins Klassenzimmer. Mit einem kräftigen „Heil Hitler!" begrüßen wir ihn, denn den Deutschen Gruß können wir inzwischen perfekt. „Wer von euch ist noch nicht bei den Jungmädeln?" fragt er.

Auguste, die kleinste Schülerin mit einer großen blauen Seidenschleife im struppigen blonden Haar, meldet sich. Ich zögere. Meine Eltern haben mir meinen Wunsch, auch zu den Jungmädeln gehen zu dürfen, immer wieder abgeschlagen mit der Begründung, ich sei noch zu klein. Der Rektor wiederholt seine Frage. Anni stößt mich an und sagt: „Melde dich doch!" Ich erhebe meinen Arm.

„Ihr gebt mir innerhalb der nächsten 14 Tage Nachricht, daß ihr euch bei den Jungmädeln angemeldet habt", ordnet der Herr Rektor an.

Diese Aufforderung kommt mir gerade recht. Nun können mich meine Eltern nicht mehr von den Jungmädeln fernhalten. Jetzt *muß* ich mich anmelden. Der Rektor hat's verlangt. Anni besitzt schon längst die vorgeschriebene Kluft, den dunkelblauen Rock, die weiße Bluse mit dem schwarzen Fahnentuch und dem braunen Lederknoten. Auf den linken Ärmel der Bluse ist ein schwarzes Dreieck aufgenäht, das den Namen des Gaues aufweist, dem wir zugeordnet sind. Meine Eltern kaufen mir notgedrungen diese Kleidungsstücke. Nur die braune Kletterweste, aus einer Art Samt hergestellt, ist für das Einkommen meines Vaters viel zu teuer. So muß ich zunächst mit meinem Lodenmantel zum Hitlerjugend-Dienst gehen. Aber als Weihnachtsgeschenk bekomme ich von meiner Großmutter die ersehnte Kletterweste. Nun sehe ich aus wie Anni. Die Freundin nimmt mich in den Arm und ruft freudig: „Jetzt sind wir beide richtige Hitlermädel!"

Mittwochnachmittags und Sonnabendnachmittags haben wir Dienst. Anni und ich und alle meine Klassenkameradinnen besuchen ihn regelmäßig. Mittwochs lernen wir Marsch- und Volkslieder, Gedichte und den Lebenslauf unseres Führers. Sonnabends machen wir im Sommer Geländespiele. Eine Partei erhält die blaue, die andere die rote Farbe. Wer sich am besten unter den dicken Baumwurzeln oder unter dem dichten Buchenlaub verstecken kann und nicht gefunden wird, hat gesiegt. An diesen Nachmittagen bekommen wir keine Hausaufgaben auf. Unsere Lehrer sagen: „Diese Nachmittage sind ganz alleine für den Dienst bestimmt. Die Teilnahme daran ist Pflicht." ...

Die Schneeballschlacht

Aufmerksam verfolgen wir die Geschichtsstunde, in der wir von der Marienburg, dem Bollwerk des deutschen Ostens genannt, hören. Da fängt es plötzlich an zu schneien. Unser Studienrat hat in seiner Begeisterung über den deutschen Osten noch gar nichts davon gemerkt. Wir schauen nach draußen. Unsere Aufmerksamkeit ist dahin, denn es schneit immer mehr, riesige Flocken decken alles in sauberes Weiß. Ein Zettelchen kommt mir unter der Bank zugeflogen, darauf steht: „Nachher machen wir eine Schneeballschlacht."

Sprechen dürfen wir im Unterricht nicht, sonst machen wir Bekanntschaft mit dem Rohrstock. Nichts interessiert mich mehr vom deutschen Osten und von der deutschen Scholle, die Freude über den vielen Schnee ist zu groß.

Gleich nach Unterrichtsende schlüpfen wir in unsere warmen Mäntel, binden uns den dicken Wollschal um und stülpen die bunte Pudelmütze über den Kopf. Mit Gebrüll verlassen wir den durch ein Eisentor abgesperrten Schulhof und stürmen auf die Straße. Autos fahren nur sehr selten, in dem hohen Schnee schon gar nicht. Hei, wie die Schneebälle fliegen! Unsere Ranzen werfen wir an eine Mauer. Als wir endlich genug vom Schnee haben, gehen wir nach Hause. Alle

*Das bin ich, 14 Jahre alt.
Nach vierjähriger Jungmädel-
zeit werde ich 1939 in den
BDM aufgenommen.*

Klassenkameraden sind schon weg, aber ich finde meinen
Ranzen nicht. Da entdecke ich ihn in einem Garten liegend.
Irgend jemand muß ihn über den hohen Zaun geworfen ha-
ben. Ich gehe um das gesamte Grundstück herum, um die Pfor-
te zu finden, denn zum Überklettern ist der Zaun zu hoch.
Nun mache ich mich ganz alleine auf den Nachhauseweg. Ich
bin schon ein reichliches Stück von der Schule entfernt, als
ich merke, daß jemand hinter mir herkommt. Es ist Freddi,
mein Klassenkamerad. Er hat einen großen Schneeball in der
Hand, läuft hinter mir her, erwischt mich und steckt mir den
Schneeball in meinen Nacken. Iih, ist das kalt und naß!
   „Warum tust du das, Freddi?"
   „Ach, nur so, das macht doch Spaß", ruft er.
   Aber mir macht das gar keinen Spaß. Ich beginne zu
weinen: „Laß das, Freddi, bitte laß mich nach Hause gehen!"
   Doch Freddi steckt noch einen Schneeball in meinen Rük-
ken, und als ich schreie, einen in meinen Mund. Ich falle hin.

Da kommt ein Mann mit seinem Fahrrad daher, das er wegen des hohen Schnees schieben muß. Blitzschnell verschwin-
det Freddi, wie ein Kaninchen hoppelnd, unter einen tief ver-
schneiten Busch. Zu Hause erzähle ich den Vorfall meinem
Vater, in der Hoffnung, er würde unserem Lehrer Bescheid
geben, der dann, wie üblich, das Strafmaß für solche Taten
festsetzt. Vater fragt nur nach dem Namen und der Straße,
in der Freddi wohnt, und Mutter gibt mir trockene Wäsche.

In den nächsten Tagen warte ich vergeblich auf die Strafe
des Lehrers. „Papa", frage ich, „hast du dem Lehrer nicht
über Freddis Gemeinheit berichtet?"

„Ach, weißt du", antwortet mein Vater, „ich habe mit Freddi gesprochen, er wird es nicht wieder tun, das hat er mir
versprochen. Man soll Lehrer mit solchen Sachen nicht belä-
stigen und überhaupt, du bist doch ein deutsches Mädel, und
deutsche Mädchen petzen nicht."

So kenne ich meinen Vater nicht. Bisher habe ich mich bei
ihm immer geborgen und von ihm beschützt gefühlt. Und
mein Rachegefühl Freddi gegenüber kann ich auch nicht be-
friedigen. Wieviel Freude hätte es mir gemacht, wenn er von
unserem Lehrer eine richtige Tracht Prügel, und die noch
vor der ganzen Klasse, bekommen hätte! Ich bin enttäuscht.

Ein Jahr später fehlt Freddi in der Schule. Er kommt auch
nicht wieder. Wir Schüler kennen den Grund nicht. Ich bin
nicht gerade traurig darüber, denn ein bißchen Angst habe
ich immer noch vor ihm, vor seinen dunklen Augen und seinem hageren Gesicht mit der Hakennase.

Erleichtert erzähle ich meinen Eltern vom Wegbleiben
Freddis. Da nimmt mich mein Vater mit in sein Zimmer. Ich
muß mich auf seinen Schoß setzen, und er beginnt zu erzählen: „Du hast schon gehört, daß es Juden in Deutschland
gibt. Juden sind bei Hitler und den Nationalsozialisten un-
erwünscht. Freddi ist ein Kind jüdischer Eltern. Was Freddi
damals mit dir gemacht hat, war ein dummer Jungenstreich.
Wenn ich deinem Lehrer Bescheid gegeben hätte, wäre Freddi

bestimmt von der Schule entlassen worden. Womöglich wären die Eltern in ein Lager gebracht worden, in dem sie hätten hart arbeiten, hungern und frieren müssen.

Jeder anderer Junge hätte normale Prügel bezogen, Freddi dagegen wäre entsetzlich gestraft worden. Ich denke, du bist alt genug, zu verstehen, warum ich deinem Lehrer keine Meldung machte. Willst du etwa, daß eine ganze Familie ins Unglück gestoßen wird nur wegen ein paar Schneebällen? Gewiß war es nicht gut, was Freddi getan hat, aber das Strafmaß stände in keinem Verhältnis zur Tat."

„Und wo ist Freddi jetzt?" frage ich meinen Vater.

„Das weiß ich nicht." Und er wußte es tatsächlich nicht.

„Über diese Sache darfst du mit keinem sprechen", sagt Vater, „ich könnte sonst arge Schwierigkeiten in der Schule bekommen. Also, abgemacht, du schweigst darüber."

„Ja", erwidere ich ganz leise, ich schäme mich ein bißchen, ich wußte nicht, daß Freddi Jude ist, und erstmals wird mir bewußt, daß es Juden in Deutschland schlecht ergeht. ...

Marianne

„Sind die Entschuldigungen für die fehlenden Schüler eingegangen?" fragt unser Lehrer den Klassenobmann, der für die Eintragungen im Klassenbuch zuständig ist.

„Ja, alle, bis auf die Entschuldigung von Marianne. Sie fehlt schon drei Tage unentschuldigt."

„Marianne, ach ja, laß man, die ist verzogen", sagt der Lehrer, „um die brauchst du dich nicht mehr zu kümmern."

Nun werden wir neugierig, Marianne hat nichts von einem Umzug gesagt. So plötzlich zieht man doch nicht um, denken wir. Anni kann ich nicht fragen, sie nimmt an einer Führerinnenschulung teil und hat dadurch unterrichtsfrei. Einige Mitschülerinnen und ich beschließen, zu Mariannes Wohnung zu gehen. Sie wohnt nicht weit von der Schule entfernt gleich neben dem neuen Postamt in einer grün- und weißgestrichenen Villa. Ihr Vater ist Arzt.

Unentschlossen stehen Gerda, Ilse und ich vor dem Haus. „Was sollen wir machen?" fragt Ilse.

Gerda meint: „Marianne wird nicht weggezogen sein. Seht nur, ihr lustiger bunter Wellensittich sitzt in seinem Käfig am Fenster, die Gardinen hängen noch und auch die Blumentöpfe stehen auf dem Fensterbrett". Den Wellensittich hat Marianne zum Geburtstag bekommen. Sie liebt ihn sehr, bestimmt hätte sie ihn mitgenommen. Wir gehen die wenigen Treppenstufen zur Haustür hinauf und klingeln. Eine fremde Frau öffnet. „Was wollt ihr denn hier?" fragt sie.

„Wir möchten Marianne besuchen, sie ist unsere Klassenkameradin."

„Marianne wohnt nicht mehr hier."

„Können sie uns die neue Adresse von Marianne sagen? Wir wollen ihr schreiben", erwidert Ilse.

„Die weiß ich nicht. Macht jetzt, daß ihr nach Hause kommt!" sagt die Frau in barschem Ton und schließt die Tür.

Nun stehen wir unverrichteter Dinge da. Wir überlegen, was wir nun tun können, um zu erfahren, wo sich Marianne aufhält. Ganz für mich alleine überlege ich: Freddi ist weg, jetzt Marianne, vor längerer Zeit unsere Nachbarn, die Löwensteins und die Müllers. Die Letzteren hatten ihre Gardinen auch nicht mitgenommen, als das Auto mit den Männern im Ledermantel kam. Im Lager, erklärte mir mein Vater, können sie diese Sachen nicht gebrauchen. Sollte Marianne vielleicht eine Jüdin sein?

Doch dieser Gedanke ist unvorstellbar, denn Marianne ist blond und blauäugig. Ich verwerfe ihn sofort wieder.

„Laßt uns gehen", fordere ich die anderen auf.

Als wir auf der Kreuzung Herder-/Goethe-Straße ankommen, fällt unser Blick auf das große Plakat an der Litfaßsäule, von dem uns eine gräßliche Fratze mit pickeligem, unrasiertem Gesicht und einer riesigen Hakennase, fehlenden Zähnen im Mund und einer Schlägermütze auf dem Kopf angrinst. Fett gedruckt steht das Wort JUDE darunter.

„Vielleicht sind Mariannes Eltern Juden?", überlegt Gerda und spricht damit aus, was auch ich befürchte.

„Das glaube ich nicht, Marianne ist nicht dreckig", entgegnet Ilse. „Aber ich habe schon gehört, daß Juden ganz plötzlich verschwunden sind."

Ich beteilige mich an diesem Gespräch nicht, ich habe ja meinem Vater versprochen, nicht über Juden zu sprechen.

Am nächsten Morgen stellen Gerda und Ilse unserem Lehrer die Frage: „Ist Marianne Jüdin?"

„Ja", sagt er, dreht sich zur Tafel und beginnt mit dem Unterricht. – Mariannes Platz bleibt für immer leer.

Nach diesem Erlebnis will ich es genau wissen: Wie sieht ein Jude aus, woran erkennt man ihn?

Ich forsche bei meinen Eltern, bei meiner Großmutter, bei Onkel und Tanten, bei Bekannten. Fast immer bekomme ich die gleiche Antwort: „Das weiß ich nicht."

Nur mein Vater gibt mir eine verständliche Erklärung: „Du hast schon genug Juden kennengelernt, Frau Löwenstein, Tina und Sarah, Frau Müller, Freddi und Marianne. Also weißt du selbst, wie sie aussehen, nämlich wie ganz normale Menschen."

„Dann kann ich äußerlich keinen Juden erkennen?" – „Nein." – „Und warum wird der Jude auf den Plakaten so scheußlich dargestellt?"

„Die Bilder sind ein Teil der Hetzpropaganda gegen Juden", erklärt mir mein Vater nach einiger Überlegung. „Aber du sprichst kein Wort darüber, hast du das gehört?"

Ich verspreche es. Nach einigem Schweigen stelle ich dann zögernd die mir schon so lange auf der Zunge brennende Frage: „Sind wir denn vielleicht auch Juden?"

„Nein", sagt mein Vater.

Ein Stein fällt mir vom Herzen, obwohl ich sehr traurig bin über das ungewisse Schicksal von Marianne ...

Gekürzt aus: „Heil Hitler, Herr Lehrer!", Reihe ZEITGUT, Band 13.

Jan Eilers

Ich und Einstein

Gelb war der Umschlag, so groß wie eine Skatkarte, kostete soviel wie heute eine Zigarette und berichtete von allem, was man damals so von der Welt wußte: Die Miniatur-Bibliothek. Jedes Buch ein abgeschlossenes Wissensgebiet und gab soviel her, wie eben in diesem Format untergebracht werden konnte. 20 Pfennige kostete die Normalausgabe, 40 Pfennige die Doppelnummer.

Ich war ein begeisterter Leser.

In unserer Kinderzeit in Eversten nannten wir unsere erwachsenen Nachbarn Onkel und Tante. Für Tante Oltmanns ging ich einkaufen, zwei Pfennige waren der Lohn. Das war aber nicht jeden Tag der Fall, sondern nur einmal in der Woche, man hatte ja alles im Garten.

Nach etwa zehn Wochen hatte ich also 20 Pfennige zusammen. Dann ging es zu Fuß oder per Rad in die Stadt, zu Bültmann & Gerriets – wir sagten damals zu „Moutoux", denn Hans Moutoux war lange Zeit Inhaber von B & G, – und ein neues Heft der Miniatur-Bibliothek wurde gekauft.

Ab und an hörte ich mal was von Einstein und der Relativitäts-Theorie, aber niemand konnte mir auch nur andeutungsweise sagen, was es damit auf sich hatte. Im Unterricht wurde sein Name überhaupt nicht erwähnt.

So war ich neugierig geworden und fragte unsere Lehrer, zunächst Herrn Hestermann. Herr Hestermann war Studienrat und mußte es somit wissen. Er entgegnete, er sei Germanist und es fiele nicht in sein Gebiet.

Dann fragte ich Herrn Oelrichs. Herr Oelrichs war unser Physiklehrer und mußte es schließlich wissen. Er aber sagte, die Relativitätstheorie sei jüdische Physik und somit nicht für uns zuständig, der Führer wünsche germanische Physik. Dabei sah er mich so merkwürdig ironisch an.

Nun war ich ganz verwirrt. Der Führer wollte Gott korrigieren, Physik mit blauen Augen und blonden Haaren!

Und noch was. Wieso wußte ausgerechnet ein Germanist nicht, was germanische Physik ist?

Doch es gab einen Silberstreifen am Horizont: Miniatur-Bibliothek, Heft 162: „Einstein und seine Relativitäts-Theorie." Heureka!

Allerdings gab es auch ein „Aber": Es war eine Doppelnummer, kostete also 40 Pfennige. Und zwanzig Wochen dafür einzukaufen, das überstieg dann doch mein Durchhaltevermögen ...

Aus: „Pimpfe, Mädels & andere Kinder", Reihe ZEITGUT, Band 4.

[Torgau an der Elbe;
1937]

Heinz Weiß

Der Dichter unbekannt

Jeden Morgen trat ich 6.45 Uhr von der am Stadtrand liegenden Mahla*) her meinen Schulweg an und sah gewöhnlich, wie der Repitzer Kremser die Schulkinder vom Vorwerk
brachte und wie der Gasmann die Straßenlaternen löschte,
wozu er ein langes, stockähnliches Gerät benutzte. Mein
Schulweg überquerte das grüne Glacis**), heute zum Stadt-
park umgewandelt, wo ich manchmal dem ersten Frühreiter des Reiterregiments 10 begegnete. Unweit der Radfah-
rerkaserne hing auf dem Mackensenplatz ein Schaukasten
mit der Zeitung „Der Stürmer", Julius Streichers Hetzzei-
tung gegen die Juden und den Bolschewismus. Manchmal
blieb ich stehen, um zu lesen, aber die entsetzlichen Karika-
turen stießen mich ab. In der Bäckerstraße verteilte das jüdische Geschäft Rosenthal Mickymaus-Hefte, die ich gern
las. Auf der anderen Straßenseite hetzte ebenfalls „Der Stürmer" massiv gegen die Juden.

Auf dem Markt gab es wieder zwei Schaukästen. In dem
einen bot die Buchhandlung Huth Bibeln und religiöse Schriften, in dem anderen Rolf Torring und Jörn Farrows U-Boot-
Abenteuer an. Ich wunderte mich zwar über die Gegensätze,
aber Geschäft war auch damals schon Geschäft.

In der Schule genoß ich eine Sonderstellung. Weil ich ei-

---

*) Name eines früheren Festungsvorwerks, **) Vorgelände einer Festung

nen sehr weiten Schulweg hatte, erlaubten mir die aufsichts-
habenden Lehrer, das Schulgebäude so früh wie möglich zu
betreten. Alle anderen mußten bis 7.25 Uhr vor dem mittleren Schultor warten.

Wir kannten unsere 15 Lehrer alle, am besten aber den
langen Hermann Kuntze, der gewöhnlich in Knickerbockern
unterrichtete. Seine Unterhosen hatte er stets straff und kor-
rekt in die sichtbaren Strümpfe gezogen. Beim Betreten der
Klassenräume ließ er sich regelmäßig von einem überlan-
gen Rohrstock begleiten, von dem er oft Gebrauch machte,
weshalb wir dem Musik- und Sportlehrer den Spitznamen
Prügel-Kuntze gegeben hatten. Bei ihm hing gleichsam Disziplin in der Luft, wovon manchmal sogar andere Lehrer pro-
fitierten.

Die 52 dreizehnjährigen Jungen seiner Klasse richtete er
knallhart militärisch aus. Da saß alles millimetergenau auf
Vordermann. Im Klassenschrank herrschte peinlichste Ordnung. Aufsatz- und Diktathefte hatte Kuntze mit durchsich-
tigem Pergamentpapier eingeschlagen, wobei ihm einige der
besten Schüler helfen mußten.

In der weiträumigen Aula durfte unaufgefordert weder ein
lautes noch ein leises Wort gesprochen werden. Der überlan-
ge und deutlich sichtbar auf dem Flügel liegende Rohrstock
überwachte alles. Kuntze überprüfte jeden Schüler einzeln
und ordnete ihn einer der drei Chorstimmen zu. Dreistim-
mige, mindestens aber zweistimmige Lieder sollten erklin-
gen, wenn er mit seinen Jungen durch die Stadt zur Turnhalle marschierte. Besonderer Stolz leuchtete in seinen Augen, sobald sich die Fenster öffneten, Frauen herausschau-
ten und zuhörten. Wie ein General marschierte er dann an
der Seite seiner Klasse.

Gewöhnlich standen Texte und Noten der zu lernenden
Lieder in den Liederbüchern. Einmal war das jedoch nicht
der Fall. Der Komponist war Jude wie der Textdichter. Aber
das wußten wir nicht, wunderten uns nur, weshalb das Lied

nicht in unseren Büchern stand. Kuntze schrieb den Liedtext an die Tafel:

Leise zieht durch mein Gemüt
liebliches Geläute.
Klinge, kleines Frühlingslied,
kling hinaus ins Weite.

Wie immer wurde der Text gelesen und dann die Melodie gelernt. Schließlich schwangen die zarten Töne Mendelssohn-Bartholdys durch den Raum.

Irgendwie mußte dem Lehrer unwohl zumute gewesen sein. Ein Lied jüdischer Autoren einzuüben hätte ihn die Stelle kosten können. Kuntze hätte mit uns nur Lieder singen dürfen, die von den morschen Knochen, den wilden, durch die Nacht rauschenden Schwänen oder von der hoch erhobenen Fahne erzählten, die von Sturmabteilungen mit ruhigem, festem Schritt durch die Straßen getragen wurde. Zu seinem Schreck fragte der kleine Max: „Wie heißt der Dichter, Herr Kuntze?"

Zum Glück wollte er nicht auch noch den Namen des Komponisten wissen. Es reichte schon, daß der Dichter Heinrich Heine Jude war. Was nun?

Mit dieser Frage hatte der Lehrer gerechnet und sich eine Antwort zurechtgelegt. Er antwortete: „Der Dichter ist unbekannt." – Damit gab sich Max zufrieden wie alle anderen Schüler auch.

Fünf Jahre später brachte ein merkwürdiges Kriegserlebnis an der Front im Osten die Wahrheit ans Licht. Ich war Panzersoldat bei Rshew an einer stürmischen Artilleriefront. Die Russen schossen aus allen Rohren. Mein Panzer wurde getroffen und suchte hinter einem Haus Schutz. Das Haus erhielt ebenfalls einen Volltreffer und brannte.

Nachdem das Feuer fast verglimmt war, ging ich austreten. Plötzlich sah ich am Rande eines Häufchens Asche ein

Buch mit angesengtem Umschlag liegen. Zwischen kyrilli-
schen Buchstaben las ich den Titel: „DEUTSCH." Es war
ein Lehrbuch für die 10. Klasse der Mittelschule. Starke
Neugier trieb mich, darin zu blättern. Von Seite zu Seite
wurde es spannender. Auf Seite 88 schrieben die Autoren,

*Am 10. September 1942
fand ich an der Front in
Rußland bei Rshew in
einem brennenden Haus
dieses Deutsch-Lehrbuch
mit Gedichten und Texten
über den „unbekannten"
Dichter: Heinrich Heine.
Es hat Brand- und
Schmutzstellen.*

der Faschismus sehe in Heinrich Heine einen Todfeind. Dann
kam die große Überraschung. Die Seite 94 begann mit Hei-
nes Gedicht: „Leise zieht durch mein Gemüt ..."
   Das war die Auflösung des Geheimnisses von 1937!
   Heimlich nahm ich das Buch beim nächsten Heimatur-
laub mit nach Hause und besitze es heute noch.

Gekürzt aus: „Pimpfe, Mädels & andere Kinder", Reihe ZEITGUT, Band 4.

[Schmolz bei Breslau*);
1933–1939]

Hans-Heinrich Vogt

Doktorjunge

Im Fotoalbum meiner Eltern gibt es ein Bild von einem kleinen Jungen, der an der Hand seiner Mutter, die Schultüte
im Arm, zuversichtlich den Weg ins Leben antritt, den Weg
in die erste Klasse der dörflichen Volksschule in Schmolz bei
Breslau. Dieser Junge war ich.

Bald zeigte sich, wie dornenvoll dieser Weg sein sollte. Der
Grund lag in einer Erziehungsmaxime meiner Eltern. Sie
hatten uns Kindern in den frühen Lebensjahren eine sor-
genfreie, ungehinderte Entfaltung sichern wollen. Das Haus,

*Schmolz bei Breslau
1933: In Begleitung
meiner Mutter mache
ich mich das erste Mal
auf den Weg zur Schule,
die rechts hinten zu
sehen ist.*

---

*) heute Smolec bei Wrocław in Polen

in dem wir wohnten, lag inmitten eines riesigen, völlig ver-
wilderten Grundstückes, dessen Grenzen zugleich die Grenzen unserer Erfahrungswelt wurden: Über die hohen Zäune
hinaus blieb uns die Umgebung verschlossen.

*Meine kleine Schwester
bewundert meine
Schultüte.*

Das beengte uns keineswegs. Wir lebten in einer Art Dorn-
röschenwelt, isoliert vom Dorf, aber glücklich in dieser Ab-
geschiedenheit. Hatten wir doch alles, was man sich als Kind
wünschte: Weite Wiesen mit hohem Gras, in dem man sich
verstecken konnte, Hecken aus Holunderbüschen, unter denen es stets geheimnisvoll dunkel war und wo es stets abenteuerlich nach Moder roch, mächtige Pappeln und Eichen,
Obstbäume, verschlungene Wege – kurz, ein Wunderland für
Kinder, ganz für uns allein, für meine Schwester und mich.

Was unsere Eltern nicht bedacht hatten: Diese Isolation
brachte uns zwar das Glück unbeschwerter Jahre, aber der
Übergang ins rauhe Leben der Schulzeit war grausam. An
jenem Tage, als ich das Klassenzimmer der Volksschule betrat, begann ein Martyrium. Die verschworene Gemeinschaft

der kumpelhaften Dorfjugend, aufgewachsen in Dialekt und Denkweise einer mir fernen Welt, fiel über mich, den „Doktorjungen", mitleidlos her und drangsalierte den Außenseiter. Es gibt nichts Gefühlloseres als Kinder, die andere Kinder peinigen. Wer nicht gelernt hat, sich zu wehren, ist hoffnungslos verloren – und ich war es. Dieses Anstarren, das Zupfen an der Jacke, das Spotten, die zotenhaften Anspielungen, all das werde ich nie vergessen.

Wir Erwachsenen würden diese Lehrzeit als nützlich bezeichnen: Setz dich durch, werde ein Mann! Ich wurde es, aber nach wieviel Lehrgeld! Lange Zeit hatte ich keine Freunde in der Klasse, keinen Gleichaltrigen, niemanden, dem ich mich hätte anvertrauen können.

Es muß wohl in der zweiten oder dritten Klasse der Volksschule gewesen sein, als mir eine Chance geboten wurde, die ich nutzte. Damals war es üblich, daß die Horde der Dorfjugend sich in wilden Fußballspielen austobte. Man ging „botzen". Am Waldrand lag eine Lichtung, auf der man in Gruppen Mannschaften bildete und bei ruppigem Geraufe auf Tore schoß, die die Jungen aus Holzlatten gebastelt hatten.

Natürlich durfte ich nicht mitspielen. Ich gehörte ja nicht dazu, war kein Rauhbein. Nie hatte man mich aufgefordert, mitzutun. Dabei fehlte es mir keineswegs an Können. In unserer Oase der Isolation hatten meine Schwester und ich eine beachtliche Fertigkeit im Umgang mit dem Ball erworben, konnten dribbeln, täuschen, flanken, auf Tore schießen. In der Schule war ich kein schlechter Sportler, aber hier ging es um die Clique, von der ich ausgeschlossen war.

Ich saß also am Waldrand und schaute zu. Das werde ich nicht vergessen: Plötzlich wies der Wotzig Paule, der größte und stärkste Flegel der Bande, ihr Häuptling, mit dem Finger auf mich und brüllte: „Na, Doktorjunge, zeig uns mal, daß du botzen kannst!"

Ich weiß bis heute nicht, ob er mich provozieren, mich lächerlich machen wollte, oder ob ich von ihm eine Chance bekam, aus welchen Gründen auch immer. Nur eines weiß ich: Das war mein „Auftritt". Und, ich spielte Fußball mit allen Raffinessen, die mir zu Gebote standen, trickste, sprintete, schoß. Nach wenigen Minuten fiel mein erstes Tor.

Die Burschen ließen sich nicht anmerken, was sie dachten. Ich hab's an diesem Tag auch nicht erfahren. Als ich nach Hause kam, schlug meine Mutter die Hände über dem Kopf zusammen: So schmutzig, so verschwitzt hatte sie ihren Filius lange nicht gesehen, sie fragte aber nicht weiter.

Den Lohn meines Einsatzes empfing ich am nächsten Morgen in einer Geste, die man heute wohl als Goodwill bezeichnen würde. Vor der Tür des Klassenzimmers traf ich mit Wotzig Paule zusammen. Er stieß mir fast sanft die Faust in die Seite und grunzte: „Heil Botzer!"

Diesen Ausdruck muß man aus der Zeit heraus verstehen, die mit der Floskel „Heil" den Namen „Hitler" verband. Diesen Namen durch einen anderen, persönlicheren zu ersetzen, bedeutete Akzeptanz – und genau das wollte Paule ausdrücken: Mit „Heil Botzer!" war ich aufgenommen in die Clique, war nicht mehr der Außenseiter, der „Doktorjunge", sondern Fußballspieler, dessen Leistungen man noch darüber hinaus anzuerkennen bereit war.

Ich hatte den Makel, mit dem meine Eltern mich unwissentlich und unbeabsichtigt belastet hatten, durch eigene Fähigkeit abgestreift.

Das Leben ist nichts anderes als eine ununterbrochene Folge von Anforderungen, die es zu meistern gilt. Das merkte ich, als mir 1938 der Sprung von der Volksschule ins Gymnasium glücken sollte. Oberschule hieß es damals, und alle, die übertreten wollten, mußten eine Aufnahmeprüfung absolvieren. Ich hatte eigentlich keine Bedenken, daß ich's nicht schaffen würde; meine Noten waren gut, sehr gut sogar. Aber als mich meine Eltern in einer kahlen Schulhalle im fernen Breslau allein ließen, bedrückte die fremde Umgebung den künftigen Jünger der Wissenschaft doch gewaltig. Ich war ja erst elf Jahre alt.

Um mich herum saßen Leidensgefährten, teils verschüchtert, teils betont flott, wie es das Naturell gebot. Ein forscher Mathematiklehrer brillierte zunächst mit Zahlenkunststücken, die uns eher verwirrten als aufrichteten. Auf dem Platz neben mir saß ein blasser Junge, der Sabla Hans. Ich habe seinen Namen nicht vergessen, obwohl er mir nur an diesem Examenstag begegnet ist; er bestand die Aufnahmeprüfung nicht. Ehe er seinen Weg auf anderer Ebene weiterging, sollte er aber für mich noch eine wichtige Rolle spielen.

Wir erhielten Papier und einen Aufgabenzettel, dessen Fragen wir beantworten sollten. Hans stellte sein Tintenfaß, das man damals noch selbst mitbringen mußte, auf die Bank, tauchte die Feder ein – und goß mit einem fahrigen Schwung den Inhalt über meine neue braune Anzugjacke, die ich eigens für die Prüfung bekommen hatte!

Die tiefblaue Tinte lief über das Revers in die Brusttasche und weiter hinunter bis zu den Knöpfen. Es war nicht Sablas Schuld, es war einfach Pech. Aber ich saß nun da wie ein im wahrsten Sinne des Wortes begossener Pudel und sollte an die Arbeit gehen, Fragen beantworten, Aufgaben lösen. Die Jacke futsch, die Eltern fern, die Tränen nahe – so saß ich neben dem verdatterten Sabla Hans. Doch alles, was der aufsichtführende Superpädagoge für mich übrig hatte, war ein barsches: „Worauf wartest du noch? Zieh den Frack aus und mach dich an die Arbeit!"

Eine harte Schule in der Tat! Die Aufnahmeprüfung bewies mir, daß Widrigkeiten einen nicht aus der Bahn werfen dürfen, auch wenn ich diese Lehre erst viel später zu formulieren gewußt habe. In der Oberschule lernte ich manch Wichtiges fürs Leben, so wie es „non scholae, sed vitae discimus" – nicht für die Schule, für das Leben lernen wir – versprach.

Gekürzt aus: „Heil Hitler, Herr Lehrer!", Reihe ZEITGUT, Band 13.

[Oldenburg – Bremerhaven, Niedersachsen;
1930–1943]

Jan Eilers

Wir wollten zur See fahren

Zweigstraße hieß unsere Straße, weil sie von der „Groote Moor-
straat" abzweigte. 1926 mußte sie wegen der Eingemeindung
Everstens nach Oldenburg einen anderen Namen bekommen,
eine Zweigstraße gab es bereits im Stadtteil Osternburg. Wir
wurden „militarisiert" und bekamen den Namen Scharnhorststraße. Hier wuchs ich auf, mein bester Schul- und Jugendfreund
wurde Albert Schwarz, geboren 1920 in Plön. Albert und ich
verstanden uns gut, wir hatten ähnliche Interessen, und wenn
wir uns mal „in die Plünnen" kriegten, waren es meistens Wei-
bergeschichten. Wir wußten auch, was wir werden wollten: zur
See wollten wir fahren. Platt snacken konnten wir ja, das betrachteten wir als Voraussetzung. Ich wollte sogar noch mehr,
Kapitän wollte ich werden. So ein gestickter Anker auf der weißen Mütze, goldener Eichenkranz auf dem Mützenschirm, vier
goldene „Kolbenringe" auf den Uniform-Ärmeln, das machte
schon was her! Diese Flausen hatte ich, bis ich zehn war. Sie
endeten jäh und daran war „Carola" schuld!

Und das kam so: In unserem Jahrgang war die Everstner Schule überfüllt, wir mußten den weiten Schulweg zur Haarentor-
Schule machen. 1930 beendeten wir die Grundschule. Zum Abschluß machten wir eine Schiffsreise. Vom Stau, dem Oldenburger Hafen, sollte es über die Hunte, einem Nebenfluß der Un-
terweser, und die Weser nach Bremerhaven gehen. Uns wurde
gesagt, daß wir von einer Reederei ein Schiff gemietet hätten.

„Carola" hieß es, ein Torfschiff, das bereits einen Motor besaß. Die meisten Torfschiffe wurden noch getreidelt, also von Land aus gezogen. Mit Holzbrettern als Sitzgelegenheit verwandelte sich das Torfschiff rasch in einen „Luxus-Liner".

Die Fahrt auf der Hunte war herrlich. Diese Weite, auch der Geruch vom Meer war schon zu schnuppern. Die Schatten der Wolken jagten über die grünen Wiesen, wir sahen Störche, Schafe und fuhren durch die Huntebrücke. Die Hub-Brücke bei Huntebrück war damals eine Drehbrücke. Auf der Weser war es schon nicht mehr so gemütlich. Erst haben wir gejuchzt, als es so schön kabbelich wurde, aber dann spürte mancher schon ein komisches Gefühl im Magen. Doch als wir bei Bremerhaven in die Wesermündung fuhren, war Schluß mit lustig. In meinem ganzen Leben habe ich nie mehr soviel Angst gehabt wie damals. Das war kein Strom mehr, das war bereits die Nordsee!

Sicher, viele fahren auf dem Ozean, ohne daß etwas passiert, aber nicht mit einem Torfkahn! Ich schwor mir: Wenn du hier lebend rauskommst, dann hängst du die Idee mit der Seefahrerei an den Nagel. Nicht so mein Freund Albert Schwarz, dem machte das Schlingern und Schaukeln gar nichts aus. Er blieb eisern dabei: Ich werde Seemann! Albert absolvierte eine Lehre als Schlosser bei der Deutschen Reichsbahn und ging dann auf die Seefahrtsschule Elsfleth.

Ich begann 1936 bei der Firma Högner in Oldenburg eine Lehre als Elektriker. Bei mir weckte die Seefahrt nur noch gelegentliches Interesse, etwa, wenn es eine technische Neuerung gab oder als im Mai 1935 ein Schiff nach unserer Scharnhorststraße benannt wurde. – Scharnhorst war ja ein großer Feldherr, aber beim Schiff heißt es „die Scharnhorst" oder „die Bismarck". Böse Zungen behaupten, das käme daher, weil Schiffe so launisch sind wie Frauen und ab und zu einen neuen Anstrich brauchten. – Die „Scharnhorst" war ein Ostasiendampfer, zwei Schwesternschiffe bekamen die Namen „Potsdam" und „Gneisenau". Mich interessierte die Tatsache, daß die „Scharnhorst" ein Turbo-Elektroschiff war.

Am 3. Oktober 1936 lief in Wilhelmshaven wieder eine „Scharnhorst" vom Stapel, diesmal ein Schlachtschiff, 236 m lang, mit einer Leistung von 160000 PS, dessen Bau 143,5 Mio. RM gekostet hat. Es wurde bekannt, daß der Führer mit seinem Sonderzug in Oldenburg Station machen würde. Albert und ich setzten uns aufs Rad, um im Oldenburger Hauptbahnhof Hitler zu sehen. Wie zu erwarten, haben wir ihn nicht gesehen, dafür aber etwas viel Interessanteres: Beim „Fürstenbau" stand eine riesige Schnellzugslokomotive 01, die stärkste und schnellste Lok, die es damals gab, das Zugpferd für den Sonderzug.

1939 hatte Albert die Seefahrtsschule erfolgreich abgeschlossen und musterte als Ingenieurassistent an. Wo? – Auf der „Scharnhorst" natürlich, wo denn sonst? – Nicht auf dem

„Ich werde Seemann!"
Mein Freund und Klassen-
kamerad Albert Schwarz
blieb seinem Entschluß treu.
Eine Aufnahme aus dem Jahr
1930. Albert war wie ich in
der Scharnhorststraße in
Oldenburg-Eversten zu Hause.

*Der Ostasiendampfer „Scharnhorst", auf dem mein Freund Albert ange-
mustert hatte, wurde später an die Japaner verkauft, die schweißten das
gesamte Oberdeck ab und bauten den Dampfer zum Flugzeugträger „Shinyo"
um. Am 17. November 1944 wurde er von den Amerikanern versenkt.*

Schlachtschiff, sondern auf dem Ostasiendampfer. Schon die erste Fahrt war in Japan zu Ende, der Krieg war ausgebrochen.
Das Schiff wurde in Japan stillgelegt, die Mannschaft und die
europäischen Fahrgäste fuhren mit der Bahn durch die UdSSR
nach Deutschland zurück. Albert ging auf das Schwesternschiff
„Potsdam", wieder als Ingenieurassistent.

Im Frühjahr 1942 erhielt ich die traurige Nachricht, daß mein
Freund nicht mehr lebte. Beim Schmieren des Querschotten-
Mechanismus war er ausgerutscht und auf den Auslöse-Hebel
gefallen. Das Schott schloß sich in Sekunden ...

Das Schlachtschiff „Scharnhorst" versank am 26. Dezember
1943 im nördlichen Eismeer nach 15 englischen Torpedo-Tref-
fern. Von der Besatzung fanden 1932 Mann den Tod, nur 36
konnten gerettet werden.

Aus: „Getäuscht und verraten", Reihe ZEITGUT, Band 16.

Traute Siegmund

Luftschutzübung 1937

Im Sommer 1937 fühlte ich mich erstmals mit dem Krieg kon-
frontiert. Hin und wieder hatten Erwachsene dieses Thema
diskutiert. Da fielen Worte wie „Volk ohne Raum", und daß
man wieder Kolonien haben müßte, doch wenn ich hinzukam,
verstummten sie und sprachen von etwas anderem.

Für mich war der Krieg etwas, was weit entfernt lag, fast
in grauer Vorzeit. Darüber sprach man bestenfalls im Geschichtsunterricht. So erzählte unser Lehrer von der Fran-
zosenzeit in Hamburg während der Napoleonischen Kriege.
Damals mußten alle Hausbesitzer für jede Tür, die zur Straßenseite lag, eine hohe Steuer zahlen. Viele konnten das Geld
nicht aufbringen, deshalb mauerten sie den Eingang zur Straße zu und schufen nach hinten hinaus einen neuen. Solche
Geschichten hörte ich gern.

Da meldete sich meine Klassenkameradin Inge zu Wort.
Ihr Opa, der als junger Mann im Deutsch-Französischen
Krieg von 1870/71 gegen die Franzosen gekämpft habe, erzähle noch heute und immer wieder davon, wie schrecklich
die Franzosen gehaust hätten, wie furchtbar die Kämpfe
Mann gegen Mann waren, und daß die Verwundeten Wund-
starrkrampf bekamen und fast alle sterben mußten, weil man
sie seinerzeit noch nicht so gut versorgen konnte.

Während Inge von ihrem Opa erzählte, erinnerte ich mich,
daß auch mein Vater als junger Mann einen Krieg miterlebt

hatte. Er war im Weltkrieg irgendwo in Italien als Gebirgs-
jäger hoch droben in den Dolomiten. Doch mein Vater sprach
niemals darüber, und so war es bei mir in Vergessenheit geraten.

Plötzlich war der Krieg für mich nicht mehr so weit entfernt, er war in meine Nähe gerückt, zumal bekanntgegeben
wurde, daß in den nächsten Tagen in Hamburg Verdunke-
lung und Fliegeralarm geprobt werden sollten. Mich durch-
fuhr ein eisiger Schreck: Weshalb das alles? Hatten wir Fein-
de? Rechnete man mit einem Angriff, vielleicht von diesen
schrecklichen Franzosen?

Ich fragte Mama, und sie verstand es, mich zu beruhigen.
Zum Schluß meinte sie: „Ich glaube nicht, daß uns jemand
angreifen will."

Da war ich zufrieden. Daß es umgekehrt käme und wir
angreifen würden, wäre mir nie in den Sinn gekommen.

Wir kauften schwarzes Verdunkelungspapier. Vater bastelte für jedes Fenster ein Rollo. Das war gar nicht so einfach,
denn jede auch noch so kleine Ritze mußte abgedichtet sein.
Immer wieder gingen Mama und ich nach draußen, um zu
sehen, ob auch nirgends ein Lichtstrahl durchschimmerte.
Männer von der Partei kontrollierten alle Häuser, ob auch
wirklich alles stockdunkel sei. Ich mußte an diesem Abend
noch eine kleine Besorgung erledigen und weiß noch, daß
mir zwischen all den dunklen Häusern recht unheimlich zumute war, ein Spaziergang durch eine tote Stadt.

Der Fliegeralarm sollte während des Schulunterrichts stattfinden. Als wir das erfuhren, waren wir hellauf begeistert:

„Hurra, das ist ja prima!"

„Hoffentlich fällt die Mathestunde aus!"

„Ach nein, Englisch wäre viel besser."

„Vielleicht fallen beide Stunden aus? Das wäre toll!"

So lärmten wir durcheinander. Doch Englisch und Rechnen gingen vorüber und nichts geschah. In der großen Pause
setzten Männer vom Luftschutzbund auf dem Schulhof etli-

Reichsluftschutzbund
Landesgruppe Niedersachsen e. V.
Ortsgruppe Oldenburg

1934 / 35

Mitgliedskarte Nr. _____

für ~~Herrn~~ / Frau / ~~Fräulein~~ _Die Schülerin Marianne Wandscher_

Oldenburg Straße / ~~Platz~~ Nr. _____

Gemeindegruppe _____   Untergruppe _____

Beitrag _____ im Jahr.   Spende _____ im Jahr.

Bei Wohnungswechsel ist dem Gemeinde-
gruppenführer Meldung zu machen, damit
die Überweisung an die zuständige Gemeindegruppe erfolgt.

Der Ortsgruppenführer:

ANERKENNUNG

Der Schülerin

Marianne Wandscher

wird für die gelegentlich der Luftschutzaufklärungs-
woche des Reichsluftschutzbundes eingereichte

ARBEIT ÜBER LUFTSCHUTZ

hierdurch Dank und Anerkennung ausgesprochen

OLDENBURG, den 25. Oktober 1934

REICHSLUFTSCHUTZBUND
Ortsgruppe Oldenburg

*Bereits 1934/35 wurde
das Thema Luftschutz
im Schulunterricht
behandelt.
Als Anerkennung für
einen Aufsatz zu diesem
Thema erhielt
Marianne Diepen,
geb. Wandscher;
eine Urkunde und die
Mitgliedskarte vom
Reichsluftschutzbund
sozusagen ehrenhalber,
nämlich beitragsfrei.*

chen Kindern Gasmasken auf. Puh, sah das gespenstisch aus,
da konnte man Angst bekommen!

Viel später, ausgerechnet beim Turnen, in meiner Lieb-
lingsstunde, heulten plötzlich die Sirenen los. Es war ein
durchdringender auf- und abschwellender Ton. Wir waren
gerade draußen beim Wettlaufen und sahen, daß alle Leute
auf der Straße zu rennen begannen und zum nächsten Sam-
melschutzraum eilten. Wir durften uns nicht umziehen, sondern mußten sofort ins Schulgebäude zurück und uns dort
im Flur auf den Boden hocken. Da saßen wir eine halbe Stunde, bis wir in die Klasse gehen konnten.

Aus dem Fenster gucken war verboten, aber wir sahen doch
hinaus. Die Straßen waren menschenleer, auch die Hochbahn
stand still. Alles war wie ausgestorben. Nur ein alter Mann
kümmerte sich nicht um den Fliegeralarm. Er arbeitete weiter in seinem Schrebergarten.

Erst um 13.30 Uhr gab es Entwarnung. Diesmal war es
ein anhaltender hoher Dauerton.

Aus: „Heil Hitler, Herr Lehrer!", Reihe ZEITGUT, Band 13.

[Allenstein*), Ostpreußen;
1938]

Anemone Brandenburg

Der Fußball, der keiner war

Unser Schulhof war über einem ehemaligen Pest-Friedhof
angelegt worden. Wenn wir den Biologieraum betraten, stand
nahe der Tür – zu meinem stets neuen Schrecken – ein
menschliches Skelett. Natürlich hielt ich es für echt und aus
Pestzeiten stammend.

Wie bewunderte ich Ilse und Annemarie, die mutig auf
den „armen Skeletterich" zugingen, ihm die Knochenhand
schüttelten und riefen: „Na, Alter, wie geht's? Gut drauf heute?" Oder: „Siehst schlecht aus, altes Haus!"

Da bekam ich weiche Knie.

Es sollte schlimmer kommen!

Später als sonst, die Schule war schon leer, die Straße auch,
machten meine Freundin und ich uns auf den Heimweg. Wir
überlegten gerade, bei wem heute die Hausaufgaben dran
waren. Lag Chemie an, dann bei ihr, der große Bruder half
auch bei Französisch, und beim Tonleitersingen war meine
Schwester die ideale Unterstützung. Während wir so nach-
sannen, kickten wir – mal sie, mal ich – mit einer erdigen
Kugel, die ein bißchen klapperte, sich aber leicht bewegen
ließ.

Urplötzlich ertönte ein Schrei: „Aufhören! Ist euch denn
gar nichts heilig?"

---

*) heute Olsztyn in Polen

Wir erstarrten. Hinter uns stand „der kleine Teufel", der Herr Direktor. Er war kaum größer als wir Elfjährigen, hatte buschige Brauen, unter denen Feueraugen rollten.

Er deutete auf unseren Fußball, von dem durch das Rollen schon eine Menge Erde abgegangen war. Und plötzlich bemerkten wir – ja, was denn?

„Aufheben!" brüllte der Direktor.

Klar doch. Ich bückte mich rasch. So schnell ich ihn gegriffen hatte, so schnell ließ ich ihn aber wieder fallen – den Totenschädel! Igittigitt!

„Aufheben!", tönte es erneut mit jaulender Stimme.

Die Freundin, dick und groß, beugte sich behäbig nach unten und hob die Kugel auf. Dabei schrie sie vor Schreck laut auf.

„Nicht so pomadig!" schnauzte der Herr Direktor.

Demütig schielend blickten wir von der Seite zu ihm hin. Er zückte sein Taschentuch, reinigte beflissen die Augenhöhlen des Fußball-Kopfes und sprach dabei voll Inbrunst: „Ein Kinderkopf, oh Herr!" – Das stimmte wohl. – Und dann wieder wütend: „Banausen, die Jugend von heute!"

So geschehen vor mehr als 60 Jahren in Allenstein, dem damaligen Ostpreußen.

Aus: „Pimpfe, Mädels & andere Kinder", Reihe ZEITGUT, Band 4.

[Oldenburg, Niedersachsen;
März 1939]

Jan Eilers

Das Magische Auge

In den dreißiger Jahren wurde das Magische Auge als Abstimmhilfe für die bestmögliche Einstellung der Radiosender entwickelt. Es war vorerst wenig bekannt und nur für Überlagerungsempfänger geeignet. Die meisten Radiobesitzer hatten aber nur einen Geradeausempfänger, auf Deutsch ein Primitiv-Radio, auch „Goebbels-Quietscher" oder „Hinkebeins Märchenstunde" genannt.

„Da-da-da-da-bumm-da-da, da-da-da-da-bumm-da-da ...", tönte es im Herbst 1938 unaufhörlich aus den Volksempfängern, als Hitler mit dem Münchner Abkommen die Aufteilung der Tschechoslowakei begann. Der Egerländer Marsch ist zwar ein flottes, spritziges Musikstück, aber nicht, wenn man ihn dauernd hört. Es war gefährlich, irgendwer hatte sich zu dieser Melodie einen Reim ausgedacht, aber die Leute sangen heimlich mit:

„Ham Se schon ein Hitler-Bild,
was die ganze Wand ausfüllt?" –
„Danke nein, wir brauchen keins,
haben schon von Stalin eins!

März 1939. Gewerbe-Oberlehrer Albert erklärte uns das Magische Auge, das später, in den fünfziger Jahren, ein Statussymbol wurde. Es bestand aus einer kleinen Bildschirmröhre mit zwei oder vier Leuchtsektoren. Je mehr diese aus-

schlugen, desto stärker war der Sender, umso genauer war
er eingestellt. Herr Albert, oft zu Eulenspiegeleien aufgelegt, meinte, er habe auch ein Magisches Auge. Man könne
es zwar nicht sehen, es sei aber mitten auf seiner Stirn, und
er könne damit durch jedes Material hindurchschauen und
sogar in die Zukunft sehen.

Wir lachten darüber.

Er wollte es uns beweisen. Jeder sollte einen Spruch aufschreiben, den Zettel dann falten und in seinen Hut legen.
Albert nahm sodann den ersten Zettel heraus, hielt ihn vor
die Stirn und „las": „Am Ende des Geldes ist noch soviel
Monat übrig."

Er entfaltete das Papier und kontrollierte seine Hellseherei. „Ja, das stimmt! Wer hat das geschrieben?"

Es war Böning.

Und dann: „Wir fangen schwach an und lassen unheimlich stark nach!" Schnittker hatte das notiert.

So fuhr er fort, bis plötzlich unser Direktor in der Tür
stand. Erich war sein Name. Lehrer Albert schaltete blitzschnell, ließ den Hut verschwinden und dozierte über das
Magische Auge.

Direktor Erich war erfreut darüber: „Jungs, ich habe eine
tolle Nachricht! Die deutschen Truppen marschieren in die
Tschechoslowakei ein!"

Wir waren alle begeistert, wir Deutschen waren doch tolle
Kerle!

Kurz vor der Mittagspause stand Direktor Erich wieder in
der Tür, diesmal ganz kleinlaut: „Hört mal her, Leute, die
Meldung von vorhin stimmt zwar, aber sie kommt 24 Stunden zu früh. Sprecht mit niemandem darüber, behaltet sie
für euch!"

Wir sahen uns betreten an: Ausgerechnet Erich, dieser ein-
hunderfünfzigprozentige Nazi, hatte einen Feindsender gehört, ein Verbrechen, das die Todesstrafe nach sich ziehen
konnte!

Als die Luft wieder rein war, klärte uns Albert auf: „Ich habe euch reingelegt! Ihr hättet meine Hellseherei selbst kontrollieren müssen, dann hättet ihr auch gemerkt, daß ich immer um einen Zettel voraus war. Statt zu kontrollieren, habe ich einfach den nächsten Spruch abgelesen!"

Das bin ich 1950 beim Bau eines Meßgerätes. Es enthielt im Tastkopf ein Magisches Auge. Ich erlernte ab 1936 in Oldenburg den Beruf des Elektrikers und arbeitete später als Fernseh-Techniker.

Allgemeines Gelächter, das zum Orkan anschwoll, als Albert noch ergänzte: „Wie ihr gesehen habt, hat auch der Direktor ein eingebautes Magisches Auge!"

Aus: „Getäuscht und verraten", Reihe ZEITGUT, Band 16.

Paul Moser

„Jungs, schaut euch das an!"

1934 war ich zehn Jahre alt. Nach den Sommerferien hatte
die Schule gerade wieder begonnen, als zwei gravierende
Dinge passierten. Ich hatte ab und zu kein Pausenbrot dabei. Da besaß doch der Metzgerssohn die Frechheit, mit seinem fetten Schinkenbrötchen ausgerechnet um mich her-
umzutanzen und auch noch „Ätsch!" zu rufen. Ich holte aus
und verpaßte ihm vor Wut eine kräftige Ohrfeige.

Heulend lief das Metzger-Muttersöhnchen nach Hause und
erzählte alles, woraufhin seine Mama gleich zur Schule ge-
rannt kam. Mitten im Unterricht platzte sie herein und verlangte von Herrn Faber, daß ich bestraft werde. Der Lehrer
wollte jedoch erst wissen, was der vermeintliche Übeltäter
dazu zu sagen hatte. Danach sprach er folgendes Urteil:
„Wenn ein Kind Hunger hat und dazu noch ausgelacht wird,
kann es schon mal vorkommen, daß ihm die Hand ausrutscht.
Erziehen Sie in Zukunft Ihren Buben besser!"

Wutschnaubend zog die Geschäftsfrau davon.

Wenige Tage später stand ich abends am Rande des Bür-
gersteiges und schaute dem Straßenverkehr zu. Plötzlich erhielt ich von hinten einen kräftigen Stoß. Ich stürzte auf die
Straße, direkt vor ein Auto. Glücklicherweise konnte der
Fahrer gerade noch rechtzeitig bremsen. Damals wurde noch
nicht so schnell gefahren wie heute. Nachdem ich mich auf-
gerappelt hatte, verteilte ich an den hinterlistigen Rüpel ein

paar saftige Watschen. Dieser rannte sofort nach Hause und petzte, aber natürlich nur die halbe Wahrheit.

Die Mutter des Jungen kam zu meinen Eltern und berichtete von den Schlägen. Obwohl ich schon einmal von der Straßenbahn angefahren worden war, kannte mein Vater keine Gnade und prügelte mit einer Peitsche auf mich ein. Meine Mutter sah zu, ohne etwas zu unternehmen!

Die Schläge konnte man ja noch ertragen, ein Indianer kennt keinen Schmerz. Aber tief im Innern tat es doch sehr weh. Meine Eltern hatten mich erst gar nicht zu Wort kommen lassen!

Inzwischen hatten wir das Jahr 1938. An den jüdischen Geschäften sah man immer wieder Schmierereien wie: „Kauft nicht beim Juden!"

Reiche Juden wanderten nach Amerika aus, überall waren Überseekisten mit der Aufschrift „New York" zu sehen. Auch der jüdische Hausarzt unserer Familie verließ das Land. Ich war immer gern zu ihm gegangen. Vater nahm es ohne Bedauern zur Kenntnis. „Wer weiß, was da noch kommt?" fragte sich die Mutter. Ihr tat es leid, daß die reichen Juden die ärmeren nicht mitnahmen, mir auch.

9. November 1938. Ich war schon sehr früh wach, hörte die Wanduhr ticken. Es war erst 5.30 Uhr, also noch viel Zeit, bis ich zur Schule mußte. Die anderen schliefen friedlich.

Plötzlich wurde Katerle Peter unruhig. Was hatte er bloß? Polternde Schritte im Hausflur setzten der Stille jäh ein Ende. Heftiges Klingeln und Klopfen an der Wohnungstür. Sofort waren alle aus dem Bett, in helle Aufregung versetzt. Vater lief zur Tür, öffnete und wurde gleich brutal gepackt. SA-Männer drangen in die Wohnung ein und brüllten: „Kommt mit, ihr Judenpack!"

Wir Kinder zitterten vor Angst, Mutter schrie. Und Vater erklärte kreidebleich den Häschern: „*Wir* sind doch nicht die Juden! Das ist die Familie Bär über uns."

Ohne eine Entschuldigung stürzte die Bande nach oben. Ich werde niemals vergessen können, wie Herr Bär, seine Frau und die erwachsene Tochter mit wenigen Dingen unter dem Arm die Treppe hinuntergetrieben und auf einen offenen Pritschenwagen gejagt wurden. Ich hatte in diesem Moment wieder so ein merkwürdiges Gefühl im Magen.

Ich verzichtete an diesem Morgen auf das Frühstück und machte mich etwas später als sonst auf den Weg zur Schule. Mit schlotternden Knien stolperte ich durch die Straßen, fassungslos über das, was ich sah: Überall, wo Juden wohnten und Geschäfte hatten, tobte eine blinde Zerstörungswut.

In der Schule sagte Lehrer Faber mit leiser, aber eindringlicher Stimme: „Ich kann euch heute nicht unterrichten. Jungs, geht in die Stadt und schaut euch das an!"

Herr Faber war ein aufrechter und sehr mutiger Mann. Die Nazis hatten ihm als besten Pädagogen eine Goldmedaille verliehen und damit versucht, ihn auf ihre Seite zu ziehen. Obwohl der Schulrektor gleichzeitig Ortsgruppenleiter war, ließ sich Herr Faber in seiner Einstellung den Nazis gegenüber nicht beirren.

Ich ging in die Frankfurter Innenstadt. Das Kaufhaus Wronker war verwüstet. In den großen Schaufenstern waren in der Vorweihnachtszeit immer so schöne Märchen dargestellt worden. Auch „Woolworth", wo ich in der Notzeit ab und zu für 10 Pfennig Erbseneintopf gegessen hatte, war zerstört. Überhaupt, die ganze Kaiserstraße bot ein Bild der Verwüstung.

Qualm zog über die Dächer. Ich bog in die Taunusanlage ein und sah die brennende Synagoge. In diesem Moment stand überraschend Lehrer Faber neben mir. „Junge, Junge, wohin wird das bloß noch führen?" sagte er nachdenklich. An diesen Satz mußte ich später immer wieder denken. Anlässe dafür gab es genügend.

Die Juden mußten im folgenden Winter Schnee räumen und andere Fronarbeiten verrichten. Sie seien in der Festhalle untergebracht, hieß es. Plötzlich jedoch waren sie verschwunden. Sie seien im KZ Dachau, erfuhr ich. Ich wußte, daß dort Kommunisten und Sozis gewesen und umgepolt wiedergekommen waren. Aber jetzt, bei den jüdischen Familien, da waren doch Frauen und Kinder dabei!

Das verstand ich nicht.

„Meinst du, wir wollen uns wegen denen die Finger verbrennen?" war die Meinung vieler Erwachsener. Ich mußte daran denken, wie ich von meinem Vater mit der Peitsche geschlagen worden war, und hatte wieder das komische Gefühl im Magen.

Bald war Weihnachten. Daß es die letzte Friedensweihnacht sein würde, konnte niemand ahnen. Für mich stellte sich nun die Frage der Berufsausbildung. Eigentlich war schon alles klar. Ich hatte mit siebzig anderen Bewerbern bereits die ersten Vorprüfungen absolviert, um an einer „Fliegertechnischen Vorschule" angenommen zu werden. Ich war unter den zwölf Besten, zwei davon mußten allerdings ausscheiden. Da kam eines Tages der Rektor in die Klasse und wollte mich zum Landjahr melden.

Wütend stand ich auf und schrie: „Ich lasse mir nichts mehr gefallen! Ich will Metall-Flugzeugbauer lernen, und zwar noch in diesem Jahr!"

Lehrer Faber stimmte zu. Ich bekam meinen Lehrvertrag. Am 12. April 1939 saß ich, gerade 14 Jahre alt, voller Zuversicht im Zug nach Bremen, um dort bei der Firma „Weser Flugzeugbau" meine Lehre zu beginnen.

Gekürzt aus: „Heil Hitler, Herr Lehrer!", Reihe ZEITGUT, Band 13.

Heinz Boberach

Zwischen Fackelzug und Mobilmachung

Meine Erinnerungen beginnen mit der „Machtergreifung"
der Nationalsozialisten. Sie feierten diese mit einem Fackelzug am 31. Januar 1933, einen Tag nach dem Berliner, wie
ich später ermittelt habe. Es war der erste Fackelzug meines Lebens und daher unvergeßlich, wenn ich mit meinen
vier Jahren auch noch nichts von den Gründen verstand. Ich
sah ihn mit meinen Eltern von einem Fenster des Büros
meines Vaters an der Ecke Hansaring/von Werth-Straße an.
   Zu Ostern 1936 kam ich in die Schule, in eine evangelische Volksschule. Jedes Schuljahr begann und endete mit
einem Flaggenappell, bei dem die Hakenkreuz- und die HJ-
Fahne gehißt bzw. eingeholt wurden und mit erhobenem Arm
beide Nationalhymnen, das Deutschland- und das Horst-
Wessel-Lied, gesungen wurden. Die Fibel, mit der ich das
Lesen lernte, hatte einen neutralen Teil, der wahrscheinlich
noch aus der Zeit vor 1933 stammte, und einen deutlich als
solchen erkennbaren Anhang über den „Führer" als Freund
der Kinder mit den bekannten Fotos von kleinen Mädchen,
die ihm Blumen reichten, und Jungen, die auf dem Ober-
salzberg von ihm begrüßt wurden. Sehr wirkungsvoll war
auch die NS-Propaganda in der Zeitschrift „Die Jugendburg"
für uns sechs- bis zehnjährigen Schüler, sie wurde jeden
Monat für 10 Pfennig in der Schule verkauft.
   Biblische Geschichte spielte bei der Klassenlehrerin eine

große Rolle, dafür war jeweils die erste Unterrichtsstunde bestimmt. Weil ich bei der Erzählung von der Auferweckung des Jünglings von Nain offenbar Zweifel an der Wahrhaftigkeit geäußert hatte, wurde meine Mutter in die Schule bestellt – die Lehrerin hatte wohl gemeint, ich würde beeinflußt, weil meine Eltern zu den nationalsozialistischen „Deutschen Christen" gehörten.

Das stimmte nun gerade nicht. Ich hatte zwar noch nichts von Bekennender Kirche gehört, aber mitbekommen, daß sie nicht mehr zum Gottesdienst eines bestimmten Pfarrers gehen wollten, weil dieser im Braunhemd gepredigt habe.

Für die Vorweihnachtszeit hatte die Volkswohlfahrt (NSV) ein sehr schönes Bilderbuch veröffentlicht, in dem das Christkind über den Rundfunk die Kinder aufforderte, auf Geschenke zugunsten des Winterhilfswerks (WHW) zu verzichten.

Der „Führer" präsentierte sich gern als Freund der Kinder.
Aus der „Fibel der Provinz Hannover" 1937.

Dieses Buch liebte ich sehr. Natürlich sammelte ich die bunten Abzeichen zum Anstecken, 20 Pfennig das Stück, die für das Winterhilfswerk auf den Straßen verkauft wurden.

Hingegen stieß die Kinderstunde im Radio bei mir auf wenig Interesse, wenn sie von den Kindergruppen der NS-Frauenschaft, in der die Sechs- bis Zehnjährigen erfaßt werden sollten, gestaltet wurde. Das Lied „Wir sind die kleinsten Küken des Führers" fand ich unerträglich. Lieber sangen wir nach dem Refrain eines Karnevalsliedes:

> *Heidewitzka, die NSV*
> *sammelt Abfall für die dicke Sau ...*

An den „Eintopf-Sonntagen" sollte das deutsche Volk auf das übliche Sonntagsessen verzichten und den eingesparten Betrag für das Winterhilfswerk spenden. Eines montags im Winter 1937/38 erkundigte sich der Lehrer bei uns Schülern, was es denn als Eintopf gegeben habe. Ich war ehrlich und sagte, wir seien nicht so arm, daß wir nicht trotz der abgeholten Spende einen Braten gehabt hätten. Das konnte der Lehrer nicht akzeptieren. Unsere Familie habe sich mit ihrem Verhalten außerhalb der „Volksgemeinschaft" gestellt, erklärte er, was mich dann doch sehr bedrückte.

Der 23jährige Junglehrer war zugleich der Stammführer für etwa 400 Pimpfe im Deutschen Jungvolk der HJ in unserem Stadtteil und ansonsten sehr beliebt. Daß wir Jungen von sieben und acht Jahren mit Liedern wie der Hymne „Heilig Vaterland" oder „Volk ans Gewehr", die er uns auswendig lernen ließ, kaum etwas anfangen konnten, ist ihm wohl nie eingefallen.

Der oben geschilderte Vorfall hinderte ihn aber nicht, bevor er schon im Herbst 1938 zur Ableistung der Wehrpflicht einberufen wurde, meine Mutter aufzusuchen, um zu fragen, ob er mich für die Aufnahme in eine Nationalpolitische Erziehungsanstalt vorschlagen könne. Auf die Antwort, man bezahle die Ausbildung seiner Kinder selbst und im übrigen

*„Alle sechs!"
Werbeplakat für die
sechs Eintopf-Sonntage
des Winterhilfswerks
von Oktober 1935 bis
März 1936.*

seien die Absolventen der „Napolas" die ärmsten Kerle, wenn
es einmal anders komme, war der Lehrer nicht vorbereitet.
Fassungslos konnte er nur fragen, ob meine Mutter denn
nicht glaube, daß das Dritte Reich ewig oder wenigstens
1000 Jahre dauern werde. – Immerhin hat er sie nicht wegen „heimtückischer Äußerungen" denunziert. Indessen
hätte ich die Aufnahmeprüfung wegen unzureichender sport-
licher Leistungen auch gar nicht bestanden, wäre doch daran 1940 beinahe die Aufnahme in die Oberschule geschei-
tert. Schon vorher waren die Konfessionsschulen aufgehoben, Gemeinschaftsschulen gebildet worden.

Gekürzt aus: „Heil Hitler, Herr Lehrer!", Reihe ZEITGUT, Band 13.

[Hermsdorf im Riesengebirge*), Schlesien;
1940]

Gertraude Wortmann

Vera

An einem Montag, nach dem Flaggehissen, kam Vera in unsere Klasse. Der Lehrer schob sie mit dem Stock beiseite und zeigte auf mich: „Setz dich neben Gertraud."

Er hatte es mit den Germanen und erklärte, mein Name bedeute „mit dem Speer vertraut" oder „Kämpferin". Er nannte mich oft so. Ich war froh, nicht Ruth oder Sarah zu heißen, solche Namen mochte er nicht. Früher, als er noch die Orgel spielte, hatten wir „Herr Kantor" zu ihm gesagt. Jetzt war er der „Herr Hauptlehrer" und gab auch keinen Religionsunterricht. Dazu kam ein junger Vikar.

Vera saß brav, mit gefalteten Händen da. Sie war ein Lackschuh-Mädchen, das sah ich gleich. Mit weißem Kragen und Punktekleid. Ich versteckte meine nackten, braunen Füße unter der Bank. Dicke Zöpfe, rote Backen und Schürze, das war ich, ein Barfuß-Mädchen. So teilte ich ein.

Ich mußte sie ansehen. Dunkle, offene Korkenzieherlocken, mit einer silbernen Spange an der Seite, und so feine Hände, das hatte keine von uns.

In der Pause blieb Vera neben dem Klo stehen, da war eine Nische. Ich wollte sie wegziehen, weil es da stank. Aber sie blieb dort. Die Jungen starrten herüber und stupsten sich an. Vera guckte mit ihren schwarzen Augen zur Seite.

---

*) heute Sobieszów in Polen

Im Unterricht wurde es laut, und ich kam oft dran. Ich war Klassenerste. Vera meldete sich nicht einmal. Sie saß wieder sehr gerade und sagte kein Wort. Ihre Hände kneteten dauernd ein weißes Tüchlein mit schöner Häkelspitze. Ich wollte sie so viel fragen. „Später, wenn sie nicht mehr so fremd ist", dachte ich.

Zum Schulschluß hielt ich sie am Arm fest. „Soll ich dich um drei Uhr abholen, zum Dienst? Dann brauchst du das erste Mal nicht alleine gehen."

„Über'm Laden vom Krause-Schlosser wohnt sie", wisperte mir die Tilo zu, die im Nebenhaus wohnte. Ich wollte noch „Tschüß" sagen, aber Vera war schon weg.

Am Nachmittag ging ich die dunklen Treppen im Hinterhaus hoch. Ich wunderte mich sehr, daß ein so feines Mädchen hier wohnte. Oben gab es nur eine Tür. Auf einem Pappkärtchen stand mit der Hand geschrieben: L. v. Ondra.

Ich klopfte und rief laut nach Vera, aber niemand machte auf. Dabei war ich sicher, daß Vera in der Uniform toll aussehen würde.

Am nächsten Morgen kam Vera erst beim Klingelzeichen. „Wo warst du? Ich hab' so laut gerufen, du mußt doch zum Dienst", drängte ich sie.

„Ich konnte nicht", sagte sie und zerrte an ihrem Tüchlein.

In der ersten Stunde hatten wir Religion, aber keiner hörte zu. In der Pause, ich stand bei Vera in der dunklen Ecke, winkte mich der Lehrer zu sich. Er hatte Aufsicht. „Hier nimm, du hast doch wieder nichts!"

Dabei warf er mir sein fein verpacktes Frühstücksbrot zu. Ich knickste und freute mich. Das machte er oft. Ich hatte nie Brote mit.

In der nächsten Stunde, wir sprachen über den Kampf ums Dasein, stand der Hauptlehrer plötzlich vor Vera. Er knallte mit dem Zeigestock auf den Tisch. Heftig, immer wieder. Ich lümmelte gerade. Er zerrte sie am Arm aus der Bank und brüllte auf sie ein: „Paß auf, du, und schlaf hier nicht!"

Er schimpfte sehr laut und zischelte. Er spuckte dabei Tröpfchen.

Vera stand da und starrte erschrocken in sein Gesicht. Ich wagte nicht zu mucksen. So böse hatte ich ihn noch nie gesehen, er war mein Lieblingslehrer.

Nicht schlagen, dachte ich, bloß nicht schlagen!

Plötzlich hörte er auf und brummelte noch: „... hier nichts verloren", dann war's ganz still in der Klasse.

Vera zitterte so sehr, daß die Bank wackelte. Sie weinte nicht, jedenfalls kamen keine Tränen. Nur ihr Tüchlein war ein feuchter Klumpen.

Am nächsten Tag fehlte Vera.

„Sie wird krank sein von dem Schreck", überlegte ich.

Am Freitag, auf dem Weg zum Konfirmandenunterricht, lief ich schnell die dunkle Treppe zu ihr hoch. Das Namensschild war weg. Nur noch die Reißzwecke steckte im Holz. Ich rief nach Vera und trommelte mit den Fäusten, aber niemand kam. Da fragte ich unten im Laden nach ihr.

„Die sind weg", sagte der Verkäufer. „Aber sie sind doch erst angekommen, und warum hat sie mir nichts gesagt?"

Der Mann hob nur die Schultern. „Was fragste mich? Ich weiß nichts, rein gar nichts", dabei ging er nach hinten.

Ich war sehr traurig und verwirrt. Ich mochte Vera. Ich dachte noch viel an sie. Sie hatte ausgesehen wie die Tänzerin auf Tante Gustis Vertiko.

Aus: „Gebrannte Kinder", Reihe ZEITGUT, Band 1.

[Celle – Hämelerwald, Niedersachsen;
1941–1944]

Manfred Dürkefälden

„Rußland hat uns den Krieg erklärt"

Mein ehrgeiziger Vater, Absolvent der einklassigen Dorfschule in Hämelerwald, zwischen Hannover und Braun-
schweig gelegen, in der als einziger Lehrer ein gewisser Wilhelm Steding seine gesamte Dienstzeit verbrachte, hatte
sich zum Konstrukteur für Erdölfördergeräte hochgearbei-
tet. Als er merkte, daß ich alle Eisenbahnstationen nach
Hamburg und Berlin auswendig aufsagen konnte, sah er
die Gelegenheit gekommen, für mich das Überspringen einer Klasse zu fordern. So rutschte ich mitten im Schuljahr
von der zweiten in die dritte Klasse, einfach dadurch, daß
ich auf einer hinteren Bank Platz nahm. Bärbel, die Tochter eines Druckfarbenfabrikanten, des größten Arbeitgebers
im Stadtteil, und Manfred, ein späterer Generalstaatsan-
walt, zwei bisherige Klassenkameraden, machten einen
solch abstrusen Wechsel nicht mit.
  Die 50jährige Anna Müller blieb weiterhin meine Lehrerin, schlug mit dem Rohrstock wie zuvor – was allgemein
üblich war und von den Eltern gebilligt wurde – und hatte
uns erstes nationalsozialistisches Gedankengut beizubrin-
gen: vom 12jährigen Hitler, der bei Geländespielen durch den
Wald streifte; vom Braunauer Zollbeamten Hitler, der vom
kleinen Adolf gefragt wurde: „Vater, warum ist diesseits des
Inns nicht auch Deutschland?" oder von Hitlers Meldegän-
gen durch Giftgas an der Flandernfront. Als Vorbilder stell-

te sie Richthofen, Udet, Mölders, Prien, Prinz Eugen und Albert Leo Schlageter, den von den Franzosen erschossenen Freischärler, heraus.

In unserem Klassenzimmer hingen fünf Bilder: Rotkäppchen, Schneewittchen, Jesus am Kreuz, Hindenburg und Hitler. Die ganze Schule im Celler Vorort, später eine Jugendherberge, bestand nur aus vier Räumen, obgleich Unterricht für alle acht Jahrgänge erteilt werden mußte. Von diesen vier Zimmern wurde eines „Heim" genannt und für Hitlerjugend-Versammlungen freigehalten.

1941 mußten wir uns von der alten „deutschen" Schrift auf die „Normalschrift" umstellen. Hitler hatte wohl erfahren, daß die gotischen Zeichen „Schwabacher Judenlettern" seien. Die Tinte klumpte und fusselte. Die Milchgriffel, für

> Unsere Schulstube.
> In unserer Schulstube ist es schön mollig und warm. Hübsche Bilder hängen an der Wand, wie Rotkäppchen, Schneewittchen, von Hindenburg, Adolf Hitler und Jesus am Kreuze.
> In der Fensterbank stehen wunderschöne blühende Blumen, nur schade, daß eine davon durch den strengen

Die Beschreibung meines Klassenzimmers in meinem Deutsch-Heft aus dem Jahr 1941.

die wir als Anspitzer kleine Hölzchen mit Reibeisenschiene verwendeten, brachen ständig, ebenso die Ölkreidestifte und auch manchmal die Schiefertafeln an ihren Innenecken. Es gab auch gelblich-braune, gerillte Glasfedern, die die Tinte besser hielten, ferner eine abwaschbare Plastikschreibtafel. Natürlich durfte die Rechenmaschine mit ihren bunten Kugeln, ein kleines Abbild der großen im Klassenzimmer, im Tornister nicht fehlen.

Am Sonntag, dem 22. Juni, wachte ich in meinem Bett zwischen Wäscherolle und Wringmaschine auf und lüpfte etwas das Verdunkelungsrollo. In der Morgensonne umstanden Frauen mit Töpfen und Kannen den Milchwagen.

„Tante Lisbeth" von gegenüber sagte: „Denken Sie mal, Rußland hat uns heute den Krieg erklärt!"

Ängstliche Gesichter überall. Nach einer Woche erschienen großaufgemachte Siegesmeldungen in der Zeitung:

„Unsere Soldaten turmhoch überlegen! 2233 Panzerkampfwagen und 4107 Flugzeuge vernichtet!"

Schlagerkomponist Norbert Schultze hatte schon die Melodie für das neue Rußlandlied fertig:

Wir standen für Deutschland auf Posten
und hielten die große Wacht.
Nun hebt sich die Sonne im Osten
und ruft die Millionen zur Schlacht.
Von Finnland bis zum Schwarzen Meer:
Vorwärts! Vorwärts! ...
Führer befiehl! Wir folgen dir!

Ich schnitt als Siebenjähriger alle diese Zeitungsartikel aus und verwahrte sie in meiner Pappschachtel. In der Schule mußten wir das Lied von der Tafel abschreiben, aber ich konnte es schon auswendig.

Kolonialwarenhändler Spiekermann in der Petersburgstraße äußerte Besorgnis: „Vier Jahre dauerte der Weltkrieg, hoffentlich dauert dieser nicht auch so lange." Dabei schnitt er mit der Schere die Marken von den Lebensmittelkarten ab, wobei einige Frauen scherzten, ob er das nicht auch einmal sein lassen könnte.

Anfang 1942 bekamen wir sechs Wochen Kohleferien. Mehrmals wöchentlich nahmen wir im Klassenzimmer, in Wintermäntel gehüllt, unsere Hausaufgaben entgegen. Es gab weiterhin die „Jugendburg", eine Schülerzeitschrift für zehn Pfennige, herausgegeben von der Reichsverwaltung des NS-Lehrerbundes. Darin lasen wir, daß „Hände hoch!" auf Russisch „Ruki wjärch!" heißt.

Nach diesem Blatt stellten wir auch in einer Hausarbeit mit Hilfe von gefalzten Pappblättern eine Kampfhandlung im Osten dar, und zwar eine Eisenbahnbrücke, Bäume, Häuser, Panzer und Soldaten an der Straße Bachmatsch–Baturin*). Auch Agnes Miegels Hymne auf Hitler war abgedruckt. Das Gedicht eines anderen Autors endete: „Helden kämpfen, opfern, harren bis zum letzten auf den Sieg. Das ist Krieg!"

Nach den Sommerferien kam ich in die vierte Klasse und in einen neuen Raum mit dem Bild von den Sieben Steinhäusern bei Fallingbostel. Unsere neue Lehrerin, „Mutter Hermes", war um die 50. Etwas nervös drückte sie manchmal ihr Gesäß im Stehen nach links und dann nach rechts. Von ihr bekamen wir viel aus der germanischen Sage zu hören, von der Midgardschlange, jenem erdumspannenden Meereshorizont, von den Walküren, die gefallene Helden zur Burg Walhall brachten, vom Wettlauf zwischen Thialfi, dem Blitz, und Hugin, dem Gedanken; Thialfi entwickelte eine höhere Startgeschwindigkeit, aber Hugin überholte ihn spielend. Auch an Kampfspielen splitternackter Jünglinge der germanischen Sage ergötzte sie sich gerne.

---

*) in der nordöstlichen Ukraine, zwischen Kiew und Kursk gelegen.

*Marschierende Hitlerjungen und begeistert zuschauende Kinder; aus
der „Fibel der Provinz Hannover", 1937.*

Auf dem Schulhof wurden wir jetzt davon überrascht, daß
dem Fliegeralarm noch ein Voralarm vorgeschaltet wurde.
Schließlich befand sich die Sirene für den ganzen Stadtteil
auf unserem Schuldach.

Am 23. August 1943 besuchte ich zum ersten Mal die Oberschule für Jungen am Celler Nordwall. Ein drahtiger ehemaliger Rektor der katholischen Schule, bis auf Fremdspra-
chen ein Allround-Pauker, aus dem in deutscher Grammatik, Mathematik und Erdkunde nur so die Begriffe, Lehrsätze, Nebenflüsse und Inselgruppen heraussprudelten und der
mit seinen 60 Jahren noch eine Riesenfelge am Reck voll-
führte, beugte sich über das Klassenbuch: „Konfession?" fragte er jeden einzelnen.

Mein Nachbar und viele andere sprangen auf, legten die
Hand an die Hosennaht und riefen „Gottgläubig, Herr Studienrat!"

„Was ist denn das?" überlegte ich.

„Wer ist nicht im Jungvolk?" fragte er weiter.

Als einziger im Raum sprang ich auf und legte ebenfalls die Hand an die Hosennaht: „Ich, Herr Studienrat!"
„Warum denn nicht?"
„Weil ich noch keine zehn bin, Herr Studienrat."

In Mathematik wurde uns folgende Aufgabe gestellt:
Ein Geisteskranker kostet die Allgemeinheit täglich acht Reichsmark;
a) Was kostet er in 40 Jahren?
b) Was kosten die Geisteskranken in Deutschland in einem Jahr, wenn man berücksichtigt, daß es 1935 nach der Zählung 199028 Geisteskranke gab?

Hausaufgabe zum 26. November 1943 aus meinem Rechenheft.

Ich fand die richtigen Antworten: zu a) 116 800 Reichsmark und zu b) 581 161 760 Reichsmark.

Wir benutzten „germanische" Begriffe wie: „Artgewicht, Nachschrift, Niederschrift, Lebenskunde, Leibesübung, Wasgenwald, Rüster, Hartung, Hornung" für „spezifisches Gewicht, Diktat, Aufsatz, Biologie, Sport, Vogesen, Ulme, Januar, Februar".

Der Luftkrieg nahm an Heftigkeit zu. Uns wurde verboten, gefundene Füllfederhalter aufzuheben, weil das vom Feind abgeworfenes Explosionsmaterial sein könnte. Oft mußten wir uns bei Alarm im Heizungskeller der Schule aufhalten. Die oberen Klassen verkleinerten sich zusehends. Viele unserer Mitschüler wurden eingezogen, und manche waren schon gefallen, am Ende über zweihundert. „Morgenrot, Morgenrot, leuchtest mir zum frühen Tod", blies ein Trompeter nach dem Kriege für sie. In der Aula stimmten wir in den letzten Kriegsmonaten oft das Lied Rudolf Alexander Schröders an:

Heilig Vaterland in Gefahren.
Deine Söhne steh'n, uns zu wahren ..

Einen geheimen Wunsch hatte ich, vielleicht durch den Englisch- und Erdkundeunterricht hervorgerufen: zwei oder drei Engländer mit ihren flachen, tellerförmigen Stahlhelmen auf dem Kopf sollten einmal mit unserer Familie am Küchentisch sitzen und mit uns zusammen daraus Grießbrei essen. Die Einquartierung erfolgte später wirklich. Doch bis dahin floß noch viel Wasser die Aller hinunter ...

Gekürzt aus: „Gebrannte Kinder", Reihe ZEITGUT, Band 1.

[Hindenburg*), Oberschlesien;
Herbst 1942]

Oskar Toscha

Meine „Mutter Courage"

Ich denke zurück an das Jahr 1942, an jenen Herbsttag im heimatlichen Hindenburg, als ich – ein elfjähriger Gymnasiast – im Stile eines Rennfahrers, in den Pedalen stehend, von der Penne nach Hause jagte. Es war nicht die 1,9 in Latein, die mich so dahinflitzen ließ, daß das Fahrrad mit jedem Schub zur Seite ausschlug. Nein, ein Wort war es, das ich mit jedem Schnaufer hinausjauchzte und das mich ganz taumelig werden ließ: „Na-po-la! Na-po-la!"

Ich fühlte mich überaus glücklich und war stolz wie jemand, der Hervorragendes geleistet hat und dem nun entsprechend Wunderbares widerfährt.

Im Hof warf ich das Rad achtlos gegen die Hauswand; es glitt scheppernd zu Boden. Der Ranzen schleifte an langer Leine lässig übers Pflaster. Dann die paar Stiegen hoch, die Klingel gedrückt, die Tante weggeschoben: „Wo ist die Mama?"

Hochgestimmt pfefferte ich die Kunstledertasche gegen das eichene Vertiko, daß es nur so krachte, und flog Mutter an den Hals.

„Mama! Mama! Dein Jüngster ist der Größte, er hat es geschafft, er darf zur Napola", ich holte tief Atem, „stell' dir vor, 45 sind wir in der Klasse, nur fünf wurden ausgewählt.

---

*) heute Zabrze in Polen

Und dein Sohn ist einer von den fünfen. Ist das nicht phantastisch?"

Sie fragte mehr erschreckt als erfreut zurück: „Was hast du geschafft?" und ich überhörte vor lauter Begeisterung den scharfen Tonfall.

„In Sport eine Eins – für mich eine Kleinigkeit – in allen anderen Fächern durchweg Zweien. Außerdem bin ich blond, arisch sowieso, und blaue Augen habe ich auch. In zwei Wochen soll es losgehen ..."

Ich war nicht zu bremsen – oder doch?

Schon hatte ich mich halb umgedreht, des Beifalls der ganzen Familie und insbesondere meiner Mutter sicher, als ich ihre weit geöffneten Augen bemerkte: War da nicht ein feuchter Glanz, und die zusammengepreßten Lippen, vibrierten sie nicht? Ich wandte mich ihr wieder voll zu: „Ja, freust du dich denn gar nicht? Ich darf zur Nationalpolitischen Erziehungsanstalt, der Vorstufe zu den Junkerschulen und Ordensburgen, also den Elite-Hochschulen des Führers und den Ausbildungsstätten für SS-Offiziere, und du weinst – vor Freude?"

„Ich bin stolz auf dich", flüsterte sie, zog meinen Kopf zwischen ihre stattlichen Busenberge, drückte mich fest an sich, streichelte das Haar und fuhr fort: „Mein Junge, mein lieber Junge! Es wird schon alles gut werden. Gleich morgen gehe ich zu deinem Direktor ..."

Ich war wie benommen und konnte mir überhaupt nicht vorstellen, was sie im Sinn hatte. Aber vielleicht wollte sie sich nur bei ihm bedanken?

In dieser Nacht schlief ich unruhig. Gegen ein Uhr wurde ich wach, ging den dunklen Flur zum Bad, sah Licht durch die Türritzen der Küche blitzen, hörte die gedämpften Stimmen von Mutter, Tante, Oma und blieb lauschend stehen. Ein paar Wortfetzen fing ich auf: „... vorsichtig sein ... Henkersknechte ... Juden ... Auschwitz ...", dann Stille, Stühlerücken; ich schlich davon – und blieb arglos.

Am nächsten Tag, in der vorletzten Pause, ließ mich der Direktor zu sich kommen. Er wirkte nervös, als er meinte, das von gestern mit der Napola wäre ein bedauerlicher Irrtum gewesen; er hätte sich um drei Zehntel Punkte verrechnet. Außerdem habe ihn heute morgen meine Mutter aufgesucht und davon überzeugt, daß es besser für mich sei, hier an seiner Schule zu bleiben, schon wegen meiner besonderen Fähigkeiten in den altsprachlichen Fächern   ...

Herr im Himmel! Eine Welt brach in mir zusammen!

Ich stand da, wie vom Blitz getroffen, drohte zu fallen, torkelte aus dem Büro, stolperte ins volle Klassenzimmer, kramte hastig meine Klamotten zusammen und verschwand, bevor mich jemand aufhalten konnte.

Das Fahrrad raste mit mir davon – ohne Ziel. Nur weg! Weg von hier. Weg von allem. Unmöglich, diese Schmach zu überleben!

Aber es war kein See in der Nähe, auch keine hohe Brücke über einem Wildwasser, und einen Strick gab es schon gar nicht. Es blieben die Bahngleise, jawohl. Den Hals hingebettet, und dann nur noch warten ...

Ausgerechnet jetzt war die Schranke geschlossen. Schon wollte ich mich seitwärts in die Böschungshecke schlagen, als von der anderen Seite jemand heftig herüberwinkte. Auch das noch: unser Küster von St. Joseph, der Ministrantenschreck. Was nun? Bahngleis oder Küster? Die Schranke ging hoch, und ich trottete hin zu ihm, als folgte ich einer geheimen Macht.

„Na, sieh mal einer an, wen wir da haben! Während andere zu dieser Stunde die Weisheit mit Löffeln scheffeln, da radelt mein Ministrantenprimus in der Weltgeschichte herum, – ist dir nicht gut? Du bist ja ganz blaß. Und deine Hände zittern! Was ist passiert? – Halt, Freundchen, hiergeblieben!"

Er hatte bemerkt, wie ich zu einem Sattelsprung ausholte. Er faßte die Lenkstange mit der Linken, griff mir mit der Rechten ans Hemd und murmelte: „Ich wollte zwar zur Friedhofskapelle, aber so ist es auch nicht schlecht. Komm, ich habe was für dich."

Und ehe ich mich versah, hatte sich der Küster untergehakt und stolzierte, mit mir im Seitenschlepp, zur Kirche zurück und dort direkt in die Sakristei. Was hatte er vor?

Er schloß die Tür und öffnete eine andere, die zum Weinkeller. Dabei grinste er spitzbübisch, denn er wußte genau, daß ich zu jener „Bande" seiner Ministranten gehörte, die sich schon mal dahinein verirrt hatten. Wollte er mich einsperren? Plötzlich hatte ich ein Glas in der Hand, gefüllt mit golden schimmerndem Wein. Er sagte „Prost!" und „Wohl bekomm's!" Ich bekam vor Staunen den Mund nicht mehr zu.

„Na, du brauchst ja nicht gleich jedem davon zu erzählen und dich groß aufzuspielen. Aber bevor es an die Arbeit geht, und deswegen bist du hier, sollst du mit mir den neuen Meßwein prüfen. Ist er in Ordnung, dann schaffen wir beide die Kisten hinunter. So, und jetzt erzählst du mir mal, was heute morgen geschehen ist."

Natürlich kam es nur gehemmt und stotternd heraus, war ich doch stocksauer auf die Penne, den Direktor, meine Mutter, letztlich auch auf die Napola, einfach auf alles. Auch die nachts erlauschten Wortfetzen erwähnte ich.

Die Geschichte war raus, und auch das zweite Glas war leer. Ich fühlte mich erleichtert und konnte überhaupt nicht mehr begreifen, was die Napola für mich eigentlich hätte bedeuten sollen, außer, daß ich für einen schönen Moment zur Elite gezählt hatte.

Auch auf meine Mutter war ich nicht mehr böse, sondern war mit dem Küster einer Meinung, daß Eltern durchaus die Pflicht haben, die Talente ihrer Kinder frühzeitig zu erkennen, sie mit aller Kraft zu fördern und vor allem, für sie nur das Beste zu wollen. Jawohl.

Und der Küster setzte – schon leicht lallend – noch einen drauf, sang ein Hohelied auf tapfere Mütter und lobte die Mama als meine „Mutter Courage".

Das Mittagsgeläut von St. Joseph hatte an diesem Wochen-
tag einen ganz besonderen Klang, denn statt der wie üblich
kleineren Glocken dröhnte die Feiertagsglocke ins Land. Und
an dem dicken, turmlangen Seil zog unten einer, dem erstmals das Vorrecht zuteil wurde, die „Große" ganz allein in
Schwung zu bringen. Was für ein Schiffschaukelrausch, sich
immer wieder bis zu drei Meter hochziehen zu lassen und
zum Boden zurückzukehren! Und es war, als hätte der Himmel die Erde froh geküßt und einem Jungen sein kleines,
heiles Weltbild zurückgegeben.

Erst sehr viel später, als alles zusammengebrochen war,
wurde mir klar, in welche Gefahr sich meine Mutter damals
begeben hatte, als sie sich entschloß, zum Schuldirektor zu
gehen und ihren Sohn dem Ideal „Napola" zu entziehen.

Aus: „Gebrannte Kinder", Reihe ZEITGUT, Band 1.

[Berlin-Wilmersdorf;
1943]

Hasso Pacyna

Lateinische Adverbien

Die nächtlichen Fliegeralarme beherrschten das Leben. Wenn die Sirenen, auf und ab heulend, ertönten, mußten wir Kinder schnellstens unser stets bereitstehendes Notgepäck schnappen und in den Luftschutzkeller hinunter. Dabei hatten wir die hintere Treppe zu benutzen. Wir eilten vorbei an Wassereimern und Feuerpatschen, die auf jeder Etage standen. Auch Säcke mit Löschsand lagen bereit. Das waren die vorgeschriebenen Sicherheitsvorkehrungen.

Fliegeralarm dauerte meist Stunden. Oft schliefen wir im Keller in fast unmöglichen Lagen und quälten uns, wenn die Sirenen durch einen langanhaltenden Dauerton Entwarnung gaben, wieder nach oben. Schnell krochen wir in unsere Betten und schliefen weiter. Es gab Nächte, in denen sich das Ganze ein- bis zweimal wiederholte. Daß wir wie gerädert waren, wenn wir nun wirklich aufstehen sollten, hat niemanden verwundert. Zwar fing der Unterricht nach solchen Alarmnächten später an, aber sonst ging alles seinen fast normalen Gang.

Da die Treitschkeschule von Brandbomben getroffen worden und die Zahl der Schüler durch private „Landverschikkung" geringer als normal war, wurde der Unterricht in eine andere Schule am Stadtpark verlagert. Es könnte die Hindenburg-Schule gewesen sein.

Zu dieser Zeit hatte ich so meine Probleme mit dem Ler-

nen. Besonders schwer fiel mir Latein. Das war mir ein Greuel. Dr. Johannes Brücken, alias Bully, hatte wahrlich keine
Freude an mir.

Einmal rief mich Bully in seinem typischen Rheinländer
Dialekt auf: „Pattschina, Menneken, Menneken, komm ens
vör die Front! Häste ding Adverbie jeliert?

Äh, wat sachen isch, kannste ding Adverbie? Zeliere
bruchste se net! Könne mußte se!"

Doch bei der Abfragerei kam nicht viel heraus, und Bully,
ein durchaus väterliches Exemplar von Pauker, geriet wieder einmal außer sich. Sein ohnehin meist rotgefärbtes Gesicht wurde glühend, sein Blutdruck stieg sichtlich, bis er
schließlich platzte.

„Zentgraf, schreibe mal auf!" schrie er. –Carl Zentgraf war
in unserer Klasse beauftragt, alle zu ahndenden Missetaten
seiner Kameraden zu notieren. – „De Pattschina bringt morje
en Onderschriff vun singem Vatter!"

Zu mir: „Pattschina, hol ens ding Kladde eruss!"

Und dann wurde mir folgender Text diktiert:

> *Ich lerne mit konstanter Bosheit meine lateinischen*
> *Adverbien nicht!*

Ziemlich bedrückt bat ich am Abend meinen Vater, seine Un-
terschrift unter diesen Satz zu setzen. Er aber schüttelte den
Kopf: „Das mache ich nicht, schließlich brauche ich keine
Adverbien zu lernen!"

Nun diktierte er mir eine Neufassung: „Ich habe davon
Kenntnis genommen, daß mein Sohn Hasso mit konstanter
Bosheit die lateinischen Adverbien nicht lernt."

Diesen Text unterzeichnete er.

Als Bully am nächsten Tag nach der Unterschrift fragte,
schmunzelte er angesichts des abgeänderten Textes, sagte
aber kein Wort. Zur Strafe mußte ich die Adverbien auch

Ich bin gerade aufgerufen worden. Hinter mir steht unser Lateinlehrer
Dr. Johannes Brücken, dem wir den Spitznamen Bully gaben, Später
war er bei meiner ersten Kinderlandverschickung in St. Joachimsthal
im Erzgebirge unser Lagerleiter.

noch sechsmal abschreiben. Das war eine Mordsarbeit, die
ich, Hefte waren damals knapp, auf einem riesigen, fast tafel-
großen Packpapierbogen erledigte. Das änderte trotzdem
nichts daran, daß ich ständig mit Adverbien und dem Latein
auf Kriegsfuß stand und bei Dr. Brücken nie gut abschnitt.

Aus: Hasso Pacyna, „Ein deutscher Junge weint nicht", Sammlung der
Zeitzeugen, Zeitgut Verlag, Berlin 2003.

[Dortmund, Nordrhein-Westfalen –
Herforst, nahe Trier, Rheinland-Pfalz;
Mai 1943–September 1944]

Cäcilie Kraus-Kolter

Schulhelferin in der Eifel

Da 1943 viele Lehrer zur Front einberufen worden waren,
herrschte an den Schulen Lehrermangel. Um diese Lücken
zu schließen, sollten sogenannte Schulhelferinnen eingesetzt
werden. In einem dreimonatigen Lehrgang und einem sechs-
wöchigen Praktikum wurden sie ausgebildet. Ich war damals
28 Jahre alt und ledig. Kinder zu unterrichten konnte ich mir
gut vorstellen, und so beschloß ich, mich an der Lehrerbildungsanstalt in Dortmund für eine Ausbildung zur Schulhelferin zu bewerben. Die Aufnahmeprüfung dauerte einen ganzen Tag. Ich hatte mich gut vorbereitet und bestand sie.
    Am 1. Mai 1943 begann der dreimonatige Lehrgang. Wäh-
rend der Studienzeit bekamen wir 90 RM monatlich. Wohnen
wollte ich bei einer Bekannten unserer Familie in der Scharnhorststraße in Dortmund-Nordstadt. Unmittelbar nach meiner Ankunft am Abend wurde die Stadt, die bisher vom Krieg
verschont war, Ziel eines alliierten Luftangriffes. Als die
Alarmsirene losging, stand ich gerade mit meinem Koffer in
der Hand bei meiner Wirtin im Korridor. Sie war es nicht gewohnt, nachts in den Luftschutzbunker oder in den Keller zu
laufen. In ihrer Aufregung griff sie nur einen leeren Einkaufs-
beutel und ihre Geldbörse. Ihren fünfjährigen Jungen hielt
sie an der anderen Hand. Ich faßte meinen Koffer, und so eilten wir in den Keller. Während der ganzen Nacht gab es keine
Entwarnung, ständig überflogen uns Bomber. Vom Kellerfen-

ster aus sah ich die Kirche in der Nachbarschaft in Flammen aufgehen. Gegen Morgen fiel die Kirchenglocke mit einem „Aufschrei" vom Turm in die Tiefe. Das Getöse und den unterschwellig anklingenden Glockenton werde ich mein Lebtag nicht vergessen.

Als es ruhiger wurde, wagten wir uns auf die Straße. Wir liefen über Glassplitter und zerbrochene Dachziegel. Die Wohnung konnten wir nicht mehr betreten, das Nachbarhaus und viele Häuser in der Umgebung brannten ganz aus. Meine Wirtin konnte mit ihrem Jungen bei einer Freundin unterkommen. Ich ging zur Lehrerbildungsanstalt, um mich zu melden. Als der Direktor mein erschöpftes und schmutziges Gesicht sah, riet er mir, mich erst einmal acht Tage zu erholen, die Verwaltung der Schule würde mir in der Zwischenzeit ein neues Quartier besorgen.

Nach einer Woche fuhr ich wieder nach Dortmund. In der Lehrerbildungsanstalt wurde trotz einiger glasloser Fenster der Lehrbetrieb wieder aufgenommen. Man hatte mir ein Zimmer in der Südstadt besorgt, wo bisher noch keine Bomben gefallen waren. Doch es dauerte keine acht Tage, da wurde auch die Südstadt angegriffen. Jede Nacht mußte ich aus dem Bett und hinunter in den Keller. Meinen Koffer nahm ich fertiggepackt immer mit.

Schließlich konnte der Schulbetrieb nicht mehr aufrechterhalten werden. Bereits Mitte Juni, sechs Wochen früher als geplant, begann unser Praktikum. Jeweils ein Professor und etwa zwanzig Studentinnen wurden übers Land verteilt. Unsere Gruppe kam mit dem Biologieprofessor nach Soest, wo der Lehrbetrieb mit Schwerpunkt Biologie fortgesetzt wurde und wir unsere ersten Unterrichts-Erfahrungen sammelten. Hier schien alles friedlich, doch abends sahen wir in Richtung Dortmund häufig einen Feuerschein am Himmel. Ende Juli mußten wir noch einmal für einen Tag in die stark zerstörte Stadt, wo uns der Direktor der Universität, Professor Dr. Koelsche, in mehreren Fächern prüfte. Bis auf eine Bewerberin

10. Juni 1943: Nach der Prüfung stellten wir Absolventinnen der Lehrer-bildungsakademie in Dortmund uns noch einmal zusammen, bevor wir in alle Winde verstreut wurden, um unseren Dienst als Schulhelferin-nen antzutreten. Ganz links im Bild stehe ich.

bestanden alle die Prüfung. Für den Schuleinsatz wurde ich der Dorfschule in Herforst, im Regierungsbezirk Trier, zuge-teilt. Meine Freundin Juliane kam nach Daun, so konnten wir uns ab und zu besuchen und austauschen. Einige Kommilito-ninnen mußten zum Einsatz bis nach Ostpreußen reisen.

Am 1. September 1943 begann mein Dienst in Herforst. Mit der Bahn fuhr ich bis Speicher kurz vor Trier. Von dort mußte ich eineinhalb Stunden zu Fuß bis Herforst laufen. Für meine Ankunft war offenbar nichts vorbereitet worden. Fräulein Wagner, die schon etwas ältere Dorfschullehrerin, kümmerte sich um ein vorläufiges Quartier für mich. Für vierzehn Tage bekam ich erst einmal bei Familie Heinz ein Zimmer mit Früh-stück. Zum Mittagessen mußte ich zu einer anderen Familie gehen. Aber was bedeutete das gegen die Bombardements in Dortmund! Endlich konnte ich nachts wieder durchschlafen.

In Herforst erhielt ich nun 148 RM Gehalt im Monat, wo-von ich 90 RM für Kost und Logis bezahlen mußte.

Am 3. September wurden die Erstkläßler eingeschult. Als ich die Kleinen auf Hochdeutsch ansprach, sahen sie mich mit großen Augen an. Sie hatten bisher nur im Eifeler Platt geredet und verstanden mich nicht. Die Schüler des zweiten Schuljahres, die im selben Klassenzimmer unterrichtet wurden, mußten übersetzen. So konnten wir uns einigermaßen verständigen. Mit der Zeit lernte ich ein wenig Eifeler Platt. Aber viel schneller begriffen die Erstkläßler mein Hochdeutsch, und das war letztlich ja auch das Ziel.

Im neuen Schulgebäude, wo auch der Schulleiter mit seiner Familie wohnte, waren zwei Klassen untergebracht: Die Kleinen, also das erste und das zweite Schuljahr, die ich übernommen hatte, sowie die Großen, das fünfte bis achte Schuljahr. Da der Schulleiter herzkrank war und nicht mehr viele Stunden geben durfte, mußten Fräulein Wagner und ich aushelfen. Sie erteilte bei den Großen zusätzlich Rechnen und Religion, ich übernahm die Fächer Deutsch, Geschichte, Erdkunde, Musik, Turnen und Handarbeit. Von 8 bis 11 Uhr unterrichtete ich meine Kleinen, von 11 bis 13 Uhr die Großen. In meiner Klasse waren 34, im fünften bis achten Schuljahr 54 Kinder.

Fräulein Wagners Wohnung lag im Parterre des alten Schulgebäudes. Dort unterrichtete sie das dritte und vierte Schuljahr. Sie nahm die Kinder stark für sich persönlich in Anspruch. Sie mußten ihr Äpfel schälen und Pflaumen entsteinen, die sie dann einkochte. Während die Lehrerin in ihrer grau-weiß-gestreiften Schürze in der ersten Etage unterrichtete, kochte unten ihr Mittagessen. Oft unterbrach sie dann die Stunde oder gab den Schülern schriftliche Aufgaben, um in ihre Wohnung zu gehen.

Ich fragte den Schulleiter, welches Thema ich in Geschichte mit den großen Schülern durchnehmen sollte. Er sagte: „Holen Sie Karl den Großen!" – „Holen" war so eine Redewendung im Trierer Raum. Leider war kein Lehrbuch über Karl den Großen aufzutreiben, so konnte ich den Kindern nur erzählen, was ich noch aus meiner eigenen Schulzeit wußte. Als Schulhelferin erhielt ich von Seiten der anderen Lehrkräfte in diesen Dingen keine Unterstützung. Das war sehr schade, denn ich unterrichtete mit Leib und Seele.

Schließlich bekam ich bei Bauer Mayer, dessen Sohn an der Front war, eine Unterkunft. Leider hatte der Sohn es nicht mehr geschafft, in seinem Zimmer, das ich nun bewohnte, die vorgesehenen größeren Fenster einzubauen. Er hatte lediglich die Fensteröffnungen erweitert. Nun klafften an beiden Fenstern jeweils 30 Zentimeter breite Löcher, durch die der Frost ungehindert eindrang. An Heizen war nicht zu denken. Als Waschgelegenheit hatte ich eine Kanne mit Wasser und eine Schüssel im Zimmer stehen. Bei Frost war das Wasser morgens gefroren.

In den nächsten Ferien holte ich mir mein Akkordeon und mein Fahrrad. Das Akkordeon benutzte ich beim Musikunterricht. Als der Herr Schulrat uns einmal besuchte, staunte er nicht schlecht. In welcher Dorfschule in der Eifel gab es schon ein Instrument?

In der Schule spürte ich, die Kinder mochten mich. Trotzdem mußte ich mir mitunter mit Nachdruck Gehör verschaffen, indem ich mit dem Zeigestock kräftig gegen die erste Bank schlug. Eines Tages brach dabei mit lautem „Paff" der Stock entzwei, was großes Gelächter hervorrief. Eines der Mädchen brachte mir wenige Tage später einen neuen Stock mit. Er war mit einer Schleife und einem Zettel versehen, auf dem geschrieben stand:

Liebes Fräulein Kolter!
Ein neuer Stock, aber bitte nicht auf uns zerschlagen!

Davor brauchten die Kinder bei mir keine Angst zu haben. Ich erzählte ihnen von meinem kleinen Bruder Josef, der als ABC-Schütze ein rechter Wildfang war. Eines Abends hatte er unsere Mutter gebeten: „Würdest du mir bitte morgen früh ein kleines Kissen in die Hose stecken?"

1927: *Josefs erster Schultag. Die erste Klassenlehrerin meines kleinen Bruders, Fräulein Sanftenschneider, wußte, wie sie mit solch einem Wildfang umzugehen hatte. Sie war mein Vorbild.*
(Aus: „Stöckchen-Hiebe", Reihe Zeitgut, Band 3)

Unsere Mutter ahnte, daß Josef wieder einmal für seine Streiche eine Tracht Prügel erwartete und ging mit ihm zur Schule. Doch Josef bekam keine Stockschläge auf sein Hinterteil, sondern eine Strafarbeit, und mußte versprechen, sich zu bessern. Seine Lehrerin, Fräulein Sanftenschneider, war sehr friedfertig, aber auch streng. Josef war bei ihr gut aufgehoben. Und irgendwann wurde er auch vernünftig. Was, wenn sie nicht so eine gute Pädagogin gewesen wäre?

So klug wie Josefs Lehrerin wollte ich auch reagieren.

Einmal passierte es mir bei den Großen, daß ich den Unterricht um 20 Minuten überzog und die Kinder zu spät nach Hause kamen. In der Schule gab es keine Uhr und kein Klingelzeichen. Ich hatte nur meine Armbanduhr zur Verfügung, die ich zur ersten Heiligen Kommunion geschenkt bekommen hatte und die mittlerweile zwanzig Jahre alt war. Von mir unbemerkt war sie stehengeblieben und dann doch wieder weitergelaufen. Fräulein Wagner beschuldigte mich, ich hätte absichtlich überzogen.

Im Handarbeits-Unterricht mußten die großen Mädchen für die Nationalsozialistische Volkswohlfahrt Säcke stopfen, die die Bauern nicht mehr benutzten. Ich half ihnen dabei. Wenn wir gemeinsam mit dem Säckestopfen fertig waren, blieb wenigstens noch Zeit, ihnen zu zeigen, wie man an Bettwäsche Knöpfe annäht und Knopflöcher macht. Die Mütter waren sicher froh darüber, denn bei den Bäuerinnen blieben Flickarbeiten meist für den Winter liegen.

An einem Wintertag baten mich die Mädchen der oberen Klassen, mit ihnen einen Ausflug zu machen, ihre Eltern hätten es erlaubt. Die meisten wurden zu Hause sehr eingespannt. Am frühen Nachmittag zogen wir los. Die Mädchen sollten sich mal richtig austoben können, was sie auch sichtlich genossen. Bei unserer Wanderung durch den Schnee entdeckten wir die Trümmer eines amerikanischen Jagdbombers, der hinter dem Wald abgestürzt war.

Am nächsten Tag wurde ich zum Schulleiter gerufen. Als ich bei ihm eintrat, saß Fräulein Wagner mit am Tisch. Wütend stand sie auf, schimpfte auf mich ein und hätte mir fast einen Milchkrug an den Kopf geworfen. Ich verbat mir ihren Ton, der Schulleiter stellte sich auf meine Seite.

Jeweils am ersten und letzten Ferientag mußten wir Schulhelferinnen beim Schulrat in Bitburg erscheinen und Instruktionen entgegennehmen. Anderthalb Stunden zu Fuß bis nach Speicher, der Bahnstation für die umliegenden Dörfer, dann mit der Kleinbahn nach Bitburg. Einmal überraschten uns dort englische Flieger, die aber das Schulgebäude, in dem wir uns aufhielten, nicht trafen. Zu unserem Schutz hatten wir uns alle auf den gerade frisch geölten Fußboden geworfen. Die

Das bin ich im Mai 1944 mit meinen Erstklässlern auf dem Schulhof in Herforst in der Eifel. Eines Tages kam ein Fotoreporter ins Dorf. Er besuchte unsere Schule und fragte mich, ob er von mir und meiner Klasse eine Aufnahme machen dürfe. Anschließend ging er zu Fräulein Wagner in die alte Schule, um ebenfalls zu fotografieren. Nach ein paar Tagen zeigte er mir beide Bilder. Auf dem einen war eine in Reih und Glied ausgerichtete Schulklasse mit ihrer gestrengen, steif zwischen ihren Zöglingen stehenden Lehrerin zu sehen. Das andere zeigte mich mit meiner Gruppe fröhlicher Kinder in lockerer Runde. Der Reporter verriet mir, daß er die Fotos für eine Illustrierte gemacht hätte, um die Gegensätze zwischen einer älteren Lehrerin und einer jungen Schulhelferin zu zeigen.

Front rückte immer näher. Der Kanonendonner von Metz in Frankreich war bis Herforst zu hören. Am 4. September 1944 erschien in unserer Schule ein Offizier und befahl: „Diese Schule wird Lazarett. Ab sofort sind alle Schulen im Deutschen Reich geschlossen."

Die Kinder jubelten. Ich hatte seit vier Tagen die ABC-Schützen sowie die 72 Schüler der oberen Schuljahre zu unterrichten. Die Kinder mußten so eng beisammensitzen, daß für sie und mich ohnehin ein normales Arbeiten nicht möglich war. Ich rief den Schulrat an und fragte, ob ich nach Hause fahren dürfe. Er ordnete an, ich solle in Herforst bleiben und mich für die Front, für den Westwall, zur Verfügung halten. Mir wurde angst und bange. Ich hatte das Gefühl, als säße ich in einer Mausefalle.

Entgegen der Aufforderung des Schulrates fuhr ich mit dem Rad zum Bahnhof Speicher, um zu erkunden, ob es am nächsten Morgen einen Zug nach Köln gab. Der Stationsvorsteher, zugleich Bürgermeister, hatte wohl Erbarmen mit mir. Er versprach, alles zu tun, um mir zu helfen. Ich sollte bis zum Abend mein Gepäck zum Bahnhof bringen. Gretchen, die Tochter meiner Wirtsleute, half mir dabei. Drei Koffer, das Akkordeon und mein Fahrrad wurden auf einen Leiterwagen geladen und zum Bahnhof nach Speicher gebracht, wo uns der Bahnhofsvorsteher bereits erwartete. Er stellte mein Gepäck über Nacht bei sich zu Hause unter.

Am nächsten Morgen lief ich ein letztes Mal den Weg nach Speicher. Die hier Wartenden waren sichtlich nervös, es sollte der letzte Zug in Richtung Köln sein. Als der mit Soldaten, Verwundeten und Flüchtlingen überfüllte Zug um 8 Uhr einrollte, brachte es der Stationsvorsteher tatsächlich fertig, mein gesamtes Gepäck einschließlich Fahrrad im Zug unterzubringen.

Zusammengepfercht saßen und standen die Menschen in den Abteilen. Starr vor Angst, es könnte während der Fahrt Fliegeralarm geben. Aber wir hatten Glück, an diesem Tag bombardierten die Alliierten die Strecke nach Aachen nicht. Am frühen Abend erreichte ich Köln-Deutz. Doch hier war Alarm. Keiner durfte den Bahnhof verlassen. Danach fuhren keine Straßenbahnen mehr. Den Reisenden blieb nichts anderes übrig, als auf dem kalten Boden des Bahnhofes die Nacht zu verbringen. Erst am nächsten Morgen konnte ich nach erneutem Alarm und Entwarnung nach Refrath fahren und meine Eltern glücklich in die Arme schließen.

*(Weitere **ZEITGUT**-Beiträge der Autorin sind am Buchende vermerkt.)*

[Schotten am Vogelsberg, Hessen;
1944]

Loni Schlörb-Schuchmann

Nachmittags hieß der Direktor nur „Karl"

Viele Schulgebäude lagen vor Kriegsende in Schutt und
Asche. Die Schüler der Wöhlerschule aus dem durch die alliierten Angriffe stark zerstörten Frankfurt waren nach Schotten evakuiert worden und hatten nachmittags in der „Oberschule für Jungen" Unterricht. Einige wohnten privat, andere im Lehrerheim, dem späteren Kurhotel Vogelsberg.

Nach vier Grundschuljahren mußte man eine Prüfung ablegen, um zur Oberschule gehen zu dürfen. Begabte Schüler
erhielten oft die Möglichkeit, eine Klasse zu überspringen, und
besonders begabte Jungen mit „Führungsqualitäten" wurden
für die Elite-Internatsschulen ausgewählt. Auch Mädchen
konnten die Oberschule besuchen. Aber das kostete im Monat 25 Reichsmark pro Kind, für weitere Geschwister gab es
Ermäßigungen. Die Schulbücher waren sehr teuer und für viele
Eltern begabter Kinder kaum erschwinglich.

In unserem Physiksaal wurden an einem großen Koordi-
natensystem mit Planquadraten die angreifenden feindlichen
Bomberverbände eingezeichnet. Dazu waren ständig wech-
selnd zwei Schüler eingeteilt, die am Volksempfänger alle
Sondermeldungen abhörten und auf Millimeterpapier Richtung, Geschwindigkeit und Ankunftszeit eines auf Berlin an-
fliegenden Geschwaders berechnen mußten. Sie trugen
Kreuzchen ein und verbanden sie mit Linien. Daraufhin
konnten wir sofort sagen, in wieviel Minuten die Kampfflug-

zeuge über Kassel, Gießen oder Frankfurt sein würden. Der Fliegeralarm wurde unmittelbar ausgelöst und weitergegeben. Die Sirene befand sich direkt auf dem Schuldach. Die einzelnen Schulklassen sammelten sich diszipliniert mit ihren Lehrern, die oberen Stockwerke zuerst, und rannten in den Schulkeller. Dort war es sehr eng und düster. Keiner wagte laut zu reden. Wir hatten viel Angst. Die Luftschutzvorschriften waren sehr streng, und Zuwiderhandlungen wurden härtestens geahndet. In dieser Zeit verbrachten wir am Tag und nachts fast mehr Zeit in den Schutz- und Kellerräumen als anderswo.

Unser drahtiger Herr Oberstudiendirektor war nebenbei auch Hitlerjugend-Bannführer. Sogar während des Unterrichtes trug er seine senfgelbe Uniform mit Schulterriemen und Dienstgrad-Schnüren, dann war er mit seinem schulischen Titel anzureden. Nachmittags aber, beim Jungmädel-Dienst, mußten wir „Karl" zu ihm sagen. Uns jüngeren Schülerinnen kam sein Vorname nicht so leicht über die Lippen.

Im Jungmädeldienst stellten wir Verbandsmaterial her, strickten für die im Felde kämpfenden Väter und Brüder fleißig Handschuhe ohne Fingerkuppen und warme Stiefelsocken aus handgesponnener Schafwolle. Auch bastelten wir mit Laubsägen Spielzeug aus Sperrholz, das wir dann bemalten. Es wurde oft gesungen, ein paar Volkslieder und viele Kampf- und Propagandalieder.

Sonntagmorgens mußten wir früh aus den Betten, denn um sieben Uhr begann der Marsch aller uniformierten organisierten Jugendlichen – das waren das Jungvolk, die Hitlerjugend, die Jungmädel und der Bund Deutscher Mädchen – durch die Schottener Adolf-Hitler-Straße, heute Vogelsbergstraße. Das Singen wurde begleitet von Fanfarenzügen. Wie haßte ich diesen frühmorgendlichen Marsch, denn einmal in der Woche hätte ich ausschlafen mögen!

Aus: „Gebrannte Kinder. Zweiter Teil", Reihe ZEITGUT, Band 7.

[Kolberg*); Pommern;
1944]

Evelyn Steudel

Ein Paket Knäckebrot

Es war im Frühjahr 1944. Ich lebte wegen der Bombenangriffe auf Berlin im Hause meiner Großeltern in Kolberg. Alle Schulen der Stadt waren überbelegt, viele Eltern aus Berlin, Stettin und Hamburg hatten ihre Kinder nach Kolberg zu Verwandten oder dort in Kinderheime gebracht. Ich war neun Jahre alt und besuchte gemeinsam mit meiner Freundin Ursula die 4. Volksschulklasse. Ursula kam aus Hamburg. Ihr Vater war im Krieg, die Wohnung der Familie ausgebombt und die Mutter bei Verwandten in Hamburg untergekommen. Ursula lebte nun bei einer Tante in Kolberg. Wir hatten denselben weiten Schulweg und erzählten uns unterwegs viel über unser Leben bei den Verwandten. Uns fehlten unsere Mütter. Wir fühlten uns oft etwas fremd und alleingelassen in Kolberg, und so schlossen wir beide gute Freundschaft.

Eines Tages kam unser kriegsversehrter Lehrer in die Klasse und legte mehrere Pakete Knäckebrot auf sein erhöhtes Pult, jeder konnte sie sehen, alle bekamen Appetit. Dann ließ er uns eine Rechenarbeit schreiben, deren Ergebnis über die Vergabe des Knäckebrotes entscheiden sollte. Wir sollten uns deshalb anstrengen.

Nach Beendigung der Arbeit mußte jeder das Heft dem Vordermann reichen – nicht dem Nebenmann – der hätte ja

---

*) heute Kołobrzeg in Polen

der Freund oder die Freundin sein können. Der Lehrer schrieb die richtige Lösung an die Tafel und der Vordermann mußte vergleichen und die Fehlerzahl unter die Arbeit schreiben.

Ich reichte mein Heft zu Ursula, die vor mir saß. Nach beendeter Korrektur bekam jeder sein Heft vom Vordermann zurück. Ich staunte ungläubig: Ich hatte null Fehler!

Das war ich gar nicht gewohnt, denn einen, zwei oder manchmal auch drei Fehler hatte ich immer.

„Alle Kinder mit null Fehlern aufstehen", sagte der Lehrer.

Ich stand auf – und war die einzige! Ich mußte nach vorne kommen, der Lehrer strahlte mich an und schenkte mir ein ganzes Paket Knäckebrot. Ich strahlte zurück, vor allem wegen der null Fehler. Das restliche Knäckebrot verteilte der Lehrer gestaffelt an die Mitschüler.

Glücklich begab ich mich mit Ursula auf den Heimweg. Da sagte sie fröhlich zu mir: „Du hattest drei Fehler, aber ich wollte, daß du Knäckebrot bekommst, deshalb habe ich deine Fehler verbessert!"

Mein Freude war wie weggeblasen. Wieder mal drei Fehler, und das Knäckebrot hatte ich auch nicht verdient.

Ich wollte Ursula die Hälfte abgeben, aber sie lehnte ab: „Ihr seid mehr Personen, und da ist auch noch dein kleiner Bruder."

Total verunsichert kam ich zu Hause an. Die Bürde war zu schwer, ich konnte sie nicht für mich behalten. Meine Mutter war auch gerade in Kolberg. So erzählte ich ihr und Oma alles haargenau.

Nun begann das Theater zwischen den beiden Frauen. Meine Mutter sagte erfreut: „Das ist aber eine gute Freundin!"

Ich wußte genau, daß meine fromme geradlinige Großmutter das ganz anders sehen würde, und richtig! Sie konterte laut und heftig: „Unrecht Gut gedeiht nicht! Evchen hat das Knäckebrot nicht verdient, sie soll es morgen wieder mit in die Schule nehmen."

Nun entrüstete sich meine Mutter: „Das Kind hat kein Unrecht getan, sie kann doch nichts dafür, daß die Freundin geschummelt hat, es aber gut gemeint hat. Mutter, wir haben Krieg, Brot ist knapp, da freut sich jeder über ein Paket Knäckebrot. Im Krieg gehen die Uhren anders, da kann man so etwas schon mal durchgehen lassen. Du weißt doch selbst, wie schwer es für dich war, uns neun Kinder gut durch den Ersten Weltkrieg zu bringen."

In der Tiefe meines Herzens wußte ich, daß Oma mehr im Recht war, als meine Mutter, aber dennoch war ich sehr froh darüber, daß sie mich mit ihrer pragmatischen Haltung verteidigte. Brot gab es nur auf Marken, und täglich wurden die Brotschnitten genau abgezählt.

Meine Mutter löste damals die Situation, indem sie Verwandte einlud, die Marmelade mitbrachten, und so bekamen am Kaffeetisch alle „Knäckebrot satt". Nur Oma und ich wollten nicht mitessen. Darüber freute sich mein kleiner Bruder. Mir war der Appetit auf dieses Knäckebrot vergangen, und Oma blieb bei ihren christlichen Grundsätzen.

Diese Geschichte hat mich jahrelang gedanklich verfolgt. Als ich später selber Lehrerin war, wurde mir bewußt, daß diese Art der Verteilung des Knäckebrots eine Fehlentscheidung war. Damit hatte der Lehrer uns alle in einen Konflikt gestürzt. Er hätte das Knäckebrot an alle Kinder gleichmäßig verteilen müssen, denn alle Kinder hatten Hunger.

*(Weitere **ZEITGUT**-Beiträge dieser Autorin sind im Autorenverzeichnis am Ende des Buches vermerkt.)*

[Schwante, bei Berlin – Berlin-Tegel – Maribor, Slowenien;
Februar 1943 – Februar 1944]

Hans Joachim Wefeld

Reifeprüfung

Rettis Augen leuchteten auf. Er beugte sich über den Alumi-
niumbehälter mit einer trüben Wasserfüllung und begann
genüßlich mit der biologischen Erörterung über die darin
befindlichen Tierchen: Amöben, Einzeller, Kaulquäppchen,
Würmchen, und ich weiß nicht mehr, was noch alles. An sich
war er wegen Erdkunde gekommen, aber nun hatten wir ihn
in einen biologischen Exkurs getrieben, und das nicht ohne
Hintergedanken. Dr. Rettschlag, kurz Retti genannt, Geolo-
ge und Botaniker, wohnhaft in Bernau, war einer unserer
Klassenlehrer. Unsympathisch war er uns nie.

Das besagte Wässerchen stammte aus einem kleinen Feld-
bach. Wir mußten uns damit waschen, weil wieder einmal
einer der Behelfsbrunnen ausgefallen war. Aber das erfuhr
Retti erst hinterher. Ort der Handlung war eine Kantinen-
baracke, zwischen Kornfeldern gelegen, die zum Dorf
Schwante gehörten. Dort hausten wir in einer Flak-Stellung,
wohl die nördlichste von Berlin und zum Schutz der Hein-
kel-Flugzeugwerke in Oranienburg gedacht. Wir waren Berliner Schüler der Jahrgänge 1926 und 1927. Die meisten von
uns wohnten am Wedding, einige auch in Reinickendorf.

Den ersten Einschnitt in unser Schülerleben verspürten
wir im Oktober 1940, als unseren Eltern wegen der befürch-
teten Luftangriffe unsere Evakuierung empfohlen wurde, die
unter der Bezeichnung „Kinderlandverschickung", kurz KLV,

kaschiert wurde. Wir fuhren in ein Dorf nahe Hohensalza*)
im annektierten Warthegau, mitten in Polen. Dort bezogen
wir ein geräumtes Kloster. Nur zwei Junglehrer und zwei
HJ-Führer leiteten das Lager Markowitz, wo wir uns fern
von Muttern weidlich austoben konnten. Später wurden wir
nach Lissa**) in Mittelschlesien verlegt, bis wir im Frühjahr 1942 nach Berlin zurückkehrten.

Im Sommer und Herbst 1942 mußten wir den ersten
Kriegshilfsdienst ableisten, es ging zum Ernteeinsatz nach
Schlesien. Wer aus irgendwelchen Gründen daheimblieb,
durfte stattdessen beim Postamt W 35 in Schöneberg Brief-
träger spielen, pro Tag gab es dafür 1,50 Reichsmark.

Im übrigen waren mehr und mehr Schüler als Luftschutz-
wache tätig und schlichen nachts mit einem viel zu großen
Schutzanzug und einer Taschenlampe über den Dachboden
der Penne. Wie der nächste Schultag dann ausfiel, kann man
sich denken. Die anstehende Klassenversetzung wurde uns
praktisch im voraus geschenkt. Die wenige Zeit, in der wir
noch Unterricht hatten, betrachteten wir mehr als Vormit-
tagsspaß. Im Winter 1942/43 wurden die Weihnachtsferien
wegen Kohlenmangels einfach verlängert.

Mitte Februar 1943 erschien in unserer Aula ein arrogan-
ter Oberleutnant der Flak, um uns naßforsch auseinander-
zusetzen, daß wir uns am übernächsten Morgen mit Persil-
karton in seiner Stellung einzufinden hätten. Zum Rasieren
genüge für uns wohl ein scharfes Handtuch. Der Schulunterricht werde erst einmal vier Wochen ausfallen und später
mit halbem Pensum, gewissermaßen unter dem Kanonen-
rohr, fortgesetzt. Unser Direx, Oberstudienrat Werdermann,
stand fassungslos dabei.

Offiziell blieben wir Schüler, unser Dienst war jedoch
streng militärisch aufgebaut. Eine derart harte Grundaus-
bildung gab es später wohl nie mehr. Elterliche Beschwer-

---

*) heute Inowrocław und **) Leszno in Polen

den wurden unter den Teppich gekehrt. Wir würden nur im „Heimatkriegsgebiet" eingesetzt, hieß es, wenn möglich, in Wohnortnähe. Auch das erwies sich nachher als Lüge.

Die amtlicherseits so bezeichneten Luftwaffenhelfer, etwa 70 000 bis 100 000 an der Zahl, hatten keinen soldatischen Status, was den meisten, so auch uns, überhaupt nicht gefiel. Wenn schon, denn schon! Als Soldat hätte man rauchen und in Filme über 18 gehen dürfen!

Die personelle Zusammensetzung der Göringschen „Zigeuner-Flak", wie man sie hinter vorgehaltener Hand nannte, war abenteuerlich: etwa ein Drittel der Besatzung waren Soldaten, ein Drittel Oberschüler und ein Drittel „Plennies"*), sowjetische Kriegsgefangene. Die zwei Buchstaben neben dem Adler auf unserer Brust, L. H., konnten auch „Letzte Hoffnung" heißen.

Erfolg wurde verlangt, und das hieß: möglichst viele Abschüsse. Für jeden Abschuß gab es einen weißen Ring am Geschützrohr, und nach vier Ringen bekam man einen Orden. Kaum einer von uns fühlte sich als Held. Unsere Ängste verdrängten wir. In einer halbamtlichen Luftfahrtzeitschrift nahm sich das Vorhaben so aus:

Mancher Schüler wird, wie wir annehmen möchten, durch diese enge Berührung mit der Luftwaffe und der Luftwaffentechnik veranlaßt werden, seine Zukunftspläne zu revidieren, wenn er sieht, welche schönen und für die Gemeinschaft wichtigen Aufgaben der Ingenieur, der technische Fliegeroffizier und auch der Naturwissenschaftler zu lösen hat. Wenn dadurch Berufsneigungen geweckt werden, die der Luftwaffe, der Luftfahrtforschung und der Industrie junge begabte Kräfte zuführen, wird dieser Vorteil größer sein als die unvermeidlichen Nachteile, die mit der Unterrichtskürzung für ein späteres Studium in Kauf genommen werden müssen.

---

*) russisch: plen – Gefangenschaft

*Unsere „Zigeuner-Flak" im Februar 1944 in Maribor, Nordjugoslawien.
Ihr personeller Bestand: drei Stammsoldaten, acht Luftwaffenhelfer
Jahrgang 1927, drei sowjetische Kriegsgefangene.*

Unsere Lehrer mußten nachmittags extra aus Berlin anreisen. Oftmals trafen sie in der Kantine nur auf wenige, leger umhersitzende Jugendliche. Zehn Mann seien krank, zwölf auf Tagesurlaub, drei stünden Wache als Flugmeldeposten, einer sitze im Bau oder ähnlich lauteten die Ausreden. Und der Rest hatte „versehentlich" die Bücher vergessen. Englisch als Feindsprache sowie Biologie, Musik, Sport und Chemie wurden sowieso nicht mehr unterrichtet.

Aber wir hatten ja Ersatz: zum Beispiel Biologie, wie anfangs beschrieben, oder praktische Erdkunde beim „Schleifen", Musik in Form von Marschliedern, Physik vornehmlich als Ballistik bei der Flak-Schießlehre. Die Verbundenheit zur Technik äußerte sich im Auswendiglernen von Waffenteilen und beim Putzen der 10,5-cm-Geschütze. Ein jeder von uns war bald in der Lage, zwischen „Fliegerfett blau" und „Spindelölgrün" zu unterscheiden. Den Geruch davon spüre ich noch heute in meiner Nase.

Im Juni 1943 verlegte man die 1./516 (o), das war unsere 1. Batterie der schweren Flak-Abteilung 516 (ortsfest), in die Gorkistraße nach Berlin- Tegel. Im September und November flogen die Engländer Großangriffe, die den Innenstadtbereich und den Berliner Norden besonders hart trafen. Das Risiko, im Freien erwischt zu werden, war enorm hoch. Obwohl wir in einen Bombenteppich geraten waren und unsere Baracken abbrennen sahen, gab es bei uns zum Glück keine Verluste. Bereits am 1. März 1943 war durch einen Volltreffer etwa ein Dutzend Flak-Helfer der Schadow-Schule am Priesterweg in Berlin-Steglitz ums Leben gekommen.

Unsere damaligen Empfindungen sind schwer zu beschreiben. Einerseits sahen wir uns viel zu früh aus dem zivilen Dasein gerissen, andererseits bedrückte uns die zunehmende Zerstörung unserer Stadt sehr. Am Tage kamen die „Fliegenden Festungen", die Boeing B 17 der Amerikaner, nachts schossen wir auf die 4-Mots Lancaster, Stirling, Halifax und Liberators der Engländer.

Die politischen Hintergründe blieben für uns völlig im Nebel. Den paramilitärischen Drill hingegen kannten wir seit dem zehnten Lebensjahr, so daß die meisten Jungen zähneknirschend mit ihrer Situation fertig wurden. Nur einer von uns drehte durch. Bei einem Tagesurlaub nahm er sich das Leben. Auf dem Friedhof in der Barfußstraße erhielt er ein Begräbnis mit militärischen Ehren. In einem makabren Sketch des Schauspielers Walter Gross hieß es damals: „Und wenn dann deine Kameraden den Karabiner an die Backe reißen und eine Ehrensalve über dein kühles Grab donnern – Junge, dann weißte erst richtig, wozu du gelebt hast!"

Horst hatte es nicht gewußt.

Im Februar 1944 wurde die Batterie in Moabit auf die Eisenbahn verladen. Nach tagelanger Fahrt landeten wir in Maribor. Hier, in Nordjugoslawien, galt es, eine Luftsperre für Wien zu errichten. Standesgemäß hausten wir in einer Dorfschule, auf Stroh. Nachts schoben wir mit der Maschinenpistole Wache, denn Warnungen vor Partisanenaktionen waren nicht aus der Luft gegriffen.

Kurze Zeit darauf wurden wir Luftwaffen-Oberhelfer des Jahrgangs 1926 zurück nach Berlin geschickt und entlassen. Wir fielen vom Regen in die Traufe. Erst war von Schnellabitur die Rede. Das hatte sich aber bald erledigt, denn schon winkten Reichsarbeitsdienst und der reguläre „Barras". Anstelle der Entlassenen wurde der Flak die nächstjüngere Schulklasse als Nachschub einverleibt. Die Jahrgänge 1928 und 1929 mußten den gleichen Weg gehen wie wir. Das war der endgültige Abschied von der Schule, wo man uns einen Reifevermerk auf das Abgangszeugnis schrieb, damit wir später auch ohne formelles Abitur würden studieren können.

Kurz vor Kriegsende hatte ein hoher Flak-Offizier über uns gesagt: „Die Luftwaffenhelfer haben in den Rachen der Hölle geblickt. Es ist ihnen nichts erspart geblieben."

Das Durchhaltevermögen, selbst in manchmal auswegloser Lage, das hatten wir gelernt. Diese Eigenschaft und eine Portion Optimismus konnte man wahrlich noch lange genug gebrauchen. Das war unsere Reifeprüfung.

Die Verlustquote unserer Doppelklasse betrug etwa 25 Prozent, die auf Einsätze innerhalb der regulären Wehrmacht kurz vor Toresschluß zurückzuführen war. Viele Schulkameraden gerieten in Kriegsgefangenschaft, manche sahen sich im Sommer 1945 als Gefangene der Roten Armee im vormaligen Konzentrationslager Auschwitz wieder.

Einige von uns holten 1946 in einem Sonderkursus der jetzigen Lessing-Schule das Abitur nach. Von unseren einstigen Lehrern waren nur wenige wieder im Amt.

Leicht gekürzt aus: „Wir sollten Helden sein", Reihe ZEITGUT, Band 12.

[Friedrichsfeld – Mannheim – Heidelberg;
September 1943 – 24. März 1945]

Irmgard Helmstädter

Tieffliegerwetter

Im September 1943 begann die Schule wieder, ebenso die neue
Spielzeit am Mannheimer Nationaltheater. Zur Eröffnung
stand „Der Freischütz" von Carl Maria von Weber auf dem
Programm. Für diese Vorstellung hatte ich für meine Mutter und mich Theaterkarten besorgt. Es war die erste Oper,
die ich mit meinen 14 Jahren sehen durfte.

Am Sonntag, dem 5. September 1943, fuhren wir mit etwas gemischten Gefühlen mit dem Zug nach Mannheim. Einerseits freuten wir uns auf das Kunsterlebnis, andererseits
saß uns die Angst vor einem Fliegeralarm im Nacken. Ich
war überwältigt von der Musik und der festlichen Stimmung
im Opernhaus. Auf dem Heimweg summten wir die wunder-
baren Melodien vor uns hin: „Leise, leise, fromme Weise ..."

Eine halbe Stunde vor Mitternacht, genau in dem Augenblick, als meine Mutter den Schlüssel ins Schloß unserer
Haustür steckte, heulten die Sirenen auf. Das fanden wir
anfangs nicht so schlimm, weil wir ja noch nicht im Bett lagen, doch es sollte der bislang schwerste Bombenangriff auf
Mannheim werden. Alliierte Bomber verwandelten die zuvor noch so lebendige Stadt in einen riesigen Trümmerhau-
fen, der zahlreiche Menschen unter sich begrub. Auch das
berühmte Theater, in dem Friedrich Schiller am 13. Januar
1782 die Uraufführung seiner „Räuber" erlebt hatte und in
dem wir wenige Stunden zuvor gesessen hatten, fiel in Schutt

*Das alte Mannheimer Nationaltheater, in dem 1782 Friedrich Schillers
Jugendwerk „Die Räuber" in Anwesenheit des Dichters uraufgeführt
wurde. Hier wirkte Schiller 1783 bis 1785 als Theaterdichter.
Die Stadt erlebte in der Nacht vom 5. zum 6. September 1943 ihren
schwersten Luftangriff, bei dem auch dieses schöne Gebäude zerstört
wurde. Foto: Stadtarchiv Mannheim.*

und Asche. Die Schulgebäude, soweit sie noch standen, wurden zu Lazaretten umfunktioniert. Unterricht gab es vorerst nicht mehr. Die Mehrzahl der Schüler wurde in einer großangelegten Aktion in ländliche Gebiete in Sicherheit gebracht. Ich wollte mich dem Transport nicht anschließen. Deshalb begab ich mich auf die Suche nach einem freien Platz an einer anderen Schule. Was lag näher als Heidelberg, die romantische Stadt?

Sie war bislang von Bombenangriffen verschontgeblieben. Dort fühlte man sich sogar relativ sicher, denn es ging das Gerücht um, von feindlichen Radiosendern und durch Flugblätter verbreitet: „Heidelberg wollen wir schonen, denn dort wollen wir wohnen."

Im Oktober 1943 wurden an der Eichendorff-Mädchenober-
schule in der Kettengasse „Mannheimer Klassen" eingerichtet, in denen sich eine bunte Mischung von Schülerinnen zu-
sammenfand, die nicht nur aus Mannheim, sondern auch aus
Frankfurt, Köln und anderen zerbombten Städten kamen. Zu
uns stieß auch eine kleine Gruppe von Schülerinnen der Eli-
sabeth-von-Thadden-Schule aus Wieblingen. Die Mädchen
verhielten sich merkwürdig: Sie scheuten den Kontakt, blieben unter sich. Wie ich erst Jahre nach dem Krieg erfuhr, war
die Gründerin und Leiterin dieser evangelischen Privatschule, Elisabeth von Thadden, von einer ihrer Schülerinnen denunziert worden. Ihr Institut wurde geschlossen, und sie selbst
wurde 1944 von den Nationalsozialisten hingerichtet.

Während uns die Bombenalarme in den ersten Kriegsjahren hauptsächlich in den Nächten aufgeschreckt und immer wieder aus dem Schlaf gerissen hatten, häuften sich mit
Beginn des Jahres 1945 die Angriffe bei Tag, so daß der Unterricht beinahe täglich abgebrochen werden mußte. Beim
ersten Sirenenton schlugen wir unsere Schulhefte zu, ließen
den Federhalter fallen und rannten in den Keller. In den muffigen, fensterlosen Räumen vertrieben wir uns die Zeit mit
Lesen, Häkeln oder Stricken. Um den vorhandenen Sauer-
stoffvorrat nicht zu schnell zu verbrauchen, bewegten wir
uns so wenig wie möglich.

Zug und kam 7.49 Uhr im Heidelberger Hauptbahnhof
an, der sich damals noch im Zentrum der Stadt befand. Wir

*Der „Heilkräuterausweis"
diente als Befugnis zum
Sammeln von Heilkräutern
auf Stoppelfeldern, im
Wald und am Wegesrand,
was zu den Pflichten eines
BDM-Mädels gehörte.*

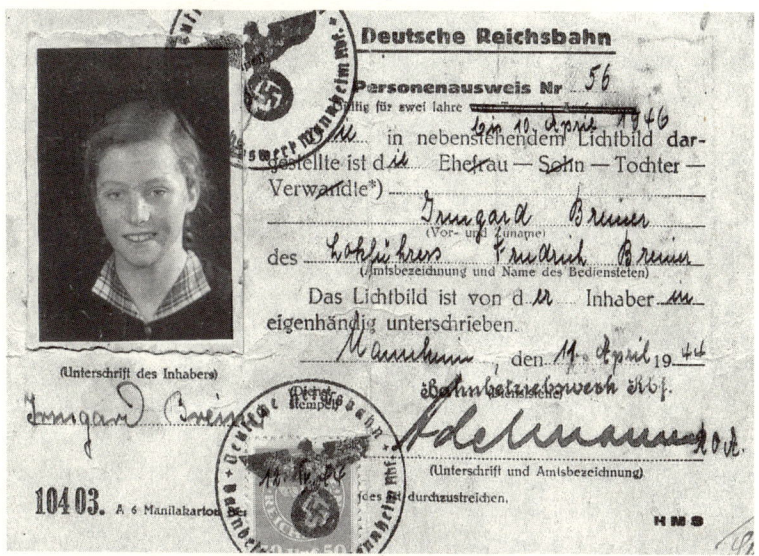

Der Fahrausweis der Reichsbahn berechtigte mich zur kostenlosen Fahrt
zwischen Wohnort und Schule, weil mein Vater Eisenbahner war.
Anfang 1943 nach Frankreich verpflichtet, kam er dort am 7. Juli 1944
bei einem Anschlag der französischen Widerstandsbewegung auf den
Bahnhof von Portesles-Valence, nahe Lyon, ums Leben.

drängelten durch die Sperre, eilten die Straße entlang, an
der Post vorbei, dann durch die Plöck. Hatte es keine Verspätung gegeben, saßen wir pünktlich um 8 Uhr auf der
Schulbank. Wenn der Lehrer oder die Lehrerin das Klassenzimmer betrat, sprangen wir auf, standen stramm und
begrüßten mit einem zackigen „Heil Hitler!" den neuen
Schultag.

Im Verlauf des Schuljahres 1944/45 wurde der öffentliche
Personenverkehr eingeschränkt, streckenweise gänzlich eingestellt, weil die Eisenbahn kriegswichtige Transportfunk-
tionen zu erfüllen hatte und außerdem bedrohlich oft feindlichen Luftangriffen ausgesetzt war. Wir Schüler mußten deshalb auf die OEG, die Oberrheinische Eisenbahn-Gesell-

schaft, eine Schnellbahn zwischen Mannheim und Heidelberg, umsteigen. Das hieß für mich, erst auf der Landstraße in Richtung Edingen zu marschieren, vor dem Gleisübergang nach rechts abzubiegen und einen schmalen Trampelpfad, manchmal auch auf den Schienen, entlangzulaufen, bis ich den Bahnhof am Ortsausgang erreichte – und das zweimal täglich, bei Wind und Wetter. Ich empfand den beschwerlichen Schulweg aber nicht als besondere Belastung.

Trotz der Kriegsumstände verlief das Leben noch ziemlich reibungslos, jedenfalls bis zu jenem herrlichen Märztag. Die Sonne schien, kein Wölkchen zeigte sich am blauen Himmel. Unsere Kriegserfahrungen lehrten uns jedoch etwas anderes: Immer wieder blickten wir zum Himmel hoch, nicht, um nach Vögeln Ausschau zu halten, sondern nach ganz anderen Objekten. Es war Tieffliegerwetter.

Wir schrieben den 24. März 1945. Gegen Unterrichtsende erfuhren wir plötzlich, daß unsere Schule bis auf weiteres geschlossen werde. Sie werde erst wieder geöffnet, wenn der Krieg zu Ende sei, hieß es. Wann das sein würde, konnte niemand sagen. Wir wurden in die Ungewißheit entlassen. Natürlich gab es Hurrarufe, wie immer vor Ferien. Wir bekamen sogar Zeugnisse, die, wie es schien, in großer Eile ausgestellt worden waren und den Zeitraum von Herbst 1944 bis Ostern 1945 nachwiesen. Zugleich erfolgte die Versetzung in die nächsthöhere Klasse. Das bedeutete für mich den Sprung von der Obertertia in die Untersekunda, obwohl dies eigentlich erst vor den Sommerferien fällig gewesen wäre. Nun hatte ich die Mittlere Reife.

Meine Heimfahrt mit der Straßenbahn endete bereits nach wenigen hundert Metern auf der Bergheimer Straße, kurz vor der Stadtausfahrt, als die Bahn mit einem kräftigen Ruck stoppte. Die Fahrgäste fielen übereinander, einige lagen am Boden. Schreie, Hilferufe. Alle schoben und drängten panikartig ins Freie. Da sah ich den Tiefflieger aus allernächster Nähe, er schoß auf die Bahn!

Wir rannten um unser Leben, suchten in den naheliegenden Häusern Schutz. Dort warteten wir dicht gedrängt im Luftschutzkeller auf das Ende des Angriffs. Den Schüssen waren wir glücklicherweise entkommen. Zum ersten Mal in meinem Leben hatte ich Todesangst ausgestanden.

Als sich die Situation draußen beruhigt hatte, wagten wir uns aus den Kellerräumen hinaus. Ich entdeckte Ortrud Schönthal, eine andere Friedrichsfelder Schülerin. Jetzt waren wir zu zweit. Wir mußten uns damit abfinden, daß die von Geschossen durchlöcherte Bahn nicht mehr fahren konnte. Also beschlossen wir, die etwa zehn Kilometer bis nach Hause zu Fuß zurückzulegen. Nur wenige Schritte von unserem Ausgangspunkt entfernt lag die Autobahn in Richtung Mannheim, die an Friedrichsfeld vorbeiführt. Verkehr gab es überhaupt nicht. Also begannen wir auf der einsamen, nicht endenwollenden Strecke unseren Marsch, den Blick immer wieder nach oben gerichtet. Wir wußten, die Gefahr war noch nicht vorüber. Entlang der Autobahn befanden sich rechts und links in regelmäßigen Abständen Schützengräben. Sobald wir am Himmel ein Flugzeug entdeckten, sprangen wir hinein, jede ihre Schultasche über den Kopf haltend. War die Luft wieder rein, krochen wir aus dem Schützenloch und liefen weiter.

Dann endlich erblickten wir in der Ferne die beiden Friedrichsfelder Kirchtürme. In Höhe der Edinger Straße verließen wir die Autobahn. Wenige Minuten später bog ich in unsere Straße ein. Meine Mutter stand vor dem Haus, sie hatte Tränen in den Augen, als sie mich sah. Keinen Tag länger wolle sie mich zur Schule gehen lassen!

Da zog ich mein Zeugnis aus der Tasche und verkündete, daß es vorerst ohnehin keinen Unterricht mehr gebe.

Gekürzt aus: „Wir sollten Helden sein", Reihe ZEITGUT, Band 12.

[Kellenhusen bei Grömitz/Ostsee;
März/April 1945]

Helmuth Saß

Laudis Tabakplantage

Am 5. März 1945 trafen wir 26 Hamburger Jungen der Klassenstufe 8, davon 16 aus dem vorhergehenden KLV-Lager Schwandorf und zehn „Neue" aus Hamburg kommend, in Kellenhusen ein und wurden in der Pension „Vier Linden" einquartiert. Wir waren alle schon lange nicht mehr an der Ostsee gewesen, und kaum hatten wir unsere Zimmer zugewiesen bekommen, die Sachen in den Spinden verstaut und das Abendbrot eingenommen, eilten wir an den Strand. Die Dämmerung hatte schon eingesetzt, und es herrschte abendliche Windstille. Die Wellen plätscherten leicht, und es roch nach Seetang und Meer. Natürlich gehörte für uns zur Ostsee das Baden, und wir faßten unser neues KLV-Lager als Badeurlaub auf. Der Einbruch der Dunkelheit und fehlende Badehosen hinderten uns, sofort ins Wasser zu springen. Aber das war klar: Am nächsten Tag war „Anbaden".

Was kann 14-15jährige Hamburger Jungen hindern, einen Beschluß auszuführen? – Nichts. Am nächsten Tag versammelten wir uns bei kühlem Wind und stärkerem Wellengang erneut am Strand. Schon als wir uns auszogen und in die Badehosen schlüpften, bemerkten wir, daß eigentlich kein sommerliches Badewetter war, aber wer wollte das zugeben?

Stattdessen berauschten wir uns an dem Gedanken, daß vor uns noch kein Mensch an der Ostsee die Badesaison so früh eröffnet hatte, und schritten eisern durch den kühlen

Wind ins kalte Wasser. Es war Ehrensache, mindestens bis zum Bauchnabel im Wasser zu stehen. Und die allerkühnsten schwammen sogar ein kurzes Stück. Nach der Mutprobe eilten wir zum Strand zurück. Als wir zur Pension gingen, wußte ich, diesen Tag würde ich nie vergessen.

Der Zweite Weltkrieg näherte sich dem Ende. Und es war im Grunde erstaunlich, daß die Lebensmittelversorgung der Bevölkerung bis zuletzt im großen und ganzen klappte. Noch erstaunlicher ist, wie jeder weiß, der Appetit von 14-15jährigen Jungen. Beim Mittagessen saßen wir jeweils zu fünft an einem Tisch. Derjenige, der am Kopfende saß, hatte Essendienst. Dieser Dienst wechselte, wie man gleich verstehen wird, täglich. Das Mittagessen wurde von der Küche aus in Schüsseln in eine Durchreiche gestellt. Es war die Aufgabe des Essendienstes, zu Beginn des Mittagessens möglichst als erster vor der Durchreiche zu stehen, sodann mit der gefüllten Schüssel zu seinem Tisch zu eilen und den Inhalt unverzüglich – vollständig und gleichmäßig – auf die fünf Teller zu verteilen. Nicht selten quollen die Teller dabei über.

Da mit Nachschlägen zu rechnen war, saß der Junge, der Essensdienst hatte, seitlich auf seinem Stuhl, seine linke Hand hielt die leere Schüssel, mit der rechten stopfte er das Essen in sich hinein; seine Ohren und Augen hingen an der Durchreiche. Sobald der Ruf „Nachschlag!" erscholl, flitzte er mit der Schüssel los, ließ sie auffüllen, eilte zu seinem Tisch zurück, verteilte wie zuvor das Essen auf die fünf Teller und eilte erneut mit der leeren Schüssel zur Durchreiche, um einen zweiten Nachschlag zu ergattern.

Das wiederholte sich, bis die Küche endgültig schloß. Daß bei diesem Verfahren manchmal nur Kartoffeln, danach nur das Gemüse auf den Tellern war, störte uns nicht. Es kam nur darauf an, möglichst viel von allem zu ergattern.

Unser Klassenlehrer in Kellenhusen war Walther Laudi, gelegentlich auch „Lermo" genannt, weil er uns im früheren KLV-Lager mit Lärm weckte. Wie ich heute weiß, wurde er am 21. Juni 1893 geboren. Damals war er also 51 Jahre alt. Sein Unterricht in dem engen Raum des Hotels „Meeresrauschen" gefiel uns. Er genoß großes Vertrauen. Persönlich-private Äußerungen jedoch vermied er. Eines Tages sagte er uns nach dem Unterricht, daß er in einem anderen Hotel ein neues Zimmer bekäme und sich freuen würde, wenn wir ihm beim Umzug helfen würden. Auf die Frage, wieviel Hilfskräfte er denn benötige, meinte er, es könnten alle kommen.

Wir rätselten darüber, wieso Herr Laudi für sein Gepäck außer sich selbst noch 26 Schüler benötigte. Hatte er soviel Kleidung, Bücher, Akten, oder was war es sonst?

Zur verabredeten Zeit fanden sich etwa 20 Schüler ein. Im Gänsemarsch ging es die Hoteltreppe hoch zu seinem Zimmer. Da löste sich das Rätsel: Während die ersten Schüler, wie erwartet, mit Koffern herunterkamen, drückte Herr Laudi den nachfolgenden jeweils einen offenen Schuhkarton in die Hand. Sie waren mit Erde angefüllt, und eine oder zwei Tabakpflanzen sprossen daraus hervor. – Das also war das Geheimnis, welches er bisher gehütet hatte!

In seinem Hotelzimmer hatte Herr Laudi, da er mit den monatlich 60 Zigaretten der Raucherkarte nicht auskam, eine „Tabakplantage" angelegt und war so zum Selbstversorger geworden.

Der Weg zu seinem neuen Domizil führte durch mehrere Straßen. Herr Laudi, mit seinen rund 1,90 Meter Lebensgröße und staksigen Beinen, schritt voran und 20 Schüler im Gänsemarsch hinterher, eifrig darauf bedacht, die Tabakpflanzen vor Schaden zu bewahren. Die Ablieferung des Umzugsgutes erfolgte nach dem gleichen Ritual wie die Entgegennahme: Jeder Schüler trat einzeln in das Hotelzimmer ein und überreichte, verständnisvoll lächelnd, seinen Teil der „Plantage". Welcher Schüler hätte schon einen Lehrer ertragen wollen, der unter Nikotin-Entzugserscheinungen litt?

Aus: „Wir wollten leben", Reihe ZEITGUT, Band 5.

[Berlin-Reinickendorf – Brandenburg/Havel –
Erfurt, Thüringen;
1943–1945]

Horst Wagner

Die zweite Ohrfeige

Im Jahr 1943 mehrten sich die nächtlichen Bombenangriffe
auf Berlin. Meine Schule wurde geschlossen. Dort wurden
Notunterkünfte eingerichtet, Privatunterricht war verboten.
Wir hatten uns einige Male bei unserem Klassenlehrer getroffen, um noch einiges aus den Büchern zu lernen, bis er
angezeigt wurde und auch das vorbei war.

In unserem Stadtbezirk Reinickendorf war es bisher relativ ruhig gewesen. Unser Nachbar blieb meist an der Haustür stehen und beobachtete, wie die Brände in der Stadtmitte den Himmel leuchtend rot färbten.

An einem Novembertag im Jahr 1943 fielen auch in unserer Nähe Bomben. Ein Teil unserer Fenster ging dabei zu
Bruch. Meinem Vater gelang es, mit Hilfe von Brettern und
Pappe die Fenster dicht zu bekommen. Ein paar Tage später
war wieder alles verglast, bis auf die Balkontür.

Acht Tage nach meinem achten Geburtstag ging ich mit
meinem Vater in die Glaserei, und wir holten die fertige Balkontür ab. Nachdem sie eingehängt war, gab es Bratkartof-
feln zum Abendbrot. Es war 19 Uhr.

Um 21 Uhr gab es Fliegeralarm. Der Ablauf war wie jeden
Abend: Koffer – Keller – Tür zu. Der Nachbar blieb wie immer draußen. Er kam dann kurz herein und meldete uns,
daß es wohl wieder die Innenstadt erwischt hatte. Dann ging
er wieder. Eine Minute später raste er zu uns in den Keller,

warf die Eisentür hinter sich zu und verriegelte sie. Sekunden später bebte unter Donnern das ganze Haus, ein Betonpfeiler stellte sich schräg, überall rieselte Kalk, das Licht erlosch – dann war alles ganz still. Jemand weinte. Die Männer versuchten, mit Handlampen etwas Licht zu machen, und gleich darauf gab es Entwarnung. Es war 22 Uhr.

Aus dem Nachbarkeller brachen sie die Zwischenwand zu uns durch, weil ihr Ausgang verschüttet war. Die Männer schaufelten unseren Ausgang frei, und wir krabbelten auf allen Vieren über Steine und Scherben nach draußen. Das Nebenhaus war verschwunden, das ehemals zweistöckige Haus bestand nur noch aus ein paar Metern Schutt. Von außen sah unser Haus fast normal aus. In Wirklichkeit hing das flache Hausdach einen Meter tief in unsere Wohnung im zweiten Stock. Mein Vater fragte sich, warum er Geld für die Balkontür ausgegeben hatte.

Bald waren wir umringt von Hitler-Jugend, Polizei und Arbeitern, die Armbinden trugen. Alles wurde abgesperrt, und man verfrachtete uns auf einen Lastwagen, um uns in ein Notquartier zu bringen. Ich staunte nicht schlecht, als meine Schule immer näher kam. Schwestern vom Roten Kreuz wiesen uns einen Schlafsaal zu. Die Treppe rauf und dann rechts der erste Raum. Diesen Weg kannte ich, es war mein Klassenzimmer!

Wir wurden auf die Feldbetten verteilt, und auch jetzt staunte ich nicht schlecht: Das Bett befand sich genau an der Stelle, wo meine Schulbank gestanden hatte.

Meine Eltern brachten mich ein paar Tage später nach Brandenburg an der Havel zu meiner Großmutter. Sie selber blieben in Berlin, mieteten sich ein Zimmer und bargen aus den Trümmern, was noch zu retten war.

In Brandenburg war wieder Schule angesagt. Die Stadt hatte noch nicht so viel mitmachen müssen, und so war ich als „Ausgebombter" fast ein Exot in der Klasse. Die Lehrer spielten das als Lappalie herunter, meinten, daß wir alle Op-

fer bringen müßten, und daß unser Führer alles daranset-
zen würde, um den Endsieg Deutschlands zu erreichen.

Meine Eltern waren in der Zwischenzeit nachgekommen,
aber es gab nun auch in Brandenburg zu jeder Tages- und
Nachtzeit Fliegeralarm. Ein Onkel aus Thüringen hatte uns
geschrieben, wir sollten zu ihm kommen, es sei absolut ruhig, und auf dem Land würde sowieso nicht bombardiert.

Es war Anfang 1945 und einer der letzten Schultage in
Brandenburg. Unser Lehrer wollte uns etwas von Europa
erklären, fand aber die Europakarte nicht in seinem Karten-
schrank. Da ich in der ersten Reihe saß, sagte er zu mir:
„Wagner, geh mal in die 7b und laß dir die Europakarte geben!"

Ich ging los, fand die 7b, klopfte an, betrat das Klassenzimmer, ließ meinen Spruch los und bekam eine schallende
Ohrfeige. „Wie heißt das, wenn man hereinkommt?"

„Heil Hitler!"

„Nimm dich beim nächsten Mal zusammen!"

Ich bekam die Karte und brachte sie in unser Klassenzimmer. Von der Ohrfeige sagte ich nichts.

Zwei Wochen vor Ostern 1945 packten wir unsere Habse-
ligkeiten und fuhren mit der Eisenbahn nach Erfurt, wo uns
der Onkel abholen sollte. Begleitet war die Fahrt immer wieder von Angriffen der Tiefflieger und Bombenabwürfen, die
den Bahnlinien galten. Wir sahen ausgebrannte Personen-
züge, Viehwagen mit verwundeten Soldaten und Soldaten in
sauberen Uniformen, die an die Front fuhren.

In Thüringen war es tatsächlich so, als gäbe es keinen
Krieg. Selbst der Einzug der Amerikaner war lautlos und
ohne Probleme vonstatten gegangen. Deutschland kapitu-
lierte, und alles atmete auf. Thüringen wurde dann von den
Amerikanern wieder aufgegeben und von den Russen besetzt.

Irgendwann im gleichen Jahr begann die Schule wieder,
zu unser aller Leidwesen. Die alten Lehrer mit den Partei-

abzeichen am Anzug gab es nicht mehr, statt ihrer kamen junge Lehrer, was uns auch viel sympathischer war.

Was nun in den ersten Schultagen geschah, ist weder erfunden noch übertrieben: Es war nämlich wieder die Europakarte, die fehlte, und ich war bestimmt, die Karte aus dem Nachbarklassenzimmer zu holen. Ich ging los, fand die Tür, klopfte an, betrat das Klassenzimmer, riß meinen rechten Arm hoch und brüllte „Heil Hitler!"

Und wieder bekam ich eine schallende Ohrfeige.

„Die Zeiten sind für alle Ewigkeiten vorbei. Merke dir das!" Ich bekam die Karte und brachte sie in unser Klassenzimmer. Von der Ohrfeige sagte ich auch diesmal nichts.

Aus: „Gebrannte Kinder", Reihe ZEITGUT, Band 1.

Band 2

1945–1962

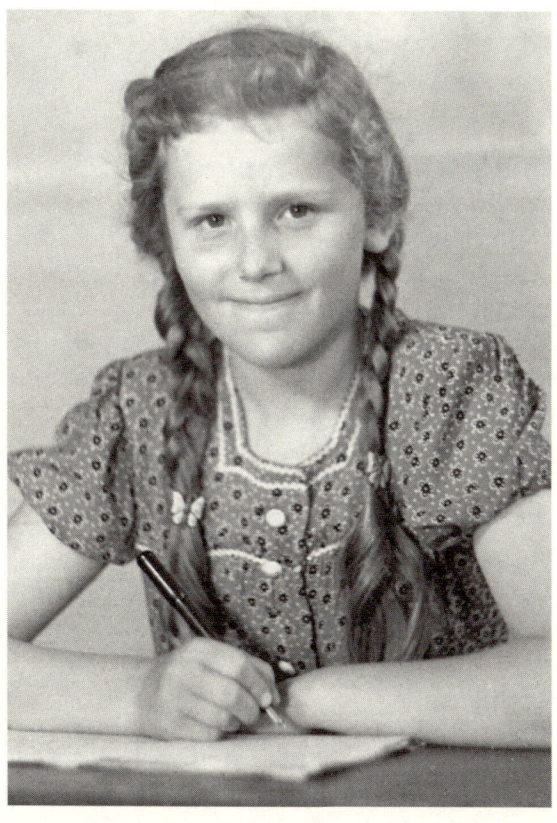

Das Foto zeigt Brigitte Brüning, eine der Autorinnen aus unserem Band. Zur Entstehung schreibt sie: 1950 kam ein Fotograf in die Schule und machte diese Aufnahme von mir. Einen Fotoapparat besaß mein Vater nicht.

[Berlin-Friedrichshain, Ost-Berlin, damals DDR;
1945–1948]

Liselotte Kubitza

Im Doppelpack durchs Schulleben

Wir kannten es nicht anders. Immer sprachen wir von uns,
nie eine nur von sich allein. Wir sind 1933 geboren. Unsere
Mutter kleidete uns einheitlich und gab uns beiden dieselbe
Frisur. Wir spielten zusammen und wir lachten und weinten
zusammen. Wir waren Zwillinge. Auch die Schule absolvierten meine Zwillingsschwester Ursel und ich vom ersten Tag
gemeinsam, immer in einer Klasse, immer nebeneinander
und nie im Streit. Worüber hätten wir streiten sollen?
Vom Sommer 1943 bis Sommer 1944 waren wir durch die
Kriegsereignisse nach Altenburg in Thüringen bei Verwandten evakuiert. Hier schlossen wir die Volksschule mit dem
Zeugnis der 4. Klasse ab. Es enthielt den Vermerk: „Haupt-
schulreife zuerkannt". Wir gingen gern und mit Begeisterung zur Schule. Wir lernten leicht und es machte uns Spaß.
Dann holte uns unsere Mutter nach Berlin zurück. Unser
Vater war seit 1938 tot. Mutter wollte, daß wir das Kriegsende gemeinsam durchstehen. Als wir nach Berlin kamen,
gab es wegen der täglichen Luftangriffe bereits keinen Schulunterricht mehr. Das ärgerte uns, aber wir waren froh, endlich wieder in Muttis Nähe zu sein.
Das Kriegsende mit seinen letzten heftigen Luftangriffen,
den Straßenkämpfen und dem Einmarsch der Russischen
Armee überstanden wir wie die meisten Berliner in Angst
und schrecklicher Not. Ab 9. Mai 1945 konnten wir nachts

endlich wieder durchschlafen. Der Krieg war zu Ende. Sofort erwachte wieder unsere Lust auf Schule. Fast ein Jahr hatten wir nun keinen Unterricht gehabt.

Obwohl ringsum Chaos herrschte, wurde der Schulbetrieb im Berliner Stadtbezirk Friedrichshain bereits im Juni 1945*) wieder aufgenommen. Ursel und ich kamen gleich in die 6. Klasse und hatten damit ein Schuljahr übersprungen. Mein erstes Diktat- und Aufsatzheft vom Juni 1945 beginnt mit einem Aufsatz über meine Puppe Bärbel.

Auch in Berlin durften wir auf einer Zweier-Schulbank nebeneinander sitzen. Unsere Mitschülerinnen gaben ihre Zustimmung dazu und die Lehrer merkten bald, daß wir nicht voneinander abschrieben. Bis zu unserer Schulentlassung am 30. September 1948 änderte sich an dieser Sitzanordnung nichts und wir waren darüber selig.

Durch den ständigen Hunger fast aller Schüler wurde natürlich die Konzentration im Unterricht gemindert. Das wußten die Alliierten und die deutsche Schulverwaltung, so daß bald alle Berliner Kinder täglich ein Mittagessen in der Schule erhielten. Fortan brachten alle Schüler ein Kochgeschirr und Eßbesteck mit. Das Schulessen hat sicher auch manchen in die Schule gelockt, der sonst den ganzen Tag in den Ruinen und auf Schwarzmärkten herumgestreunt wäre. Aber für uns und für viele Klassenkameraden war das tägliche Schulessen lebensrettend. Allein von den kargen Rationen der Lebensmittelmarken wären wir nicht sattgeworden. Als Konfektionsnäherin mit sehr geringem Lohn hatte unsere Mutter kein Geld für zusätzliche Lebensmittel vom

---

*) Die vier Alliierten hatten bei Kriegsende gemeinsam die sofortige Schließung aller Schulen in Deutschland beschlossen. Erst am 1. Oktober 1945 sollte der Schulbetrieb wieder aufgenommen werden. Dennoch kam es in verschiedenen Orten bereits im Juni 1945 zur Wiedereröffnung von Schulen, besonders in der Sowjetischen Besatzungszone wo kommunistische oder antifaschistische Lehrer zur Verfügung standen.

Schwarzmarkt. Wir waren ständig hungrig und aßen alles, was nur eßbar war. Die Kiesetigkeit aus Kindertagen hatten wir uns völlig abgewöhnt. Nur „Stänker"- oder Schimmelkäse konnten wir kaum herunterbekommen. Auch salzige und herb riechende Käsesorten waren uns zuwider. Weißkäse mit Zucker schmeckte uns dagegen wirklich gut.

An der täglichen Schulkost konnten wir erkennen, welche alliierte Besatzungsmacht jeweils für die Speisung verantwortlich war. Von den Russen gab es kräftige Kascha, einen Grützebrei oder dicke Graupensuppe. Auch deftiges, gekörntes Roggenbrot, das „Chleb" kam zur Verteilung. Von den Amis erhielten wir Weißbrot aus feinem Weizenmehl und gewöhnungsbedürftiges Essen aus Trockengemüse, Trockenkartoffeln – auch aus roten – und süße Kekssuppe. Solche Suppe kannten wir bis dahin nicht, sie schmeckte uns aber vorzüglich. Vor dem Essen war die Klasse vor lauter Hunger immer ganz unruhig, danach herrschte Ruhe und volle Konzentration.

Eines Tages bekamen meine Schwester und ich ein ungutes Gefühl. Als die Essenszeit nahte, zog ein seltsamer Geruch durch die Klasse. Heute waren die Amis an der Reihe und spendierten jedem Kind ein Stück Butterkäse. Trotz des Hungers verzogen wir erschrocken den Mund und trauten uns nicht an den Käse. Zaghaft kosteten wir ein Stückchen und nahmen den Rest mit nach Hause für unsere Mutter. Am nächsten Tag gab es leider denselben Käse. Offenbar drohte er zu verderben und mußte weg. Hungrig und etwas mutiger probierten wir ein größeres Stück. Und indem wir uns gegenseitig Mut zusprachen, gewöhnten wir uns langsam daran. Seitdem aßen wir auch Butterkäse.

Schreibhefte, wie sie uns im Juni 1945 noch aus alten Beständen zur Verfügung standen, gab es bald nicht mehr oder nur in schlechter Qualität. Dann verhakte sich die Schreibfeder an kleinen hölzernen Splittern im Papier und die Tinte spritzte umher. Oftmals verteilten unsere Lehrer einzel-

> *Berlin, d. 30.6.45*
>
> *Meine Puppe hat Geburtstag.*
> *Meine Puppe heißt Bärbel. Bärbel hat*
> *blaue Augen und ist 35 cm. lang. Vor*
> *sieben Jahren habe ich sie geschenkt be-*
> *kommen. Am 28. August hat Bärbel*
> *Geburtstag. Ich habe sie sehr gern.*
> *Ich habe eine Puppenstube und einen*
> *elektrischen Herd. Darauf backe ich*
> *einen kleinen Geburtstagskuchen.*
> *Wenn der Kuchen fertig ist, nehme*

Endlich wieder Schule! Am 30. Juni 1945 schrieben wir einen Aufsatz zum Thema „Meine Puppe hat Geburtstag". Das Schulheft besitze ich noch heute.

ne Schreibblätter. Zu Hause schrieben wir auf jeden Fetzen Papier, den wir erwischen konnten, auf alten Briefumschlägen, Zeitungsrändern und Packpapier. Einmal fanden wir im Keller Tapetenreste. Sie ließen sich ganz gut mit Bleistift beschreiben.

Ein Dauerproblem stellten unsere Schuhe dar. Wie fast alle Kinder waren wir aus unseren Schuhen herausgewachsen, aber es gab keine neuen zu kaufen. Einige Klassenkameraden kamen deswegen nicht in die Schule. Wir besorgten uns zum Winter Holzpantinen und gingen mit dicken, selbstgestrickten Socken zur Schule. Bei den strengen Nachkriegswintern mit minus 20 Grad froren uns zwar fast die Hacken ab, doch auf keinen Fall wollten wir die Schule versäumen!

Wer ständig zur Schule ging, hatte leider auch gute Aussichten, sich Kopfläuse einzufangen. Die Läuse verbreiteten sich innerhalb einer Klasse sehr schnell. Gerade die dicken

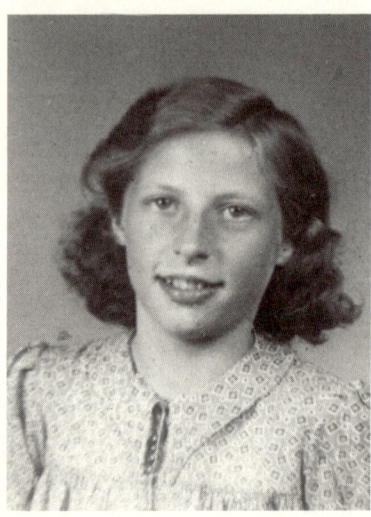

Meine Zwillingsschwester Ursel und ich, links, auf diesen Bildern aus-
nahmsweise mit unterschiedlicher Kleidung und Frisur, da Ursel nach
der Entlausung im Sommer 1947 und ich im Winter 1947/48 aufgenom-
men wurde. Am einfachsten waren wir an unseren unterschiedlichen
Haarscheiteln zu erkennen

Mädchenfrisuren mit langen Zöpfen boten ihnen ein wohli-
ges Zuhause. Also kämmten wir uns von Zeit zu Zeit mit
dem Läusekamm, knackten die Läuse auf Papier tot, zogen
die Nissen in mühsamer Arbeit von den einzelnen Haaren
ab und gingen auch in die Entlausungsanstalt. Meine Schwester und ich fanden es zwar ekelhaft, aber eine Alternative
gab es nicht.

Im Frühjahr 1946 konnten wir entscheiden, welche Fremdsprache wir erlernen wollten. Zur Auswahl standen Englisch,
Französisch und Russisch. Bis auf sechs Mädchen meldeten
sich alle für den Englischunterricht. Die sechs Schülerinnen,
zu denen meine Schwester und ich gehörten, entschieden sich
voller Erwartung für die russische Sprache. Zu diesem Zeitpunkt waren schon viele Leute in Ost-Berlin der Ansicht,

die Russen würden lange bei uns bleiben. Für Französisch meldete sich damals keiner aus unserer Klasse.

Nachdem wir in der ersten Klasse noch die Sütterlinschrift erlernt hatten und ab der zweiten Klasse die lateinischen Buchstaben, war nun die dritte, die kyrillische Schrift an der Reihe. Meiner Schwester und mir machte das großen Spaß. Nach einigen Wochen beherrschten wir alle Buchstaben und übten um die Wette. Zum ersten Mal konnte Mutti unser Geschriebenes nicht lesen. Das war amüsant.

Wegen unserer sehr guten Ergebnisse und Noten empfahl uns unser Russischlehrer, zusätzlich die Volkshochschule im Fach Russisch zu besuchen. Ab 1948 hörten wir mit diesen Studien auf und lernten in der Berufsschule die englische Sprache. Während andere Mitschüler Englisch-Vorkenntnisse hatten, fingen wir Zwillinge bei Null an und paukten. Wir spornten uns gegenseitig an und erzielten bald Einsen. Das machte uns glücklich.

Wir fanden es immer ideal, als Zwilling zu lernen, später sogar im selben Beruf. Elf lange Jahre hörten wir uns täglich die gestellten Schulaufgaben ab. Der Erfolg war für uns beide 1951 am Ende unserer Berufsausbildung umwerfend: Beide erhielten wir eine Eins mit Auszeichnung. Die Anstrengungen hatten sich gelohnt. Unser Ziel, aus der Armut herauszukommen, die wir daheim erlebt hatten, rückte näher.

[Frankfurt/Oder;
2. September 1946]

Brigitte Brüning

ABC-Schützen in Frankfurt/Oder

Der 2. September 1946, mein erst+er Schultag, war ein warmer und sonniger Montag. Mein Vati hatte mich im Sommer für die Schule angemeldet. Jedes Kind, das sechs Jahre alt war, wurde eingeschult, aber auch Kinder, die bereits acht Jahre alt waren, kamen in die erste Klasse. Viele waren zwar schon 1944 während des Krieges eingeschult worden, trafen aber durch Flucht und Vertreibung aus den Ostgebieten erst Mitte 1946 in Deutschland ein.

Wie stand es 1946 um die Schulen in Frankfurt/Oder?

Später habe ich darüber mehr erfahren: Im Krieg waren sechs Schulen völlig zerstört und drei Turnhallen stark beschädigt worden. Sieben weitere Schulen befanden sich in einem schlechten Zustand. Nach ihrer Nutzung als Lazarett sowie als Massenquartiere für die Flüchtlinge aus dem Osten war die Inneneinrichtung nicht mehr auffindbar, Fenster und Dächer waren stark beschädigt. Da sowohl Klassenräume als auch Lehrer fehlten, wurde der Unterricht in drei Schichten durchgeführt. Auf jeden Raum kamen im ersten Nachkriegsjahr 155 Schüler, auf jeden Lehrer 63 Schüler. Ein Lehrer unterrichtete je Klasse etwa 50 Schüler. Dieser Zustand hielt noch viele Jahre an, da mit dem Anwachsen der Bevölkerung auch die Schülerzahl zunahm.

Ein erhebliches Problem war der Lehrermangel. 60 Prozent der Lehrer waren wegen ihrer Vergangenheit im Dritten Reich aus dem Schuldienst entlassen worden. Sie galten als belastet und erhielten Berufsverbot. Um einen regelmäßigen Schulbetrieb überhaupt gewährleisten zu können, wurden bereits pensionierte Lehrer wieder eingestellt und Neulehrer ausgebildet. Neulehrer waren Werktätige, die sich in 8-Monate-Lehrgängen die politisch-fachlichen und pädagogisch-methodischen Grundlagen der Lehr- und Erziehungsarbeit angeeignet hatten. Von den 120 Lehrern, die 1946 in Frankfurt/Oder unterrichteten, waren 90 Neulehrer.

Es fehlte an Papier, Bleistiften, Schiefertafeln, Kreide und auch an Kohle zum Beheizen der Klassenräume. Die Schulbücher aus der Vorkriegs- und Kriegszeit konnten nicht mehr benutzt werden, neue Bücher gab es noch nicht.

In Frankfurt hatten am 1. Oktober 1945 drei Schulen den Schulbetrieb auf genommen, am 2. September 1946 kamen vier weitere hinzu. Ich wurde im ehemaligen Realgymnasium in der Wieckestraße eingeschult. Ich hatte das rot-weiß-karierte Kleid an, das ich bereits in den vergangenen zwei Jahren trug. Tante Martha hatte es mit weißen Stoffstreifen verlängert, so daß ich das Kleid noch einige Zeit anziehen konnte. Dazu trug ich braune Halbschuhe mit gehäkelten Schnürsenkeln, die ich, zum Leidwesen meiner Großmutter, immer noch nicht zur Schleife binden konnte. Eigentlich waren mir die Schuhe zu klein, aber mein Vati hatte kurzerhand die Kappe vorn aufgeschnitten. Alle zehn Zehen schauten heraus, aber die Schuhe drückten nicht mehr. Meine dunklen Socken bestanden fast nur aus gestopften Stellen.

Meine Großmutter und mein kleiner Bruder Hans-Dieter, der gerade fünf Jahre alt geworden war, begleiteten mich zur Schule. Wir gingen die Theaterstraße entlang, an dem kleinen Park vorbei. Rechts türmten sich Ruinen, Trümmer- und Schuttberge auf. Dort arbeiteten Trümmerfrauen. Ihre Kinder spielten am Rande mit kleinen Steinen, die sie immer in das gleiche Loch warfen. Die Frauen sortierten Trüm-

Eine Aufnahme meines Onkels aus dem Jahr 1950 oder 1951 zeigt das zerstörte Stadtzentrum von Frankfurt/Oder. In der Mitte ist die Ruine des Rathauses, rechts daneben die ausgebrannte Marienkirche zu erkennen.

merteile von bereits zum Einsturz gebrachten beschädigten Häusern. Mauersteine, Dielen und Holzbalken wurden gereinigt und zur Wiederverwendung bereitgelegt, ebenso Kabel und Rohre, die später eingeschmolzen werden sollten. Holzreste waren begehrtes Brennmaterial; alles was nicht weiter verwendungsfähig war, kam auf die Schutthalde.

Wir liefen auch an der Gurschstraße vorbei, in der wir bis Februar 1945 gewohnt hatten. In der Endphase des Krieges, als die sowjetischen Truppen auf breiter Front die deutschen Grenzen überschritten, waren wir nach Berlin evakuiert worden und dort bei Tante Lieselotte untergekommen. Das war unser Glück, denn im April 1945 zerstörte ein Bombenangriff fünf Häuser der Straße, darunter auch unser Haus, nur ein paar Wände blieben stehen.

Meine Gedanken gingen zu meiner Mami, ich wurde ganz traurig und still. Meine Mutter war erst im Januar an einer Lungenentzündung gestorben. Durch die schlechte Ernährung fehlten ihrem Körper Abwehrkräfte, und sie wurde krank. Innerhalb von nur vier Tagen war sie tot. Das Penicillin, das ihr Leben hätte retten können, gab es in Deutschland noch nicht, erklärte mir mein Vater.

Als wir in der Schule angekommen waren, versammelten wir Erstkläßler uns auf dem Schulhof, nur wenige hatten eine Schultüte. Ich war glücklich über meinen abgeschabten, alten, braunen Ranzen. Ich weiß nicht, wo Vati ihn aufgetrieben hatte. Viele Kinder mußten sich mit einem kleinen Beutel begnügen. Im Ranzen befanden sich Schiefertafel und Griffel. Ein kleiner Lappen hing an einer Schnur herunter und baumelte bei jedem Schritt. Von meinem Teddy, meinem einzigen Spielzeug, schaute der Arm heraus.

Unsere Namen wurden aufgerufen, ich kam in die Klasse 1b. Wir waren 30 Jungen und 20 Mädchen. Unsere Lehrerin hieß Fräulein Lucie Glaser. Sie hatte schon früher unterrichtet. Sie war 35 Jahre alt, groß und dünn, hatte lange rote Haare und ein blasses Gesicht mit Sommersprossen. Fräulein Glaser trug ein dunkelblaues Kostüm, eine hochgeschlossene Bluse und schöne blaue Absatzschuhe. Sie wirkte streng und unnahbar, lächelte nie, sie war mir nicht gerade sympathisch. Im Klassenraum wies sie jedem Schüler einen Platz zu. Wir übten Stillsitzen und still sein, Arme und Hände ordentlich auf die Bank legen mit kerzengeradem Rükken. Die Lehrerin ging mit festem Schritt durch die Bankreihen. Wir saßen wohl nicht so, wie sie es verlangte, und wir waren auch nicht so still. Viele schwatzten, da rief sie: „Euch wird das Schwatzen noch vergehen!"

Lilli wollte aufstehen und zur Toilette gehen, aber Fräulein Glaser befahl, sie solle sich wieder setzen und auf die Pause warten. Lilli fing bitterlich an zu weinen und machte sich in die Hosen. Auf ihrem Stuhl und darunter bildete sich eine große Pfütze, die mußte sie aufwischen und sich dann in die Ecke stellen.

Zuerst mußten wir unsere Ranzen und Beutel auspakken, die Schiefertafel hinstellen und den Griffel auf den Tisch legen. Ich setzte auch meinen Teddy auf den Tisch, der brummte auf einmal ganz laut. Wie schimpfte Fräulein Glaser da mit mir: „Wir sind hier in der Schule und nicht im Kindergarten!"

Ich hing so sehr an meinem Teddy. Seit meinem ersten Geburtstag begleitete er mich, da hatte ich ihn von meiner Mami geschenkt bekommen, sie hatte ihn auch schon als Kind gehabt. Nur ihn durfte ich mitnehmen, als wir evakuiert wurden. Mit ihm habe ich Mutter und Kind, Postbote und Doktor gespielt, er wurde gefüttert und gebadet. So sah er allerdings nach all dem auch aus. Ich liebte ihn so, wie er war, für mich war er der liebste Kuschel-Teddy, der mit mir weinte und mich tröstete, wenn ich ganz traurig war ...

Plötzlich wurde ich aus meinen Teddy-Träumen gerissen. Fräulein Glaser erklärte laut und mit Nachdruck, was sie von uns erwartete: Fleiß, Pünktlichkeit, Unbestechlichkeit, Selbstzucht und Offenheit, die preußischen Tugenden. Sie

---

Rechts: Auf dem Foto ist meine Klasse 4b zu sehen. Es entstand im Mai 1950 auf dem Hof der Lessingschule in Frankfurt/Oder. Der spätklassizistische Bau aus dem Jahr 1862, am Lenné-Park gelegen, hatte den Krieg einigermaßen heil überstanden. Bevor der Schulbetrieb 1947 wieder aufgenommen wurde, war die ehemalige Gewerbe- und Bürgerschule als Lazarett genutzt worden. Wir besuchten diese Schule von der 2. bis zur 8. Klasse von 1947 bis 1954.

Ich denke gern an meine Schulzeit zurück. Wie viele andere Mädchen aus meiner Klasse wurde auch ich eine fleißige Schülerin. Ich sitze auf dem Foto in der zweiten Reihe als zweite von rechts neben unserer Lehrerin Fräulein Holländer (jetzt Kutscher). Sie begleitete uns von der 2. bis zur 4. Klasse. Fräulein Holländer war streng aber gegenüber allen Schülern gerecht. Obwohl sie noch sehr jung war, hatten wir einen Heiden-Respekt vor ihr. Wenn es ihr möglich war, organisierte Fräulein Holländer Wandertage und Spiele-Nachmittage. Sie hat sicher den Grundstein für unseren auch heute noch anhaltenden Zusammenhalt gelegt. Rosi Borchert, ganz rechts in der vierten Reihe von unten, organisiert seit vielen Jahren unsere Klassentreffen, zu denen wir natürlich auch unsere ehemaligen Lehrerinnen und Lehrer einladen, soweit sie noch am Leben und aufzufinden sind. 1999 kamen unserer Fräulein Holländer und Herr Klatte, unser Klassenlehrer ab der 5. Klasse.

hasse Faulpelze und Feiglinge. Wir müßten lernen, mitarbeiten und wißbegierig sein, wir lernten für unser späteres Leben, nicht für sie. So hämmerte sie auf uns ein.

Inzwischen war es Mittag geworden. Wir erhielten Schulspeisung – eine dicke Brotsuppe, die stark nach Kümmel duftete. Unsere Blechbecher wurden bis zum Rand gefüllt. Wie genossen wir das! Mir schien es, als hätte ich noch nie so eine leckere, köstliche Suppe gegessen. Für manche Kinder war die Schulspeisung die erste Mahlzeit am Tag. Ich hatte schon am Morgen eine klitschige Scheibe Brot, mit Öl beträufelt und mit wenig Zucker bestreut, gegessen. Wie waren wir froh, wenn wir sattwurden und es abends noch ein Hasenbrot gab. Der Vater hat von seinem Brot, das er zur Arbeit mitnahm, für uns immer etwas übriggelassen.

Als die Schule für heute endlich aus war, beschloß ich, nicht mehr in die Schule zu gehen. Ich fand die Lehrerin so streng. Aber wie sollte ich das anstellen?

Da kam mir ein Gedanke. Schnell rannte ich von der Schule den Berg hinunter, ich wollte hinfallen und mir den Arm brechen. Ich fiel auch hin, schlug mir aber nur die Knie auf, es blutete sehr. Ich heulte jämmerlich. Zu Hause wollte ich nicht sagen, daß ich das absichtlich getan hatte. Es blieb mir also nichts anderes übrig, als mich am nächsten Tag wieder tapfer auf den Schulweg zu machen.

Nach einigen Monaten fand ich Fräulein Glaser doch ganz nett. Später haben wir auch den Grund für ihre Traurigkeit erfahren: ihre gesamte Familie war bei dem großen Bombenangriff auf Dresden am 13. Februar 1945 ums Leben gekommen.

Gekürzt aus: „Lebertran und Chewing Gum", Reihe ZEITGUT, Band 14.

[Schullwitz bei Dresden;
1947]

Elly Gläser

Gedanken zu einem Bild

Die Nachricht, daß mein Vater noch lebte, erreichte uns bereits 1946 in Wittbeck, Kreis Stolp*). Hier lebten wir bis Ende Juni 1947 als geflüchtete Deutsche aus Elbing**) unter vertriebenen Polen, die in diesem Gebiet seßhaft werden sollten. Von dort kamen wir nach wochenlanger Fahrt in ein Lager nach Löbau zur gesundheitlichen Untersuchung, Entlausung und körperlichen Säuberung.

Mitte August erreichten wir Dresden. Meine Cousinen, die meine Mutter bis dahin betreuten, wurden von Verwandten nach Westdeutschland geholt. Ende August 1947 holte uns ein Beauftragter der Gemeinde vom Bahnhof Dresden-Neustadt ab. Es war Herr Patzig, der Gastwirt. Das erste Essen im Gasthaus Schullwitz war ein gut schmeckender Krauteintopf. Unser Bündel war klein, der Hunger groß. Zwei Jahre lang waren wir von Ort zu Ort gezogen, und nun sollte dieses kleine Dorf unser Zuhause werden. Wir bekamen ein Zimmer in einem kleinen Fachwerkhaus zugewiesen.

Der Hunger ließ mich ständig auf Nahrungssuche sein. Ich holte gerade unter einem Holzstapel Falläpfel hervor, da hörte ich meine Mutter aufgeregt rufen. Nachbarskinder wollten mich zur Schule abholen. Es war der 1. September 1947. Ich war bereits acht Jahre alt und mußte endlich zur

*) heute Czysta, Kreis Słupsk und **) Elblag in Polen

Schule gehen. Mutti zog mir ein selbstgenähtes Kleid an und hastete mit mir zur Schule. Barfuß betrat ich das kleine Schulgebäude. Mutti zog mich hinter sich her.

Wir kamen zu spät. Ängstlich betrat ich einen großen Raum, der pultähnlich nach hinten verlief. Ungefähr in der Mitte fanden wir Platz. Man sah uns an, daß wir Flüchtlinge waren, von manchem nicht gern gesehen. Trotzdem hatte man für mich, der Tradition wegen, eine Zuckertüte gefüllt. Gestiftet hatte sie der Bürgermeister von Schullwitz, Herr Leuthold, der auch bei der Schuleinführung zugegen war. Die Schule hatte nur einen Raum, alle Schüler, vom ersten bis letzten Schuljahr nahmen hier am Unterricht teil. Die oberen Räume bewohnte der Schulleiter. Bis Mitte des ersten Schuljahres wurden wir klassenweise unterrichtet, dann kam eine Schulreform: altersgerechte Klassen aus allen Schulen des Schönefelder Hochlandes wurden zusammengestellt. Das bedeutete mitunter eine Stunde Schulweg.

Bald erreichte uns die Nachricht, daß mein Vater aus französischer Gefangenschaft entlassen werden sollte. Er arbeitete in einem Sägewerk in Marseille in Südfrankreich. Die Franzosen waren sehr gut zu ihm. Unsere Freude war groß. Ich erlebte eine tiefe, innige Liebesbeziehung meiner Eltern. Vater war sehr stolz auf mich. In Frankreich hatte er gesehen, wie die kleinen Mädchen herausgeputzt wurden. Vater hatte bei dem Bauunternehmer Willy Schröder in Schönfeld eine Arbeit als Zimmermann gefunden. Von seinem ersten hier verdienten Geld wollte er mich fotografieren lassen.

Es war Anfang November 1947, da lief Vater mit mir nach Pillnitz zum Friseur und anschließend zum Fotografen. Auf Bezugsschein kauften wir dicke Strümpfe und echte Lederschuhe. Das Schuleinführungskleid hatte meine Mutter an langen Winterabenden gefertigt. Aus einem Samtkleid, das auf der Flucht von eilig hastenden Flüchtlingen als Ballast am Wegesrand liegenblieb, hatte sie das wichtigste Bekleidungsstück meiner Erinnerung geschneidert. Nun stand ich

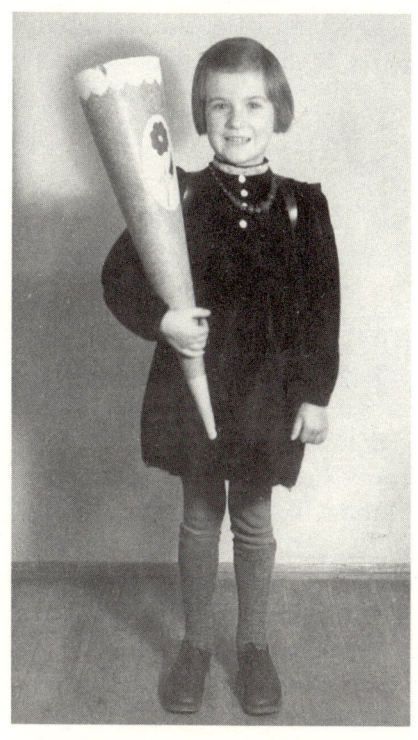

Weil mein Vati bei der Schuleinführung noch in Gefangenschaft war, holten wir das Foto Anfang November 1947 nach – und sogar mit richtigen Lederschuhen!

in diesem Kleid mit längst geleerter Zuckertüte, Schulranzen, dicken Strümpfen, guten Schuhen und fein geschnittenen Haaren beim Pillnitzer Fotografen.

Auf dem Heimweg regnete es. Eine gute Stunde mußten wir von Pillnitz durch den Friedrichsgrund nach Schullwitz laufen. Weinend zottelte ich an der Hand meines mich tröstenden Vaters nach Hause. Die dünnen Haare, die für Zöpfe ungeeignet waren, klebten an meinem Kopf. Schimpfend empfing uns Mutti, die in den Ausgaben für das Foto eine Geldverschwendung sah. Geblieben ist das Bild und meine Erinnerung an eine trotz Armut glückliche Kindheit.

Aus: „Lebertran und Chewing Gum", Reihe ZEITGUT, Band 14.

[Mühlhausen – Zaunröden bei Ebeleben, Eichsfeld –
Keula, Thüringen, damals DDR;
1946–1961]

Ingeborg Blank

Neubeginn mit viel Elan

Als ich 1946 in den Schuldienst eintrat, wurde mir die ganze
Misere bewußt, in der sich die damalige Jugend befand. Meine erste Unterrichtsstunde in der Petri-Schule in Mühlhausen wird mir ewig in Erinnerung bleiben. Vor mir saßen
34 Jungen einer 5. Klasse. Die meist unterernährten Kör-
perchen steckten in ärmlicher, notdürftiger Kleidung, und
in den blassen, hohlwangigen Gesichtern konnte ich kaum
den Ausdruck eines unbeschwerten Kindes erkennen. Sie
schauten mich erwartungsvoll an, als könne die Schule ein
wenig Licht in ihre grauen Tage bringen.

Wir befanden uns in einer äußerst schwierigen Ausgangs-
situation. Es fehlte am Notwendigsten, um starten zu können: Hefte, Schreibgeräte, Lehrbücher, es gab weder An-
schauungsmaterialien noch Lehrpläne. Die Behörden der
sowjetischen Besatzungsmacht trennten sich damals radi-
kal vom nazistischen Gedankengut und vollzogen in den Jahren 1945 bis 1949 eine Schulreform. Sie sollte die Grundsät-
ze der Wissenschaftlichkeit, Einheitlichkeit, Weltlichkeit,
Staatlichkeit und Unentgeltlichkeit des Unterrichts verwirk-
lichen und wesentlicher Bestandteil der antifaschistisch-demokratischen Umwälzung sein.

Der Neubeginn konnte nicht härter sein, zumal wir jungen Lehrer neben der schwierigen beruflichen Aufgabenstel-
lung, die wir zu bewältigen hatten, selbst mit hungrigem

Magen und in ständiger Sorge um die Familie vor den Klassen standen.

Mein Mann Kurt war als Flüchtling aus Pommern gekommen und arbeitete ebenfalls als Neulehrer. Wir hatten uns beim Studium an der Pädagogischen Fachschule in Mühlhausen kennengelernt und 1947 geheiratet. Im März 1948 war unsere Tochter Evelin geboren worden. Wegen gesundheitlicher Probleme und der immer noch sehr schlechten Versorgungslage in der Stadt zogen mein Mann und ich 1951 aufs Land und übernahmen eine kleine Dorfschule in einem Ort am Rande des Eichsfeldes. Die dort ansässigen Kinder aller acht Klassen wurden bis zu diesem Zeitpunkt von einem alten Lehrer in einem einzigen Klassenraum gemeinsam unterrichtet. Nun sollte die Schule zweiklassig werden, allerdings fehlte der zweite Klassenraum.

Weil wir keinen Schichtunterricht geben wollten, richteten wir kurzentschlossen für einige Monate das größte Zimmer in unserem Hause als Klassenraum ein. Nach einem Vierteljahr stand uns dann im Gemeinderatsgebäude ein neues Klassenzimmer zur Verfügung. Mein Mann unterrichtete die Klassen fünf bis acht und ich die Klassen eins bis vier. Die Schüler der 9. und 10. Klasse besuchten die Zentralschule in Ebeleben und wohnten wochentags dort im Internat.

Das Dörfchen Zaunröden, das etwa 300 Seelen zählte, war umgeben von Feldern und einem ausgedehnten Mischwaldgürtel. Es hatte eine Haupt- und drei kurze Nebenstraßen, einen Anger, eine Konsum-Verkaufsstelle, die sich im Gasthaus befand, und eine Kirche mit einem ziemlich schiefen Turm. Zu erreichen war das Dorf mit dem Postauto, Busse befuhren diese Strecke damals noch nicht. Bei aller Winzigkeit und Abgelegenheit des Ortes begeisterte uns seine idyllische Höhenlage. Unser Einfamilienhaus, Waschhaus, Stallungen und Toiletten grenzten direkt an den Schulhof. Hinter der Schule lagen ein großer Gemüsegarten und zwei Morgen „Lehrerland". Diesen Acker bearbeitete ein Bauer

*Die Kinder der Unterstufe der Zaunröder Schule mit ihren Lehrern –
meinem Mann und mir. Die Kleine in der vorderen Reihe ist unsere vier-
jährige Tochter Evelin. Sie wollte unbedingt mit den Schulkindern foto-
grafiert werden. Im Hintergrund sieht man das Schulgebäude.*

für uns. Alle Sorge um die tägliche Ernährung und Heizung war so mit einem Schlag beseitigt. Endlich konnten wir uns wieder sattessen und hatten den Kopf frei für kreatives Wirken und Gestalten.

Mit großem Elan stürzten wir uns in die schulische Arbeit. Zunächst mußten wir uns auf den Mehrstufenunterricht umstellen. Der Unterricht in vier Abteilungen verlangte eine gutdurchdachte, umfangreiche Vorbereitung und eine straffe Unterrichtsführung.

Als der Unterricht gut lief, begannen wir mit dem Aufbau der außerunterrichtlichen Arbeit. Mein Mann und ich gründeten vier Interessengemeinschaften, an denen Kinder aus allen acht Jahrgängen teilnehmen konnten. Im Laienspielzirkel wurden kleine Stücke eingeübt. In der Arbeitsgemeinschaft Malen und Zeichnen vermittelten wir Kenntnisse, Fähigkeiten und Fertigkeiten im bildnerischen Darstellen und Gestalten. Die Volkstanzgruppe übte traditionelle Tänze. Einige Mütter setzten sich zusammen und nähten für alle Tänzer einheitliche Kostüme. Besonderer Beliebtheit erfreute sich unsere Musikgruppe. Wie schwierig war es, zwanzig aufeinander abgestimmte C-Dur-Mundharmonikas zu beschaffen! Als wir sie endlich aus Klingental erhielten, begann das fleißige Üben.

Im Sommer 1952 veranstalteten wir auf einer Wiese ein großes Wald- und Kinderfest. Die Kinder des Malzirkels malten Plakate, die in den umliegenden Ortschaften an sichtbarer Stelle aufgehängt wurden. Mit dem Chor und der Musikgruppe übten wir Lieder und Musikstücke ein. Die Kinder der Tanzgruppe bereiteten sich auf einen Bändertanz vor. Das Fest mit etwa eintausend Gästen wurde ein großer Erfolg – auch dank der Unterstützung durch die Eltern.

Im selben Jahr gab es eine große Maikäferplage. Riesige Scharen richteten enormen Schaden an den Bäumen an. So fraßen sie zum Beispiel die jungen Buchenstämme einer Schonung restlos kahl. Weil es keine Spritzmittel zur Bekämpfung gab, mußten die Bewohner zur Selbsthilfe greifen. Lehrer und Schulkinder unterstützten diese Aktion. Mit Handwagen, Stangen und Säcken zogen wir los, um den Plagegeistern zu Leibe zu rücken. Die größeren Schulkinder schüttelten am Stamm oder schlugen mit ihren Stangen gegen die Zweige. Ein wahrer Maikäferregen war das Ergebnis. Dann begann das Aufsammeln der Tierchen. Nicht selten krabbelten sie an der Kleidung der Kinder herum. Manche schrien ängstlich auf, wenn sich einige Exemplare in den Haaren verfingen. Die Maikäfersäcke lieferten die Kinder beim Förster oder dessen Gehilfen ab. Sie waren für die Vernichtung der Schädlinge zuständig.

Natürlich trieben die Schulkinder mit den Maikäfern auch ihren Schabernack. Sie setzten einen Käfer auf ihre Zeigefingerspitze und zählten laut die Auf- und Abbewegungen der Flügel. Dieser Vorgang war der Start zum Fliegen, und die Kinder nannten ihn Pumpen.

Mit dem Pfarrer, der einmal in der Woche aus dem Nachbarort kam, um Religionsunterricht zu halten, erlaubten sich die Schüler einen tollen Scherz. Der Pfarrer war ein großer, spindeldürrer Mann mit einem maskenähnlichen Gesicht und einem übertriebenen Schaukelgang. Die Kinder hatten ihn noch nie lachen sehen. Weil er eine beschwerliche Strecke von etwa drei Kilometern durch den Wald zu Fuß zurücklegen mußte, hatte er die Angewohnheit, beim Hinsetzen an das Lehrerpult seine Schuhe auszuziehen. Das brachte einige Jungen auf einen kühnen Gedanken ...

Als am Ende der nächsten Religionsstunde ein Schüler einen Text aus der Bibel als Hausaufgabe an die Tafel schrieb und der Pfarrer sich umdrehte, um das fehlerfreie Anschreiben zu kontrollieren, war der entscheidende Augenblick gekommen: Ein Schüler robbte auf allen Vieren ans Lehrerpult und schüttete den Inhalt seiner Maikäferschachtel in die hohen Schuhe des Pfarrers. Alles ging gut, der Pfarrer

Die Musikgruppe unserer Schule bei einem Auftritt. Nachdem die zwanzig C-Dur-Mundharmonikas aus Klingenthal im Vogtland endlich eingetroffen waren, wurde fleißig geübt. Später kamen noch Akkordeon-, Geigen- und Gitarrenspieler hinzu.

hatte nichts gemerkt. Die Kinder mußten sich das Kichern verkneifen, als plötzlich ein paar Maikäfer summend durch das Klassenzimmer flogen. Sie waren aus den Schuhen gekrochen. Der Pfarrer wurde aufmerksam und befahl mit ernster Miene das Fenster zu öffnen, damit die Tierchen ihre Freiheit bekämen. Die Schüler wunderten sich, daß er keine Fragen stellte. Dann wuchs die Spannung bis der Augenblick kam, da der Pfarrer seinen rechten Schuhe anzog –

Ein Schrei tönte durch den Klassenraum!

Der Pfarrer zog das mit Maikäfern besetzte Bein schnellstens zurück und ließ es von einigen Schülern „säubern". Danach schüttete er die Maikäfer aus seinen Schuhen. Das wurde ein Spaß für die Kinder! Ein Klatschen, Fangen, Lachen, Rufen, ein heilloses Durcheinander setzte ein, bis alle Maikäfer wieder in Rudis Schachtel verschwunden waren. Dem Lärm folgte eine gespenstische Ruhe. Die Schüler erwarteten ein Donnerwetter oder die Frage nach den Schuldigen. Doch der Pfarrer wetterte nicht, fragte auch nicht, wer sich den Spaß ausgedacht habe, sondern lächelte nur sanft und meinte: „Als ich noch zur Schule ging, haben wir unserem Lehrer Maikäfer in den Jackenärmel gesteckt und ihn anschließend zugenäht. Solche Streiche werden von Kindern aller Generationen ausgeheckt."

Der Bann war gebrochen, von Stund an sahen die Kinder ihren Pfarrer in einem anderen Licht.

Vom Frühjahr bis zum Herbst halfen wir auf den Feldern und bei der Ernte. Solche Einsätze waren für Lehrer und Schüler eine Selbstverständlichkeit. Was hatten wir für einen Spaß, wenn wir gemeinsam mit den Bauern die großen Proviantkörbe mit den deftigen Vesperstullen leerten!

Der nahegelegene Wald war ein Anziehungspunkt für jung und alt. Den Kindern bot er eine Fülle von Spielmöglichkeiten. In seinem Schatten bauten sie Hütten aus Reisig, spielten Verstecken oder Räuber und Gendarm, flochten Kränze aus Waldblumen, sammelten Beeren und Pilze, Kräuter für Tee und suchten Kastanien und Eicheln zur Wildfütterung. Gemeinsam mit dem Förster organisierten wir Exkursionen.

Doch im Walde lauerten auch große Gefahren. Waldarbeiter und Spaziergänger fanden immer wieder Waffen und Munition, die aus dem Zweiten Weltkrieg stammten. Eltern und Lehrer belehrten ständig ihre Kinder, wie sie sich im Falle eines solchen Fundes zu verhalten hätten. Trotzdem fanden zwei Kinder aus dem Nachbarort beim Spielen mit einer Panzerfaust den Tod. Zum Gedenken und zur Mahnung hat man an jener Stelle ein Kreuz aufgestellt.

Im Winter lag der Schnee in einem Jahr so hoch, daß das Ortsschild am Dorfeingang verschwunden war. Für die Kinder gab es in dem hügeligen Gelände viele Möglichkeiten, Wintersport zu treiben. Aber auch Zeiten mit gefährlicher Eisglätte waren hier nicht selten.

Für den Sport und für die Kulturveranstaltungen ließen Väter und Handwerker aus zwei Räumen im Gasthaus einen kleinen Saal entstehen. Sogar eine kleine primitive Bühne bauten sie zusammen. Beliebt war vor allem die Weihnachtsfeier, für die mit viel Liebe und Hingabe ein buntes Programm einstudiert wurde. Jedes Kind übernahm nach seinen Fähigkeiten eine Rolle. Wenn im vollbesetzten festlich geschmückten Saal Kinderstimmen erklangen und Alt und Jung mit glänzenden Augen den Darbietungen der Kinder folgten, dann war für uns Weihnachten.

Im Dezember 1960 spielten die Kinder das Laienstück „Die böse Hagezusa". Die kleinen Schauspieler lebten richtig in ihrer Rolle. Das Stück, in dem das Gute das Böse besiegt, fand seinen Ausklang mit den Worten eines alten Mannes, der sich Claas nannte: „Glaubt mir Kinder, es gibt viel Häßliches auf der Welt. Wenn in euren Herzen jedoch ein guter Wille und viel Freude wohnen, wenn ihr einig seid, ist das Böse machtlos."

Alle Anwesenden fühlten wohl gerade in diesem Augenblick, daß dieses glückliche Leben unserer Kinder, dieser Frieden, unsere Heimat nicht durch einen neuen Krieg zerstört werden darf. Der tosende Beifall und die lobenden Zurufe aus dem Publikum waren der schönste Dank für die Schulkinder. Es sollte die letzte Weihnachtsfeier sein in diesem uns so liebgewordenen Kreis.

Zehn Jahre waren ins Land gegangen, in denen uns die Schule und die Familie ganz in Anspruch nahmen. Ein erfüllteres und sinnvolleres Leben hätten wir uns in dieser Zeit nicht vorstellen können. Mit dem Weggang der Schule ging auch die Kultur aus dem Dörfchen. 1961 wurden wir mit unseren Schülern und Schülerinnen im Zuge der Zentralisierung in die aufzubauende zehnklassige Zentralschule nach Keula versetzt. Wir verließen Zaunröden mit viel Wehmut.

Gekürzt aus: „Deutschland – Wunderland", Reihe ZEITGUT, Band 18.

[Arnstadt, Thüringen;
1947/48]

Gerhard Eschner

Was für ein Theater!

Das Schulwesen der sowjetischen Besatzungszone stand in den ersten Nachkriegsjahren – wie viele Bereiche – vor beinahe unlösbaren Aufgaben. Viele Lehrer wurden vom Schuldienst suspendiert, weil sie in der NSDAP waren. Die Kapazität der Klassenräume reichte, bedingt durch die geburtenstarken Jahrgänge vor dem Krieg und die Flüchtlinge aus dem Osten, nicht aus. Ausweichmöglichkeiten gab es nicht. Das russische Militär hatte viele der im Krieg nicht zerstörten Gebäude beschlagnahmt, mit hohen Bretterzäunen umgeben und sich dort einquartiert. Der Schulunterricht konnte schließlich nur im Schichtsystem realisiert werden.

Eines Tages sah ich in der Innenstadt ein Plakat hängen: Ein Puppentheater kündigte sich in Arnstadt an. Nachdem ich von meinen Eltern das nötige Kleingeld bekommen hatte, konnte ich mir eine Eintrittskarte kaufen. Der Termin der Vorstellung rückte näher, und die Vorfreude auf Kasperles neue Streiche und Abenteuer im Kampf gegen das Krokodil und die Straßenräuber stieg von Tag zu Tag. Unerwartet wurde der Unterricht für meine Klasse auf den Nachmittag verlegt, nun hatte ich mit dem Termin ein Problem.

Frau Adameck, unsere Klassenlehrerin, gab die Angelegenheit in einer aufgebracht-patzigen, beinahe hysterischen Art und Weise an das Direktorat der Arnsbergschule weiter. Meine Mutter wurde zum Direktor bestellt, wo sie alle nur erdenklichen Argumente für meine Teilnahme an der Vorstellung des Puppentheaters vorbrachte. „Herr Direktor, was haben denn die Kinder in diesen Tagen? Unterricht in schlecht geheizten Räumen, keine Lehrbücher, Lehrermangel, Ähren lesen, Kartoffeln stoppeln. Schüler aus dem Osten bekommen eventuell noch mal einen Bezugsschein für ein Paar Igelitschuhe", versuchte sie, den Genossen Neulehrer und Schuldirektor zu überzeugen.

„Frau Eschner, was Sie jetzt vorbringen, steht hier nicht zur Debatte ..., das haben wir nicht zu vertreten ..., da müssen Sie sich bei den Nazis beschweren, die das verschuldet haben", so die Antwort des Direktors.

„Das mag schon richtig sein, Herr Direktor, aber als sich unser Junge seine Karte vor zirka vier Wochen gekauft hat, konnte er nicht wissen, daß der Unterricht vier Tage vor der Vorstellung auf den Nachmittag verlegt wird. Was wird aus der Karte? Soll das Puppentheater die Vorstellung absagen? Unser Junge ist sicher nicht der einzige ..."

„Frau Eschner, wir haben ausreichend Schwierigkeiten bei der Realisierung und Gestaltung des Unterrichtes; da können wir nicht auch noch auf Kaspertheatervorstellungen Rücksicht nehmen. Ihr Antrag ist abgelehnt!" fügte der Schuldirektor barsch hinzu.

„Was Sie da machen ist unpädagogisch! Warum gönnen Sie dem Jungen nicht die kleine Freude in einer bitteren Zeit, zumal er ein guter Schüler ist? Wenn Sie meinem Sohn die Puppentheatervorstellung nicht genehmigen, dann genehmigen wir sie ihm!" so der Schlußkommentar meiner Mutter.

Mit äußerst ungutem Gefühl bin ich damals in die Vorstellung des Puppentheaters gegangen und nicht zur Schule. Meine Mutter bekam vom Schulrat des Kreises Arnstadt einen schriftlichen Verweis wegen Verletzung und Zersetzung der staatlich angeordneten Schulunterrichtspflicht. Sie trug es mit Fassung.

Nach der Schule gingen Mutter und ich unzählige Male auf die abgeernteten Felder rings um die Wachsenburg, um Ähren zu lesen. Ich stopfte sie mit meinen kleinen Fingern in die Taschen meiner abgetragenen Jacke und Hose, bis sie prall wie Hamsterbacken waren. Dann wurden die Ähren in einen Sack aus Leinen gefüllt, um den Verlust an Körnern so gering wie möglich zu halten.

Als ich im Unterricht von Frau Adameck in meinen Hosentaschen noch einige Getreidekörner fand, kam mir die Idee, ein Mädchen, das schräg vor mir saß und mir besonders gut gefiel, mit den Körnern zu necken. Im Nu hatte ich mehrere Körner an ihre rechte Wange geschnippt. Sie sah sich verunsichert nach allen Seiten um. Die anderen lachten laut. Der Werfer wurde freilich in flagranti angepeilt und geortet.

Frau Adameck reagierte empört und ließ meine Mutter in die Schule kommen. Sie war eine ältere Dame aus dem Sudetengau, die die Lehre von der neuen Staatsräson offenbar besonders ernst nahm. Mein kindliche Neckerei wurde von ihr gleichsam als Sabotageakt gegen die Errichtung einer antifaschistisch-demokratischen Ordnung in der sowjetischen Besatzungszone interpretiert. Mir wurden Disziplinlosigkeit im Unterricht und Zweckentfremdung von hochwertigem Volksnahrungsgut vorgeworfen.

Meiner Mutter verschlug es die Sprache; sie mußte erst dreimal schlucken und einmal tief Luft holen, dann endlich konnte sie reagieren: „Frau Adameck, haben Sie mich deshalb in die Schule kommen lassen?"

„Ja natürlich, da fragen Sie noch?"

„Kein weiterer Kommentar!"

Aus: „Lebertran und Chewing Gum", Reihe ZEITGUT, Band 14.

[Wotersen, südlich von Lübeck,
Schleswig-Holstein;
1946–1948]

Barbara Saß

Ohne Schuhe keine Schule

Nach dem Krieg mußten wir unsere Heimat Schivelbein*)
in Pommern verlassen. Erst Ostern 1946 trafen wir nach wo-
chenlangem, entbehrungsreichem Marsch in Wotersen, südlich von Lübeck, ein. Da ich inzwischen sechs Jahre alt war,
mußte ich gleich eingeschult werden.

Schwierigkeiten taten sich auf, denn für den weiten Schulweg bis Siebeneichen, der zu Fuß zurückgelegt werden mußte, benötigte ich gutes Schuhwerk. Ich besaß aber nur ein Paar
Schuhe, und die waren nach dem langen Fußmarsch auf der
Flucht völlig durchgelaufen und mußten besohlt werden. Also
brachte meine Mutter die Schuhe zum Dorfschuster. Nur ging
es anderen Flüchtlingen aus dem Osten Deutschlands, die sich
in Scharen in Wotersen eingefunden hatten, ähnlich, und der
Schuster hatte plötzlich Hochkonjunktur. So viel hatte er wohl
schon lange nicht mehr zu tun gehabt. Daß die Schule bereits
begonnen und ich einige Wochen versäumt hatte, empfand er
durchaus nicht als Druckmittel, schließlich mußten andere
auch auf ihre Schuhe warten, und die Schule war für ihn wohl
nicht gerade das Wichtigste.

Ohne Schuhe gab es keine Einschulung. Eine Schultasche
mit Tafel und Griffel hatte meine Mutter bereits gekauft. Daß
es üblich war, am ersten Schultag eine mit Süßigkeiten gefüll-

---

*) heute Świdwin in Polen

Schloß Wotersen, Kreis Herzogtum Lauenburg, heute. Nach unserer Vertreibung aus Pommern waren wir ab 1946 hier untergebracht. Erst 1948 bekam meine Familie im Dorf eine Wohnung.

te Schultüte zu bekommen, wußte ich gar nicht. Diesen Luxus gab es für viele Kinder im ersten Nachkriegsjahr leider nicht.

Ich war voller Tatendrang, denn von den Kindern, die aus unserem Dorf bereits zur Schule gingen, hörte ich täglich, was sie dort Interessantes erlebten. Von dem Lehrer waren sie hellauf begeistert. Er sang mit ihnen jeden Morgen ein Lied und übte geduldig mit ihnen das I-Schreiben. Stolz zeigten sie mir auf ihrer Schiefertafel, was sie schon schreiben konnten. Wie beneidete ich sie! Während die anderen in die Schule gehen durften, war ich zum Nichtstun verurteilt – und alles nur wegen der Schuhe! Ich saß bei meiner Mutter und langweilte mich sehr.

Nach schier endlosem Warten und ständigem Nachfragen war es dann soweit, ich konnte meine Schuhe abholen. Ich war so gespannt auf das, was mich in der Schule erwarten würde, daß ich am Abend zuvor vor Aufregung nicht einschlafen konnte. Immer wieder gingen mir die Worte meiner

Mutter durch den Kopf, mit der Schule begänne ein wichtiger Abschnitt im Leben eines Menschen. Deshalb beschloß ich, doch lieber nicht einzuschlafen, so konnte ich wenigstens sicher sein, am nächsten Morgen nicht zu verschlafen ...

Früh wurde ich sanft von meiner Mutter geweckt. Auf sie war Verlaß. Ich war glücklich. Als ich dann vor der Klasse stand und mich vorstellen sollte, brachte ich vor Aufregung keinen Ton heraus.

Unsere Schule war hoffnungslos überfüllt. Hierher kamen nicht nur die in den umliegenden Dörfern wohnenden Kinder, sondern auch all die Flüchtlingskinder. Durch die Umstände der Flucht hatten sich viele Krankheiten verbreitet. Das Gesundheitsamt veranlaßte recht bald eine Entlausungsaktion. Alle Schulkinder wurden auf Läuse untersucht, und tatsächlich hatten viele in der Klasse diese Plagegeister. Den Kindern, die es betraf, wurden die Haare kurzgeschnitten und der Kopf mit Läusepulver bestäubt. Jeder, der mit weißbestäubtem Kopf den Heimweg antreten mußte, empfand das als Spießrutenlaufen. War ich froh, daß mich meine Mutter ständig mit einem Entlausungskamm bearbeitet hatte und auch fündig geworden war! Nach der Untersuchung konnte ich stolz verkünden, keine Läuse zu haben.

Am nächsten Morgen machte ich mich fröhlich auf den Weg, um meine Freundin Marianne für den gemeinsamen Schulweg abzuholen. Ich wunderte mich, denn sie stand nicht wie üblich bereits wartend vor der Haustür. Ich klopfte, doch statt Marianne erschien ihre Mutter, die mich bat, dem Lehrer mitzuteilen, daß ihre Tochter krank sei und mit hohem Fieber im Bett liege. Das tat mir leid, schließlich war sie meine beste Freundin, und ich bestand darauf, ihr wenigstens Trost zuzusprechen. Schnell rannte ich an ihrer Mutter vorbei. In der Wohnung stand Marianne vor mir, bedrückt und mit Tränen in den Augen. Nun endlich begriff ich. Sie weigerte sich, mit ihren kurzgeschorenen Haaren in die Schule zu gehen. Anderntags konnte ich sie überreden, ein buntes

Kopftuch umzubinden, hübsch nach hinten verknotet, und mitzukommen. Schließlich ging es es etlichen anderen Schülerinnen ebenso, außerdem lockte die Schulspeisung.

Die Schule in Siebeneichen lag etwa vier Kilometer entfernt. Da zu jener Zeit kein Kind ein Fahrrad besaß, gingen wir den Weg gemeinsam. Unsere Eltern mußten sich mehr oder weniger damit abfinden, daß sich der Weg durchaus mal über Stunden hinziehen konnte, denn einem von uns fiel auf dem langen Weg immer etwas Spannendes ein.

Schulspeisung

Ein Jahr lang erhielten alle Kinder zwischen sechs und 18 Jahren in der britischen Zone täglich eine warme Mahlzeit. Dafür brachte jeder sein Kochgeschirr mit in die Schule. Unter diesen Umständen konnte es meistens nur Eintopf oder Suppe geben. Wir aßen im Klassenraum, bei schönem Wetter löffelten wir unsere Suppe auf dem Schulhof. Ungern erinnere ich mich an den Lebertran. Der sei sehr gesund, versicherte man uns, und jedem Kind wurde ein Eßlöffel dieser bitterschmeckenden öligen Flüssigkeit in den Mund geschoben. Ich ließ es über mich ergehen. Danach machten wir uns auf den Heimweg.

Eintopf schmeckte mir besonders gut, Milchsuppe hingegen mochte ich überhaupt nicht. Als es eines Tages zum wiederholten Male Griesbrei mit Rosinen gab, aß ich diesen nicht auf. Wir hatten eine bessere Idee. Ein Geschicklichkeitsspiel fiel uns ein, mit dem jeder, der seine Suppe nicht mochte, seine Künste vorführen konnte. Dabei schleuderte man das Kochgeschirr ohne Deckel so schnell man konnte über seinem Kopf, so daß der Brei, wie man mir später erklärte, aufgrund der Fliehkraft im Topf blieb. Man mußte beim Absetzen des Topfes nur höllisch aufpassen, daß man nicht zu langsam wurde. Das aber konnte ich wohl doch nicht so gut. Plötzlich ergoß sich der Brei über meinem Kopf. Ich mußte wohl ein ziemlich dummes Gesicht gemacht haben, denn all die anderen, denen das Kunststück gelungen war, schüttelten sich bei meinem Anblick vor Lachen. Da es lausig kalt war, mußte ich das klebrige Zeug mit Hilfe meiner Freunde und aller zum Vorschein gebrachten Taschentücher so schnell wie möglich abreiben, denn schon begann es langsam an meiner Kleidung und in meinen Haaren festzufrieren.

*Unser Vater fand uns
durch das Rote Kreuz.
Die Aufnahme von 1948/49
zeigt ihn mit meiner
jüngeren Schwester
Sylvia und mir.*

Eine Überraschung war das Weihnachtspäckchen, das es im Rahmen dieser Schulspeisung gab. Es bestand aus einer Dose Cadbury-Schokolade, Keksen und Nüssen. Schokolade hatte ich das letzte Mal in Pommern gegessen. Ich ließ jedes Stück langsam im Munde zergehen und konnte mich nicht erinnern, jemals etwas so Leckeres gegessen zu haben.

Gekürzt aus: „Lebertran und Chewing Gum", Reihe ZEITGUT, Band 14.

Peter Grell

Das Holzscheit

Der erste Schnee war gefallen, und somit hatte auch in der Schule die Heizperiode begonnen. Jedoch, wie soll man heizen, wenn kein Brennmaterial da ist?

Unser Rektor löste dieses Problem auf ganz einfache Weise: Jeder Schüler mußte etwas Brennbares, ein Stück Holz, ein Brikett oder Kohle, mitbringen. Also mußten wir, wie etwa im Kino, Eintritt bezahlen, wenn wir in die Schule gehen wollten.

Vor der Pforte stand nun jeden Morgen der Pedell mit einem Riesenkorb und kontrollierte die Ankömmlinge. Wer nichts Brennbares mitbrachte, wurde nicht in die Schule hineingelassen.

Ich hatte mir kurz vor dem Schulgang ein Riesenscheit Holz vom übernächsten Nachbarn geklaut und stellte mich ruhigen Gewissens an die Schlange. Vor mir stand ein Mädchen aus meiner Klasse. Ein kleines verschüchtertes Ding, das mir bisher kaum aufgefallen war. Jetzt aber wurde ich stutzig: Die Göre hatte doch tatsächlich als Eintrittsgeld für die Schule einen Reiserzweig in der Hand!

„Mal sehen, ob das gutgeht", dachte ich.

Nun, es ging nicht gut. Der Hausmeister kanzelte die Kleine nach allen Regeln der Kunst ab: „Was erlaubst du dir denn? Das ist kein Brennmaterial, das ist gar nichts! Du darfst nicht in die Schule."

Dem Mädchen standen schon die Tränen in den Augen. „Aber der Unterricht fängt gleich an. Ich komme zu spät und kriege sicher einen Vermerk im Klassenbuch dafür."

„Das hättest du dir früher überlegen müssen, mit so etwas kommst du hier jedenfalls nicht herein."

Die Kleine brach in Tränen aus.

Meine Sexta 1947 vor dem Haupteingang der Schule. Vorn, der zweite von rechts, bin ich, der erste von links ist mein Freund Leo. Leider fehlt „Papa Knechtel", unser Klassenlehrer. In der Klasse waren mehr als 40 Schüler, etwa die Hälfte davon Flüchtlinge. Nach der Mittleren Reife waren wir plötzlich mehr evangelische Schüler als katholische – und das in Bayern!

Hatte ich das Ganze bisher nur als interessierter Außenseiter verfolgt, war ich plötzlich im Geschehen mittendrin.

„Herr Hausmeister, haben Sie vielleicht ein Beil hier?" hörte ich mich sagen. „Dann hacken wir mein Holzstück in zwei Teile. Die sind groß genug, daß wir beide in die Schule kommen können."

Der Pedell schaute mich mit großen Augen an. „Jeder muß sein Teil mitbringen", beharrte er, „und das von diesem Mädchen hier reicht nicht."

„Aber mein Holzstück reicht doch für zwei", versuchte ich es noch einmal.

Nach einigem Hin und Her ließ er sich überzeugen. Wir durften beide hinein.

Die Kleine schaute mich an: „Wo hast du so viel Holz her?" „Geklaut, aber versuche ja nicht, für morgen bei uns zu klauen. Ich hau dir die Hucke voll, wenn du das tust!"

Sie tat es nicht, sie plünderte den übernächsten Nachbarn, nebenbei bemerkt, auch meine Bezugsquelle, und somit verstanden wir uns prima.

Obwohl Mädchen eigentlich für uns Jungen langweilig waren – man konnte sich mit ihnen nicht prügeln –, fand ich die Kleine ganz in Ordnung, doch zugeben durfte ich das nicht. Wenn man sich in diesem Alter für Mädchen interessierte, lief man Gefahr, von den Kameraden ausgelacht zu werden.

Aus: „Nachkriegs-Kinder", Reihe ZEITGUT, Band 2.

[Freiburg im Breisgau;
1948–1950]

Agnes Schriever

Schulrevolte mit späten Folgen

Drei Jahre nach Kriegsende war es für eine Familie, die die
Heimat hatte verlassen müssen, noch immer nicht leicht,
einen neuen Anfang zu finden. Wir stammten aus Ostpreußen, aus dem Memelland. Zunächst hatten wir in Rendsburg
in Schleswig-Holstein Aufnahme gefunden. Die Lebensbe-
dingungen waren äußerst schwierig; die Enge des Wohnrau-
mes trug zum Zerfall der Familie bei. Ich war bei Kriegsende
noch keine 17 Jahre alt und strebte weg aus dieser Beengt-
heit. Ich wollte von der britischen in die französisch besetzte
Zone, wo ich kein Schuljahr verlieren würde, wie wir erfahren hatten. Im März 1946 war es mir gelungen, auch ohne
ein Laissez-passer, so hieß das notwendige Dokument, die
Zonengrenzen zu passieren. Das Papier hätte ich in der britischen Zone sowieso nicht bekommen. Die Franzosen weigerten sich zu diesem Zeitpunkt noch strikt, in ihrer Zone
Flüchtlinge aufzunehmen.

1948 lebte ich bereits zwei Jahre in Freiburg im Breisgau.
Als Schülerin hatte ich eine Aufenthaltsgenehmigung erhalten. Trotz meiner fluchtbedingten Lücken und der ganz anderen Schulstruktur in Ostpreußen hatte ich es geschafft,
an der Mädchenoberrealschule II aufgenommen zu werden.
Im Sommer 1948 stand das Abitur an. Im Jahr zuvor hatten
sich zum ersten Mal nach Kriegsende in der französischen
Zone Abiturienten der Prüfung stellen können.

Das von den Franzosen oktroyierte Schulsystem entsprach in vielen Punkten nicht den Schulstrukturen in Deutschland. Für das Abitur gab es Richtlinien, die einer großen Zahl von Nachkriegsabiturienten in der französischen Zone zum Verhängnis wurden. Es wurde zentral gesteuert, was neu war und heute noch die Regel ist. Es gab keine Bewertung der Jahresdurchschnitte. Eine schlechte Note unter vier Punkten konnte nicht mit einer guten Note ausgeglichen werden, selbst dann nicht, wenn ein Schüler in drei weiteren Fächern hervorragende Zensuren hatte.

Das zweite, von den Franzosen autorisierte Abitur hatte zudem die Besonderheit, daß sich eine Mathematikaufgabe nicht lösen ließ, was zu Unruhen in den Schulen Anlaß gab. Am Tag nach der Währungsumstellung schrieben die Abiturienten in Mittel- und Südbaden ihren Aufsatz im Fach Deutsch. Es war ein Abitur mit Hindernissen, sehr viele Prüflinge fielen durch. In Baden-Baden, dem Sitz des Hochkommissars, gab es Demonstrationen mit dem Ergebnis, daß für jene durchgefallenen Schüler, die während des letzten Schuljahres zufriedenstellende Noten gehabt hatten, sechs Wochen später eine Wiederholungsprüfung stattfand. So konnten sich einige doch noch an einer Universität immatrikulieren. Nicht wegen des großen Andranges, sondern wegen der fehlenden Hörsäle und Institute, Freiburg war stark zerstört, gab es auch damals schon einen Numerus clausus, jedenfalls für begehrte Studienfächer wie Medizin.

Ein Ereignis während meiner Freiburger Schulzeit sollte noch Jahre später Nachwirkungen zeigen. Wir hatten ein Unterrichtsfach, das „Völkerverständigung" hieß und auf das die Franzosen großen Wert legten. Wir wurden mit Büchern ausgestattet, die Texte aus der französischen Literatur zu diesem Thema enthielten. Die Auswahl der Texte war nicht immer geglückt; die aus dem Zusammenhang gerissenen Ausschnitte verfälschten mitunter den Kontext der französischen

Das Abitur bestanden, das Reifezeugnis in der Tasche, im Jahr 1948 Grund genug für ein Erinnerungsfoto. Den Stoff für das neue Kleid hatte ich noch für die letzten Reichsmark bekommen.

Autoren. Häufig spiegelten sie eine Geringschätzung der deutschen Lebens- und Wesensart wider. Unter uns 17- bis 19jährigen löste das Empörung aus. Wir beschlossen, diese Bücher auf dem Schulhof zu verbrennen. Es kam aber nicht dazu, denn letztlich setzte sich die Vernunft durch. Als einzige Fremde in der Klasse hatte auch ich mich an dem kleinen Aufstand beteiligt, aber die Anstifterin war ich keinesfalls gewesen. Ich ahnte nicht, daß es seit dieser Zeit beim Service de sûreté eine Akte über mich gab.

In der Reit- und Fahrschule in Freiburg hatte ich als Schülerin gelegentlich die Möglichkeit, auf einem Pferderücken zu sitzen. Wir aus Ostpreußen liebten ja Pferde! Auch die Franzosen, die die Reitschule mit Futtermitteln versorgten, bedienten sich dieser Pferde. Aber ihr Fraternisierungsverbot gestattete keine Kontakte, auch nicht im Pferdestall. In den Schulferien verbrachte ich pferdestriegelnd ganze Tage in der Reitschule, blieb häufig auch über Nacht. An einem Abend des Jahres 1947 tauchten plötzlich zwei bewaffnete deutsche Polizisten auf. Sie hielten mir einen französischen Haftbefehl unter die Nase, den ich nicht lesen konnte, und nahmen mich mit. Am anderen Ende der Stadt wurde ich in eine Zelle eingesperrt. Ich hatte weder Ausweis noch Geld bei mir und konnte überhaupt nicht begreifen, was vorging.

In der Nacht ließ mich ein älterer deutscher Bewacher wissen, daß er jemanden benachrichtigen könne, wenn ich ihm eine Anschrift und einen Namen geben würde. Ich nannte den Namen einer Lehrerin. Am anderen Morgen wurde ich unter Bewachung nach Karlsruhe, in die amerikanische Besatzungszone, gebracht und dort der deutschen Polizei übergeben. Die deutschen Beamten wußten nichts mit mir anzufangen und ließen mich laufen. In der Zwischenzeit hatte sich die Lehrerin an den Schulleiter gewandt. Dieser unterhielt zu den Franzosen gute Beziehungen, er war an unserer Schule auch Französischlehrer. Aber auch er hatte nichts in Erfahrung bringen können, weder wo ich abgeblieben, noch warum ich verhaftet worden war. Ich weiß bis heute nicht, was damals eigentlich vorgegangen ist.

Nach Beendigung der Schule drohte mir erneut die Abschiebung aus der französischen Zone. Nur mit einer Immatrikulation an der Universität konnte ich eine Verlängerung meiner Aufenthaltsgenehmigung bewirken. Im Sommer 1948 ließ ich mich für das Wintersemester immatrikulieren. Vorsorglich stellte ich einen Antrag auf Einbürgerung. Es handelte sich um die „Niederlassungsgenehmigung für Baden", ausgestellt vom Städtischen Amt für Umsiedlung, Zuzugsstelle. Dieses Papier erhielt ich im Juni 1950 und zugleich eine materielle Unterstützung durch die Stadt Freiburg. Der Flüchtling aus dem fernen Ostpreußen bekam einen Tisch, einen Stuhl, ein Bett mit Matratze, eine Decke, zwei Leinentücher und einen elektrischen Wasserkocher.

1950 beschloß ich, für einige Monate nach Paris zu gehen, um meine bescheidenen französischen Sprachkenntnisse zu verbessern. Für den Einreiseantrag benötigte man die Referenz eines französischen Bürgen. Alfred Kastler, der spätere Nobelpreisträger für Physik, übernahm diese Bürgschaft. Bei seiner Familie sollte ich wohnen, in meinen Papieren stand nicht „Studentin", sondern „Bonne à tout faire", Hausmädchen. Zu den Antragsformularen wurde auch die Bescheinigung über eine frauenärztliche Untersuchung verlangt.

Endlich waren alle Formalitäten erledigt. Ich hatte ein Urlaubssemester bewilligt bekommen und konnte mich beruhigt in den Zug setzen. Doch an der Grenze war meine Reise jäh zu Ende. Die Einreise nach Frankreich wurde mir verweigert. Es gab keine Erklärung, die Beamten gaben keine Antwort auf meine Fragen. Mir blieb nichts anderes übrig als umzukehren. Die französische Zone wurde von Baden-Baden aus verwaltet, die zuständige Instanz für Einreiseanträge befand sich ebenfalls dort. Aber auch in Baden-Baden erhielt ich zunächst keine Auskunft. Ich ließ nicht locker, es müsse sich um eine Verwechslung handeln, dachte ich. Und was stellte sich schließlich heraus? –

Der Grund war die harmlose Schulgeschichte mit den boykottierten Büchern. Eine Mitschülerin hatte mich seinerzeit als „Anstifterin" angezeigt. Grund genug für die Franzosen, mich für suspekt zu halten.

Heute lebe ich in Südfrankreich. Ich hätte mir in jenen konfliktreichen Jahren mit den Franzosen nicht vorstellen können, daß ich eines Tages den Wunsch verspüren würde, hier zu leben. Erst als das Fraternisierungsverbot aufgehoben wurde, haben sich die Beziehungen zwischen der Bevölkerung und den Franzosen in ihrer Zone normalisiert.

Gekürzt aus: „Hungern und hoffen", Reihe ZEITGUT, Band 10.

[Roßla am Südharz, Sachsen-Anhalt, damals DDR;
April 1946–1950]

Hans-Hermann Beckherrn

Jugendliebe

Am 19. Januar 1945 waren wir, meine Mutter, meine drei Geschwister, unser Dienstmädchen Grete mit ihrem Baby und ich, vor den Russen aus Deutsch-Eylau*), Ostpreußen, geflohen. Durch glückliche Umstände wurden wir am 21. Februar 1945 mit einer Jagdmaschine von Danzig-Langfuhr nach Berlin-Schönwalde ausgeflogen. Von dort ging es weiter nach Roßla am Harz, wo wir zunächst bei der Schwester unseres Pfarrers unterkamen. Wir erhielten ein kleines Stück Land auf dem alten Friedhof, das wir sofort bepflanzten. Kurze Zeit wohnten wir im Schloß Roßla, dessen Besitzer geflohen waren. Als dort die Russen einzogen, erhielten wir eine Zwei-Zimmer-Wohnung auf dem Hof des Bauern Häcker. Mutter, Grete und ich arbeiteten bei ihm, bei den Obstbauern, in der Domäne und anderswo. Lebensmittel waren unser Lohn.

Am 18. April 1946 wurde ich konfirmiert. Einen Anzug besaß ich nicht. Familie Vernickel aus Roßla half, ihre Zwillinge waren im Jahr zuvor konfirmiert worden. Ein Anzug mit kurzer Hose aus braunem Arbeitsdienststoff, aber immerhin. Nach dem bescheidenen Festmahl holte der eine Bruder den Anzug wieder ab, sonst hätte der andere nicht weggehen können, es war seine einzige Kleidung für sonntags.

---

*) heute Iława in Polen

Meine Großmutter, die inzwischen bei uns eingetroffen war, tauschte später im Interesse der Familie ihr einziges gutes, schwarzes Kostüm gegen drei Flaschen Öl.

Als Anfang 1947 in Sangerhausen die höhere Schule wieder eröffnet wurde, bestand meine Mutter darauf, daß ich wieder zur Schule ging. Ich war inzwischen 16 Jahre alt. Nach so langer Unterbrechung konnte ich mir das Schülerdasein gar nicht mehr vorstellen. Dann war es soweit. Die Oberschule nahm ihren Betrieb auf. Ich fuhr täglich mit der Bahn nach Sangerhausen. Die Züge waren sehr voll und hatten keine Fensterscheiben. Fahrgäste hingen an den Wagen und saßen auf den Puffern. Je später der Tag, desto unpünktlicher waren die Züge. Sangerhausen war im Gegensatz zu Roßla vom Krieg erheblich in Mitleidenschaft gezogen worden. Es gab viele zerstörte Häuser und Straßen. Die Lehrer kamen aus allen Teilen Deutschlands, viele in abgerissener Kleidung oder geänderter Uniform, manche waren zu alt, andere hatten wohl ihre Eignung zum Unterrichten noch nicht nachgewiesen. Die Schüler gaben ein ähnlich buntes Bild ab: ehemalige Soldaten, die auf die Schulbank zurück-

Alle Schüler wurden gegen Typhus geimpft. Den Nachweis darüber mußten wir selbst schreiben, das Gesundheitsamt bestätigte ihn.

*Meine Klasse 10 der „Geschwister-Scholl-Oberschule" Sangerhausen 1948.
Der dritte von links bin ich.*

gekehrt waren, Flüchtlingskinder, aber auch solche, die nicht
so viel Schreckliches erlebt hatten. Für mich war die Schule
nur eine von mehreren Möglichkeiten der Betätigung. Ge-
nausogut konnte ich bei Bauer Häcker helfen oder Tausch-
geschäften auf dem Schwarzen Markt nachgehen. Trotzdem
machte mir die Schule auch Freude. Es war schön, mit Gleichaltrigen zusammen zu sein, auch die Mädchen interessier-
ten mich.

Nach einem guten Jahr mußte ich die Schule in Sangerhausen verlassen. Im Zuge einer Schulreform wurden die
niedrigen Klassen der Zentralschule zugeteilt, in die auch
meine Schwester Annegret ging. Diese Reform brachte große Schwierigkeiten mit sich. So mußte die Lateinlehrerin
selbst erst bei einem Pastor Unterricht nehmen, sie war uns
immer nur um einige Kapitel voraus. Ihre Antwort auf unsere Fragen lautete häufig, das habe sie noch nicht gehabt.

Ein Jahr später kehrten wir Roßlaer zurück zur Oberschule, die jetzt „Geschwister-Scholl-Oberschule" hieß. Unsere

Lateinkenntnisse entsprachen in keiner Weise den Anforderungen des Lehrplans. Inzwischen war mein Stimmbruch vorüber, und ich trat in den gemischten Schulchor ein. Im Chor schwärmte ich sehr für einige Mädchen, und mein Interesse stieß auch auf Gegenliebe. Ich traf mich mit ihnen. Als meine Klassenkameraden von meinem ersten Kuß hörten, zollten sie mir Respekt. Sie hielten mich sogar für einen Profi. In Wirklichkeit war es anders gewesen. Während ich grübelte, wie ich es nur anstellen solle, ergriff das Mädchen die Initiative und küßte mich voll auf den Mund.

Die Fahrmöglichkeiten zwischen Roßla und Sangerhausen hatten sich noch nicht gebessert. Wir standen nach wie vor an der Straße und sprangen auf LKWs auf. Die Züge waren unpünktlich und in desolatem Zustand. Im Herbst wurden die Fenster für den Winter mit Brettern zugenagelt, im Sommer, wenn man es vor Hitze in den Abteilen nicht aushalten konnte, brachen die Fahrgäste sie wieder heraus. Vor der Rückfahrt traf sich meist eine große Schar von Jugendlichen. Sehr zum Ärger meiner Mitschüler war ich immer von Mädchen umringt, was ich natürlich genoß. Aus Neid griff mich eines Tages eine Gruppe Jungen an. Sie schleppten mich in einen nahegelegenen Park und verprügelten mich. Ich hatte gegen sie eigentlich keine Chance, zumal ich nicht sehr sportlich war. Nachdem sie mir mit Schuhen ins Gesicht und in den Leib getreten hatten, mobilisierte ich meine letzten Kräfte, sprang auf und schlug dem Stärksten der Gruppe mit der Faust ins Gesicht. Der überraschend Getroffene stürzte, und nach kurzer Zeit schwoll sein Gesicht so sehr an, daß nur noch Nasenlöcher und Mund zu sehen waren. Von Stund' an genoß ich bei den Jungen Anerkennung.

In der Schar der Mädchen, mit denen ich nach Sangerhausen zur Schule fuhr, war auch Marlis, in die ich mich maßlos verliebt hatte. Mein ganzes Handeln war nur noch darauf gerichtet, ihr zu gefallen. Aber sie konnte sich nicht entscheiden. Die vielen Aussprachen, die ich suchte, machten das Pro-

„Dir zum lieben Ostergruße!
Deine Marlis.
Roßla, Ostern 1949",
steht auf der Rückseite des
Fotos von Marlis, meiner
ersten großen Jugendliebe.

blem nur noch größer und mich abhängiger von ihr. Ich litt.
Eines Tages wurde mir klar, wie lächerlich ich mich machte,
und ich faßte einen Entschluß: Ich suchte mir unter den Mädchen, die für mich schwärmten, eine andere Freundin, Erika
aus Wallhausen. Sie war überglücklich. Ich hatte Erika wirklich gern, aber Marlis liebte ich nach wie vor sehr. Nachdem
ich nach außen hin mein Glück mit einem anderen Mädchen
gefunden hatte, änderte Marlis ihr Verhalten mir gegenüber.
Aber ich ließ mir Zeit.

Eines Abends kamen wir von einer Veranstaltung, Marlis
war in meiner Nähe, da nahm ich ihre Hand. Wir sahen uns
an und lagen uns wie ein Liebespaar nach langer Trennung
in den Armen. Es folgte eine herrliche Zeit unserer Jugendliebe. Allerdings war ich sehr eifersüchtig, was ich zu verbergen suchte. Als Marlis einmal von einem älteren Jungen
zum Klassenball eingeladen wurde, war ich fast krank vor
Eifersucht. Von einem Versteck aus wollte ich beobachten,
was passieren würde, wenn er sie nach Hause brachte. Es
geschah nichts Ungewöhnliches. Schweißgebadet und be-
schämt schlich ich auf Umwegen nach Hause.

Wenn ich von der Schule kam, wartete bei Bauer Häcker die Arbeit auf mich: Vieh füttern, Stall ausmisten, bei der Ernte und beim Dreschen helfen, ein Silo anlegen. Aber abends traf ich, wann immer es möglich war, meine Freundin. Eines Abends sollte ich etwas zur ehemaligen Domäne bringen, wo Fritz Oltersdorf, der aus der Gefangenschaft krank zurückgekommen war, Nachtwächter war. Marlis begleitete mich. Als wir das kleine Wachstübchen betraten, war niemand da. Wir warteten. Es war eine der wenigen Gelegenheiten, wo wir allein in einem Raum waren. Wir fingen an zu schmusen, und es wurde so heftig, daß wir auf der Pritsche lagen – als plötzlich die Tür aufging!

Ein Volkspolizist, der seine routinemäßige Runde drehte, schaute herein! Er müsse uns wegen unsittlichen Verhaltens in einer Einrichtung des sozialistischen Staates anzeigen!

Marlis war entsetzt und ich unsicher. Ich redete auf ihn ein, bis er schließlich bereit war, die Anzeige zu zerreißen. Doch dann wurde er wieder zornig, denn er hatte aus Versehen seinen Dienstausweis zerrissen.

Mehr als vier Jahre lebte meine Familie nun schon hier am Fuße des Kyffhäusers. Im Herbst 1949 erhielten wir endlich eine Nachricht von unserem Vater. Der Text auf der Postkarte enthielt die verschlüsselte Mitteilung, daß Vater aus russischer Kriegsgefangenschaft in den Westen entlassen werden wollte, wenn es soweit sei.

Allmählich wurde mir klar, daß meine Tage in Roßla gezählt waren. Ich hatte keine Vorstellung, wie meine Zukunft aussehen würde. Die Angst vor der Trennung von Marlis schnürte mir fast die Kehle zu. Als im März 1950 endgültig feststand, daß wir schwarz in den Westen gehen würden, glaubte ich, nie mehr im Leben froh zu werden.

Gekürzt aus: „Hungern und hoffen", Reihe ZEITGUT, Band 10.

[Nordholz/Deichsende, Landkreis Cuxhaven,
Niedersachsen;
1950]

Gudrun Findeisen

Aufklärung

Eine Zeitlang mieteten meine Eltern Lesemappen, und ich
Leseratte las und las. Das war wohl zu viel des Guten oder
auch weniger Guten, was ich da in mich hineinlas, und so
wurden die Lesemappen wieder abbestellt. Vorher leisteten
sie mir aber noch einen guten Dienst.

Eines Tages – ich muß zehn oder elf Jahre alt gewesen
sein – drückte mir mein Vater eine Zeitschrift (ich meine, es
war die „Constanze") in die Hand mit den Worten: „Hier,
lies das bitte! Und wenn du Fragen hast, dann frag!"

Es war, soweit ich mich erinnere, der erste Aufklärungs-
bericht für Kinder, der in einer Illustrierten abgedruckt worden war. Natürlich war mir zu diesem Zeitpunkt bereits bekannt, daß die Kinder nicht vom Klapperstorch gebracht
werden. Unmittelbar nach unserer Flucht hatte eine junge
Frau in dem Haus, in dem wir auf engstem Raum einquartiert waren, ein Baby bekommen, und außerdem ist Dorf-
kindern, die mit Tieren aufwachsen, vieles zu diesem Thema vertraut. Nun aber war auf dem Schulhof einiges für mich
Ungereimtes an mein Ohr gedrungen.

Wie fortschrittlich und einfühlsam war mein Vater! Gewiß nicht nur, weil er Lehrer war. Durch seine Umsicht wurde meine Neugier nun in kindgemäßer Weise gestillt, und
ich sah – zusätzlich mit den nötigen Erklärungen von meiner Mutter ausgerüstet – meinem nächsten Lebensabschnitt

„So gefällst Du mir. Gespräch mit einem jungen
Mädchen über Schönheit und Gesundheit." –
So sah zum Beispiel eine der Schriften aus, die
mir mein Vater später zu lesen gab.

als Mädchen vertrauensvoll entgegen. Meinem jeweiligem
Alter entsprechend, gab mir mein Vater in den folgenden
Jahren weiterhin Beratungsbücher.

Dann war da noch die Geschichte mit den Luftballons.
Eines Morgens brachte eine Mitschülerin einen ganzen
Schwung Luftballons mit in die Schule und verteilte sie groß-
zügig. Luftballons!

Wir Kinder auf dem Dorf bekamen solche Schätze in der
Nachkriegszeit selten zu Gesicht. Wir staunten!

„Wo gab es denn die, wo hast du die her?"

„Na, aus dem Nachtschrank der Eltern!"

Keines der Kinder – wir müssen zehn, elf und zwölf Jahre alt gewesen sein – wußte über solche Luftballons Bescheid, jedenfalls gab es keine Kommentare, und wir ließen unsere Luftballons fröhlich auf dem Schulhof schweben.

Waren ja etwas blaß diese Dinger! Bunt wären sie hübscher gewesen!

Aber wir waren ja bescheiden.

Stolz trug ich meinen Schatz nach Hause und wunderte mich über die Reaktion meiner Mutter und der großen Schwester, die ich in der Küche vorfand.

Wiese kicherten die? Und wieso meinte meine Mutter, damit solle ich man lieber nicht spielen?

Ich war enttäuscht, muß dann aber doch eine plausible Erklärung bekommen haben, denn ich entsorgte das Kondom bereitwillig.

Am nächsten Morgen in der Schule sorgten unsere Luftballons noch für genügend Gesprächsstoff unter uns Kindern. Ob sich neun Monate nach diesem „Luftballontag" bei den Eltern des Mädchens, das so großzügig den Vorrat an „Luftballons" verteilte, Nachwuchs eingestellt hat, ist mir nicht bekannt. Und ob sich diese Geschichte vor oder nach der väterlichen Aufklärungsaktion abgespielt hat, weiß ich heute auch nicht mehr. Es spielt aber auch keine Rolle; denn es ist nicht anzunehmen, daß man damals meinte, zehnjährige Kinder über Kondome aufklären zu müssen – es sei denn, es gab einen Anlaß wie diesen dazu. Aber selbst dann hielten die meisten Eltern es damals nicht für nötig oder genierten sich, ihre Kinder darüber aufzuklären.

Was hatte ich für ein Glück!

Aus: „Schlüssel-Kinder", Reihe ZEITGUT, Band 6.

[Hannover, Niedersachsen;
1949–1951]

Renate Strebel

Wenn ich ein eigenes Zimmer hätte

Nach unserer geglückten Flucht aus der sowjetischen Besatzungszone über die Zonengrenze in den Westen wurden
wir zunächst in ein Lager in Hannover-Linden eingewiesen,
das war Vorschrift. Behördliches und Formalitäten jeder Art
wurden von hier aus geregelt oder in die Wege geleitet. Und
es erfolgte der Gesundheits-Check, Entlausung und Entseu-
chung, falls erforderlich, inbegriffen. Hannover lag in der
britischen Besatzungszone. Dorthin, in seine Geburtsstadt,
war mein Vater aus englischer Kriegsgefangenschaft entlassen worden.

Meine Mutter erholte sich langsam von den Strapazen der
Flucht, die uns von Langenhessen, Kreis Zwickau, über Wer-
nigerode und Bad Harzburg im November 1949 hierher ge-
führt hatte. Und ich hatte endlich meinen Vater wieder, nach
den langen Jahren der Trennung seit 1944. Er war fast ein
Fremder für mich, ein Mädchen im Alter von 12 Jahren. Ich
mußte mich wieder an seine Nähe gewöhnen und auch daran, daß nicht nur Mutter gefragt sein wollte.

Jeder Tag brachte soviel Neues und Schönes! Hier gab es
wirklich Schuhe zu kaufen, und ich durfte mir welche aus-
suchen. Vorbei war die Zeit, wo Barfußlaufen angesagt war,
oder das Tragen von notdürftig reparierten oder viel zu großen häßlich-klobigen Stiefeln. Auch die langen, überall gestopften braunen, kratzenden Strümpfe hatten ausgedient.

Vater zeigte mir auf langen Spaziergängen seine Heimatstadt – es war eine Trümmerlandschaft. Eine schöne Stadt
war sie vor dem Krieg und den verheerenden Bombenangriffen gewesen. Jetzt war sie zu 85 Prozent zerstört. Wo
früher Häuser standen, befanden sich jetzt schlichte Bret-
terbuden und einfache Verkaufsstände. Das Zentrum der
alten Residenzstadt bestand vor allem aus Baracken und sogenannten Nissen-Hütten, halbrunden Wellblechbaracken.
Aber Hannover atmete wieder! Plakate warben für den Wiederaufbau. „Anpacken – wir schaffen es!"

Und genau das war unser aller Ziel. Ein neues Leben in
Freiheit begann für uns. Wir mußten Gott sei Dank nur wenige Wochen im Lager bleiben. Mein Vater hatte für uns,
trotz der damals üblichen 48-Stunden-Woche, in seiner Frei-

*Mein Vater und ich
1950 im Stadtpark
in Hannover.
Nach fünfjähriger
Trennung konnten
wir wieder gemein-
sam etwas unter-
nehmen.*

zeit eine kleine Zwei-Zimmer-Wohnung ausgebaut. Sie lag im Dachgeschoß eines von Bombenangriffen einigermaßen verschont gebliebenen Hauses in der Südstadt. Bei der ersten Besichtigung unserer neuen Bleibe brach meine Mutter in Tränen aus. Sie hielt die Hände vor ihr Gesicht und ging stumm durch die fast leeren Räume. Nur unsere Kisten, die wir schon Monate vor unserer Flucht über Deckadressen nach Hannover geschickt hatten, und drei Bettgestelle aus Stahlrohr standen dort und in der Wohnküche ein Kohleherd. War es die Erinnerung an die Heimat oder die Freude, wieder eine eigene Wohnung zu haben, was meine Mutter so aufwühlte?

1950, fünf Jahre nach Kriegsende, gab es noch überwiegend Kellerwohnungen, wenngleich auch schon provisorisch ausgebaute Quartiere in den ausgebrannten Häuserruinen bezogen werden konnten. Die Schaufenster der Geschäfte und Wohnungsfenster waren größtenteils mit Brettern, Pappe und ähnlichem Material zugenagelt. Fensterglas war derzeit eine Rarität! Um so mehr freuten wir uns, daß Vater in unsere Wohnung bereits Glasfenster eingebaut hatte.

Vater arbeitete in einer Tischlerwerkstatt. Er war 56 Jahre alt und hatte zwei Weltkriege als Soldat mit etlichen Verwundungen und Gefangennahmen überstanden. Dennoch fand er die Kraft, die Dachwohnung für uns auszubauen und dann noch monatelang nach Feierabend in der Werkstatt zu stehen, um unsere Möbel herzustellen. Zwar halfen ihm hin und wieder Kollegen, aber das meiste schaffte er alleine.

Inzwischen war ich in die Mädchenschule aufgenommen worden. Wir waren 51 Schülerinnen in der Klasse. Hier war alles so fremd. Ich vermißte so sehr meine beste Freundin Christa und die anderen ehemaligen Schulfreundinnen. Anfangs hatte ich in meiner Klasse Probleme, weil hier reines Hochdeutsch gesprochen wurde. Ich war der einzige Neuzugang aus Sachsen. Meine Mitschülerinnen stammten aus

Plakate warben für den Wiederaufbau Hannovers. Auf diesem ist die ausgebrannte Marktkirche, ein Wahrzeichen der Altstadt Hannovers, inmitten von Ruinen abgebildet, daneben eine große Baustelle.

vielen Teilen des früheren Deutschen Reiches, aber wer amüsiert sich schon über einen ostpreußischen oder schlesischen Dialekt?

So kam es, wie es kommen mußte: Ich ging erst kurze Zeit in diese Klasse, als der Lehrer mich nach vorn rief, um einen Text vorzulesen. Während ich las, bemerkte ich, daß ich aus irgendeinem Grund Anlaß zu Gekicher und Gegrinse gab. Das lenkte unheimlich ab. Ich las weiter, und es wurde nur noch schlimmer. Der Lehrer klopfte mahnend auf sein Pult. Ich begriff, daß es wohl meine Aussprache sein mußte, welche die Mitschüler „so lustig" fanden. Mit Mühe las ich zu Ende. Mit meinem Dialekt hatte ich jegliche Ernsthaftigkeit verspielt. Ich war frustriert und sehnte mich nach meiner Heimat und den früheren Kameradinnen. Aber es gab kein Zurück!

Eines stand für mich von diesem Tag an fest: Ich mußte schnellstens hochdeutsch sprechen lernen. Zwei Jahre später hatte ich es geschafft: Mein Hochdeutsch war perfekt, und niemand bemerkte mehr meine sächsische Herkunft.

Mein Vater sagte eines Tages zu mir: „Mädel, jetzt bist du auch eine Hannoveranerin." Darauf war ich mächtig stolz. Nur meine Mutter konnte ihren sächsischen Tonfall nicht mehr ablegen, so sehr sie sich auch bemühte. Schon wenn sie zur Begrüßung ihr „Guuden Daach!" sagte, war sie entlarvt. Sie trug es jedoch mit der Zeit gelassener, als ich es getan hatte.

Jungen- und Mädchenschule waren in einem Gebäude untergebracht. Doch selbst auf dem Schulhof waren wir durch einen hohen Zaun getrennt. Es gab eine Schulhofaufsicht, die wir oft mit viel Spaß zu überlisten versuchten, indem wir in Form kleiner Papierkügelchen Nachrichten über den Zaun warfen. Wurden wir jedoch ertappt, gab es einen Eintrag ins Klassenbuch wegen schlechten Betragens.

1951 gab es in meiner Klasse eine Zeitlang nur ein Gesprächsthema, nämlich den neuen Film „Sie tanzte nur einen Sommer", der im Filmtheater „Weltspiele" lief. Diese tragische Liebesgeschichte nach einer Novelle von Olaf Ekström wollten wir so gerne sehen! Doch ohne Begleitung eines Elternteils war der Besuch eines solchen Films nicht möglich. Eines Tages machten wir uns, mein Vater, meine Freundin Marlies und ich, stadtfein und sahen uns den Film an. Mit rotgeweinten Augen, alles noch ganz verschwommen sehend, verließen wir das Kino. Aber wir waren glücklich, daß mein Vater uns unseren Wunsch erfüllt hatte.

Wie sehnten wir jungen Mädchen uns nach einem eigenen Zimmer! Aber solche Träume waren noch weit von der Realität entfernt. Immer noch mußten Flüchtlinge und Heimatvertriebene – laut Statistik waren es insgesamt 12 Millionen – in Häuser eingewiesen werden, die schon voll waren. So war es kein Wunder, daß in jenen ersten Nachkriegsjahren die Mitarbeiter der Wohnungsämter die am wenigsten beliebten Menschen waren! Sie mußten die Zwangseinweisungen in der Praxis durchsetzen. Als behördlicher Richtwert galt: Pro Person reichen vier Quadratmeter Wohnraum, für Kinder bis zu 14 Jahren genügen zwei.

Unter solchen Verhältnissen war das Zusammenleben von Wohnungsinhabern und Eingewiesenen auf engstem Raum natürlich nicht immer von Harmonie geprägt. Bad- und Küchenbenutzung gingen selbst mit erstelltem Zeitplan nicht reibungslos vonstatten. Wie oft passierte es, daß das Essen noch nicht fertig war, wenn die nächsten Nutzer schon in die Küche drängten, die vorher auch noch saubergemacht werden mußte! Oder wenn die Zeit der Badbenutzung überschritten war und die nächsten schon an die Tür pochten.

Unser Klassenlehrer griff 1951 dieses drückende Problem in einem Aufsatzthema auf. „Wenn ich ein eigenes Zimmer hätte", hieß die Überschrift. In unseren Wunschträumen gehörten natürlich ein Radio und Teppichboden dazu, beides war damals ein großer Luxus. Das Aufsatzheft habe ich heute noch. Ich schrieb:

Jllustrierte
film-Bühne
Nr. 1619

Sie
tanzte
nur einen Sommer

1951 **das** *Gesprächsthema in meiner Klasse: der schwedische Film „Sie tanzte nur einen Sommer" mit Ulla Jacobsson als Kerstin und Folke Sundquist als Göran in den Hauptrollen. Diese tragische Liebesgeschichte durften wir 14jährigen Mädchen im Kino nur in Begleitung eines Erwachsenen sehen.*

Meine Klasse vor der Mädchenschule Kestnerstraße in Hannover. Wir waren 51 Schülerinnen. Mich erkennt man in der zweiten Reihe von unten, vierte von links, an der Bluse mit Bubikragen und weißen Knöpfen.

Wenn ich ein eigenes Zimmer hätte

Ein eigenes Zimmer zu besitzen, war schon immer mein größter Wunsch. Leider ist es meinen Eltern noch nicht gelungen, mir diesen zu erfüllen, so blieb er bis heute ein stiller Zukunftstraum. Ja, es ist nicht so einfach, ein eigenes Zimmer zu haben, denn es kostet auch viel Geld. Aber ich habe mir schon oft Gedanken darüber gemacht, wie ich es mir wohl einrichten würde, wenn meine Eltern vielleicht einmal das Glück hätten, im Toto zu gewinnen. Zuerst würden wir uns eine andere Wohnung, vielleicht in der Umgebung Hannovers suchen. Dann wäre ja auch mein sehnlichster Wunsch in Erfüllung gegangen. Die Einrichtung meines Zimmers habe ich mir folgenderweise ausgemalt:

Das Zimmer, welches in der zweiten Etage eines schmucken Landhauses liegt, ist mit wildem Wein umrankt. Aus dem einen, mit Gardinen verschönerten Fenster, das in der Mitte des Zimmers ist, blickt man auf Wiesen, Wälder und Äcker. Wenn man dieses kleine Heim betritt, so steht rechts ein kleiner runder Rauchtisch mit zwei Sesseln. Links vom Fenster steht eine Bettcouch, seitwärts der Tür hat ein brauner Kachelofen seinen Platz. Als Beleuchtung ist ein Kronleuchter mit drei Ampeln angebracht. An der Wand, welche mit geblümter Tapete bedeckt ist, ist eine Konsole mit einem Radio darauf. Der Fußboden ist mit einem Teppich belegt. Ja, so würde ich mir mein Zimmer einrichten, aber dieser Wunsch wird noch lange ein Luftschloß bleiben.

Äußere Form: 2   *Inhalt: 2*
Ausdruck: 2   *Gesamturteil: 2*
gez. Kaie (Klassenlehrer)

Für über 90 Prozent der Kinder meiner Generation blieb der Wunsch nach einem eigenen Zimmer unerfüllbar.

Gekürzt aus: „Schlüssel-Kinder", Reihe ZEITGUT, Band 6.

Irmgard Notz

Das Klassenpaket

1950 war ich 20 Jahre alt und stand am Anfang meiner Un-
terrichtstätigkeit. Seit September 1948 arbeitete ich als
Schulhelferin – später hieß das Lehramtsanwärterin – in einer Grundschule für Mädchen in Berlin-Steglitz. Die erste
Lehrerprüfung lag noch vor mir. Ich war zu der Zeit die Jüng-
ste im Kollegium, dem überwiegend ältere Damen angehör-
ten, die mir nicht alle meine Position gönnten.

Fräulein L., meine Schulleiterin, war eine strenge und für
mich in jeder Beziehung alte Dame. Mir fallen ihr hochge-
schlossenes, dunkles Kleid mit weißer Krageneinfassung und
runder Brosche zwischen den Kragenenden ein sowie ihre
schwarzen Schuhe und Strümpfe. Das weiße Haar trug sie
hochgesteckt, sie lief stets in gerader Haltung, den Kopf erhoben. Fräulein L. sprach in gebieterischem Ton, knapp skan-
dierend, begleitet vom Aufklopfen des blanken Damenstok-
kes, auf den sie sich stützte, wenn sie durch das Schulhaus
schritt. Obwohl sie durchaus freundlich sein konnte, hatte
ich immer etwas Furcht vor ihr. Disziplin und Ordnung von
stets unhörbar leisen Schülern waren oberstes Gebot. Un-
korrektheiten oder das, was sie dafür hielt, duldete sie nicht.

Es waren langgediente, verläßliche Lehrkräfte, die man
nach dem Krieg in diese Leiterpositionen erhoben hatte.
Woran wir Jungen glaubten, an Demokratie, Reformen, Ei-
geninitiative, traf sich nicht unbedingt mit ihrem Verständ-

nis von Schule. Fräulein L. verbat sich jegliche Initiative junger Lehrer in eine eigene Richtung. Das mußte ich bitter
erfahren:

Einer Zeitung hatte ich entnommen, daß man kinderrei-
che Familien in der Ostzone doch unterstützen möge. Man
könne Adressen anfordern. Da es bei uns in West-Berlin nach
der Währungsreform und dem Blockadeende merklich auf-
wärtsging, das Leben sich spürbar normalisierte, warum sollte man da anderen, die nach dem Elend des Zweiten Welt-
krieges schlechter dran waren, nicht helfen?

Ich wollte es tun und erhielt die Anschrift einer Cottbusser Familie. Gemeinsam mit meinen Schülern wollte ich ihr
ein Hilfspaket schicken, von ein paar Zeilen begleitet. Es war
eine vierte Klasse, die Koedukation war inzwischen eingeführt worden. Seitdem hatten wir jeweils etwa 40 Schüler,
Jungen und Mädchen im Verband, zu unterrichten und zu
erziehen. Eine Pädagogik des Handelns, des Helfens, wollte
ich praktizieren.

Der Gedanke war schnell in die Tat umgesetzt. Die Kinder, deren Eltern und ich selbst hatten Verschiedenes liebe-
voll zu einem Paket beigesteuert, hatten geschrieben, alles
sorgfältig verpackt und abgeschickt. Schließlich wollte ich
lehren, daß soziales Engagieren menschlich geboten ist. Als
Gymnasiastin hatte ich auch so gedacht und gehandelt. Also
ordnete ich meinen Unterricht etwa eine Woche lang um diese
Handlung herum. Gesamtunterricht war angesagt.

Unerwartet wurde ich ins Amtszimmer der Schulleiterin
bestellt. Befangen, Ungutes ahnend, überschritt ich die
Schwelle. Fräulein L. hatte inzwischen erfahren, vermutlich
über den Wochenarbeitsplan und das Klassenbuch, daß ich
die Verschickung eines Hilfspaketes in den Osten inszeniert
hatte. Sie erklärte mir vehement, daß das ein sehr schlim-
mes Vergehen sei, das überhaupt nicht zu akzeptieren, ja
strengstens zu tadeln wäre. Nie mehr dürfe derartiges vorkommen, ich solle ernsthaft in mich gehen und Besserung

*1948 begann ich meine Lehrtätigkeit an einer Grundschule in der
Lepsiusstraße in Berlin-Steglitz. Auf diesem Foto aus dem Jahr 1952
unterrichte ich eine zweite Klasse.*

geloben. Ob ich denn nichts vom CIA, vom amerikanischen
Geheimdienst, gehört hätte? Fürchterliche Spätfolgen kön-
ne das haben, sie verbäte sich künftig solche eigenwilligen
Aktionen aufs schärfste. Sie entließ mich mit der Äußerung:
„Nur wen man liebt, den züchtigt man", die ich hernach als
puren Hohn empfand.

Völlig verwirrt ging ich aus dem Amtszimmer, ohne zu wissen, was ich eigentlich verbrochen hatte. Ich sah keinen Zusammenhang, begriff nicht, warum ich mich schuldig beken-
nen sollte und warum mir eine Wiederholung der Handlung
untersagt worden war. Bis heute weiß ich nicht, was die Ge-
strenge wirklich gemeint, was sie befürchtet, welche Gefahren sie im Hintergrund gewähnt hatte. Ich will ihr nicht blo-
ße Schikane unterstellen. Es wird sicher einen Grund gege-

ben haben, aus dem es sie gedrängt hatte, mich vor Gefahren und Konsequenzen schützen zu müssen. Jedenfalls zwängte sie mich zurück in das System ihrer Ordnung, das ich eigentlich nie verlassen hatte.

Nachwirkungen für meine erste Lehrerprüfung waren nicht auszuschließen, die Laufbahn also gleich am Anfang gefährdet. Tagelang litt ich unter der Ungerechtigkeit, die mich fast hätte den Beruf hinwerfen lassen. Eltern und Freunde trösteten mich. Und so war es dann auch: Bis auf dieses eine Mal brachte mir das Klassenpaket keine negative Folgen ein.

Was ich der Klasse damals sagte, weiß ich nicht mehr. Wahrscheinlich sehr wenig. Pakete an die Cottbusser Familie schickte ich ab sofort nur noch als Privatperson. Die Schüler bezog ich nie wieder in solche Aktionen ein. Der Kontakt nach Cottbus dauerte etliche Jahre, die Leute antworteten mir auch, und eines Tages kamen sie sogar zu Besuch zu mir nach Hause. Später, als ich dachte, es sei nicht mehr nötig, es muß um die Zeit gewesen sein, als ich von Steglitz nach Zehlendorf versetzt wurde, ließ ich die Beziehung zu Familie T. einschlafen.

Heute verfügen auch die Menschen in Cottbus über die Deutsche Mark. Grenze und Mauer sind verschwunden und hoffentlich auch die Gründe für solcherart Maßregelung, wie ich sie damals erfahren habe.

Aus: „Von hier nach drüben", Reihe ZEITGUT, Band 11.

[Bonn;
1950]

Luise Rüth

Ein schlechtes Zeugnis

Vater war gerade erst krank aus der Kriegsgefangenschaft
zurückgekehrt. Unsere wirtschaftlichen Verhältnisse waren
sehr bescheiden. Vater mußte neu eingekleidet werden; die
schäbige Gefangenenkleidung wollte er nicht mehr tragen.
Seine alte Kleidung war zum Teil den Bomben zum Opfer
gefallen. Und wir hatten auf der Flucht nichts mitnehmen
können. Mutter meinte, sie hätte ihm sowieso nicht mehr
gepaßt.

Vater war zwölf Jahre lang, mit nur kurzer Urlaubsunter-
brechung zu Beginn des Krieges, von uns fortgewesen. Hunger und Entbehrungen hatten seinen Körper gezeichnet. Er
hatte starkes Untergewicht. Als wir ihn auf dem Bahnhof
abholten, erkannten Mutter und ich ihn nicht wieder. Als
junger Mann war er gegangen, und als uralter kam er zurück. So sah er jedenfalls in meinen Augen aus. Es machte
uns sehr traurig. Ich war acht Jahre alt. Wir bemühten uns,
alles zu tun, daß Vater immer satt wurde und sich vielleicht
wieder wohl fühlte. Daher mußten wir unsere eigenen Be-
dürfnisse weit zurückstellen.

Nun war der Frühling in diesem Jahr sehr früh gekommen und außergewöhnlich warm. Es schien, als wollte uns
die Natur für die Entbehrungen der zurückliegenden Jahre
entschädigen. Meine Winterschuhe, klobige Lederschnür-
schuhe, einige Nummern zu groß, was mit dicken selbstge-

*Das bin ich als
Schulkind etwa
1950. Ich besuchte
die Karlschule in
der Bonner
Dorotheenstraße.*

strickten Socken ausgeglichen wurde, waren jetzt einfach zu
warm. Mutter holte meine Sandalen aus dem vergangen Jahr
vom Speicher. Schon im letzten Jahr waren sie mir etwas zu
klein gewesen. Beim Anprobieren stellten wir mit Entsetzen fest, daß meine Zehen bestimmt zwei Zentimeter über
die Schuhe hinausragten. Was tun?

Barfuß konnte ich nicht zur Schule gehen. Wir wohnten
in der Stadt, und vielen Leuten ging es damals schon wieder
recht gut.

Mit diesen Sandalen war ich am ersten Schultag dem Ge-
spött meiner Klassenkameraden ausgeliefert. Sie liefen joh-
lend hinter mir her und lachten mich aus.

Ich war traurig, aber noch mehr wütend, und schämte mich.
Die Tränen liefen mir über die Wangen, ein ganz schlimmer

Jähzorn erfaßte mich. Ich zog die Sandalen aus und schlug damit wild um mich. Dabei traf ich eine Schulkameradin am Kopf. Sie trug eine Platzwunde davon, die heftig blutete. Zu Tode erschrocken lief ich nach Hause.

Am nächsten Tag wurde ich mit Mutter zur Lehrerin bestellt. Mutter wußte Bescheid. Ich hatte ihr abends alles erzählt, weil mich das schlechte Gewissen nicht einschlafen ließ.

Die Lehrerin machte mir heftige Vorwürfe und drohte mit Strafe. Warum es überhaupt zu diesem Vorfall gekommen war, wollte sie gar nicht wissen.

Darüber empört, begann Mutter, mich zu trösten.

Zu meinem großen Pech war die verletzte Mitschülerin der Liebling der Lehrerin. Die Eltern des Mädchens hatten nämlich ein Lebensmittelgeschäft, und jeden Tag fiel etwas für die Lehrerin ab: mal etwas Wurst, mal etwas Schokolade oder Kaffee. In diesen Zeiten mußte man eine solche Beziehung pflegen, das wußte die Lehrerin. Und so legte sie keinen Wert darauf, meine Begründungen zu hören. Ich hatte keine Chance.

Mutter suchte sich eine Putzstelle. Von ihrem ersten Geld bekam ich neue Sandalen, zwei Nummern zu groß, damit sie noch im kommenden Sommer paßten.

Mein nächstes Zeugnis war auffallend schlecht, und mit dem Vermerk versehen: „Luise ist bösartig und stört ständig ihre Mitschülerinnen".

Mutter meinte nur, es kämen auch wieder andere Zeiten, und dann würde auch mein Zeugnis wieder besser. Es blieb das schlechteste Zeugnis meiner ganzen Schulzeit.

Aus: „Nachkriegs-Kinder", Reihe ZEITGUT, Band 2.

[Bonn;
Ostern 1950]

Dorothea F. Voigtländer

Nachsitzen für Demokratie

Unser Lehrer, der hieß Stock, er hatte auch einen und benutzte ihn auch. Das dachte ich mir gleich, als ich ihn am ersten Schultag in der Bonner „Ersatzschule" zum ersten Mal sah, während wir uns in Reih und Glied aufstellen mußten. Alle mußten sich an der Hand fassen, denn „Ordnung muß sein", näselte Lehrer Stock, der sofort merkte, daß ich das nicht mochte. Zack, hatte ich den ersten Stockhieb auf den Händen weg. Ich wollte keiner Fremden die Hand geben, und dann war das Mädchen auch noch so viel älter als ich. Empört wandte ich mich ab, schritt würdevoll über den Schulhof, während die gesamte erste Klasse fassungslos hinter mir herstarrte.

Ungehorsam! Da war ich wieder fällig. In der Klasse mußte ich erst einmal in der Ecke stehen, direkt neben einem korbgeflochtenen Papierkorb. Die Luft war trocken von der Kreide, die Fenster fest verschlossen, und 58 Erstklässlerinnen mußten lernen, wie der Ernst des Lebens beginnt. „Nicht für die Schule, für das Leben lernen wir", näselte Herr Stock und hob seinen Stock wie bestätigend hoch in die Luft.

„Sie lernen also auch noch?", fragte ich und staunte nicht schlecht, daß der nächste Hieb auf meine Füße sauste.

„Was habe ich Ihnen denn getan?", schrie ich empört auf. Zuhause hatte ich die freie Meinungsäußerung und die Demokratie kennengelernt, und nun sollte ich Prügel kennenlernen? Vor Stolz und Zorn heulte ich nicht, auch wenn mir danach zumute war, denn Nachsitzen sollte ich auch noch.

Herr Stock fragte mich nach meinem Namen, nach meinem Alter, wo ich wohnte und was mein Vater von Beruf sei.

„Der ist Demokrat und außerdem geht Sie das gar nichts an", erklärte ich ihm frech und drehte ihm meine Kehrseite zu, damit er ein Stockziel hatte. Die ganze Klasse lachte hemmungslos, ein ohrenbetäubender Lärm, bis die Türe aufging und eine alte Dame sich endlich Verhör verschaffen konnte. Es war die Direktorin.

Lehrer Stock zeigte auf mich und nannte mich „renitent".

Nachdenklich schaute mich die Direktorin an und nahm mich mit in ihr Zimmer. „In der Schule gelten andere Regeln", sagte sie mir. „Du mußt gehorchen lernen und dich einfügen." Freundlich lächelte sie mir zu.

Und dann entrüstete ich mich, daß ich noch nie soviel verhauen worden sei wie an diesem ersten Schultag, und daß wir doch nun die Bundeshauptstadt Bonn seien. Adenauer sei hier Bundeskanzler, der sage auch immer, was er wolle, und überhaupt, mein Vater habe „von den ollen Nazis die Schnauze voll".

Ich bin heute sicher, daß das merkwürdige Geräusch der alten Dame ein schlecht unterdrücktes Kichern war. Dann erklärte sie mir: „Früher war das so üblich, da gab es für freche und offenherzige Antworten eben Stockhiebe. Das wird sich aber bald ändern", tröstete sie mich und führte mich dann in die Klasse zurück, die gerade Pause hatte. Die einen saßen auf den Tischen, andere lümmelten sich am Fenster und schauten hinaus. Als ich hereinkam, wurde es mäuschenstill.

„Was ist los?", fragte mich ein Mädchen, das richtig erwachsen aussah und schon einen Busen hatte. Ihre Aussprache war merkwürdig breit und langgezogen.

„Och nichts, die Stockhiebe werden weniger werden", informierte ich alle, die nun über sich zu erzählen begannen.

Manche waren viel älter als ich. Sie kamen aus dem Osten, aus Hamburg und Dresden; die meisten hatten keinen Vater und keine Heimat mehr. Die mit dem Busen war sogar schon zwölf Jahre alt und hatte noch nie eine Schule besucht. Sie kam aus dem Osten, war in Lagern gewesen und immer auf der Flucht. „Ich kenne das Leben", meinte sie altklug.

Unsere Schule hier in Bonn lag in Schutt und Asche, die „Ersatzschule" war das Pfarrheim neben der Elisabethkirche. Enggedrängt saßen wir auf Ersatzbänken und an unterschiedlich hohen Tischen, Ersatztischen aus Wohnzimmern und Küchen zusammengetragen. Auf meinem Tisch war ein riesiger Fettfleck, also ein Küchentisch. Die Mädchen wurden auf der ersten Etage, die Jungen im Parterre unterrichtet. In den Pausen gab es ein Riesengedränge auf der einzigen Schultoilette, ein ehemaliges Badezimmer mit Badewanne auf Löwenfüßen. Vorsicht war beim Schulbrot angebracht, der beliebteste Klauartikel.

Mein Vater war entsetzt, als er sich den ersten Schultag berichten ließ. Meine jüngere Schwester erklärte, nie ein Schule besuchen zu wollen. Abends rief die nette alte Direktorin an, und Vater lud sie zum Abendessen ein. Es war dann doch noch ein schöner Abend.

Meine Schulkarriere endete nicht so schlecht, wie sie am ersten Tag begonnen hatte, auch wenn der Geschichtsunterricht immer mit Bismarck zuende ging und im nächsten Schuljahr mit den Ägyptern wieder begann. Die Geschichte von Bismarck bis Adenauer erzählte uns der Vater, das machte uns noch „renitenter" und „demokratischer", wie er später zufrieden feststellte. Unser Lehrer Stock ist heute ein freundlicher Gast im Hause, und seinen Stock braucht der alte Herr dringend, um sich überhaupt aufrecht zu halten. Und ein prima Demokrat ist er auch noch geworden!

Aus: „Schlüssel-Kinder", Reihe ZEITGUT, Band 6.

Bärbel Böhme

Wie lernt man ein Gedicht?

Wenn ich um Jahre oder Jahrzehnte zurückblicke, sehe ich
in meiner Erinnerung plötzlich hervorgerufen durch ein Bild,
eine Melodie, ein Gedicht oder einen spezifischen Geruch eine
Lebenssituation ganz klar vor mir, die ich schon lange vergessen glaubte. Meine Enkel mußten für die Schule Gedichte lernen. Es wurde so verlangt und so paukten sie mit Mühe:

> Der Mond ist aufgegangen,
> Die goldnen Sternlein prangen ...

Jetzt sehe ich eine Gruppe Kinder an einem Herbstabend
im Harz vor mir – es ist fast dunkel. Unsere damalige Klassenlehrerin hatte uns zu einem Waldspaziergang eingeladen.
Fast alle kamen. Wir erzählten und lachten, aber bald wurde es still. Ängstlich faßten wir uns an den Händen denn:

> ... Der Wald steht schwarz und schweiget,
> und aus den Wiesen steiget
> der weiße Nebel wunderbar.

> Wie ist die Welt so stille,
> und in der Dämmrung Hülle
> so traulich und so hold!
> Als eine stille Kammer,
> wo ihr des Tages Jammer
> verschlafen und vergessen sollt.

Unsere Lehrerin nahm ihre Gitarre. Auf einer Lichtung machten wir Rast. In dieser Umgebung lernten und sangen wir die unvergeßlichen Verse von Mathias Claudius. Wir waren überwältigt von der Stimmung.

Am nächsten Tag versuchten wir, sie auf unserem Zeichenblock festzuhalten.

Mit Bedauern stelle ich fest, daß mir keine Lehrerin bekannt ist, die heute so mit ihren Schülern Gedichte der Weltliteratur lernt. Ich kenne auch keine Lehrerin, die mit allen ehemaligen Schülern ihren 80. Geburtstag feiert.

Eine fantastische Geschichte

Wenn meine Klassenkameraden und ich von unserer Schulzeit sprechen, dann ergibt sich daraus „Eine fantastische Geschichte". So lautete das Thema eines unserer Klassenaufsätze, was durchaus ungewöhnlich war. Es gab Spielraum für Fantasie – für eine Welt, die nichts mit schrecklichen Kriegserinnerungen oder der Realität zu tun hatte. Das Thema ermutigte zum Träumen.

Das wirklich Fantastische war etwas anderes: Wie schaffte es eine junge Lehrerin, sogenannte Halbstarke dazu zu bringen, sich auch außerhalb der Deutschstunden intensiv mit Literatur zu beschäftigen?

Die Schule wurde für uns das zweite Zuhause, das erste war oft nicht so anziehend. Wir lasen und lernten gemeinsam, redeten über den Sinn der Ringparabel und fuhren zu Lessings „Nathan der Weise" ins Theater nach Weimar. Das waren unauslöschliche Eindrücke. Später, im Deutschunterricht, tauschten wir unsere Eindrücke aus und fertigten mit großer Begeisterung eine riesengroße Wandzeitung an.

Erst einmal auf den Geschmack von Literatur und Theater gekommen, wurde dieser Faden weitergesponnen. Bald spielten wir selbst Theater. Kinder einer abgelegenen Harzer Kleinstadt trauten sich auf die Bühne, und alle machten mit! Nicht Talent war die Voraussetzung, sondern die Begeisterung, gemeinsam etwas Tolles schaffen zu können. Diese an sich bemerkenswerte Geschichte steigerte sich noch: Wir gaben eine Theateraufführung in der Tropfsteinhöhle in Rübeland. Fantastisch!

Und wer kam auf diese verrückte Idee?

Natürlich unsere Lehrerin, Margarete Hahn!

Wir waren hellauf begeistert. Der Elan unserer jungen Lehrerin war ansteckender als jedes bekannte Virus. Sie führte uns in eine Welt, in der wir uns wohlfühlten und verstanden wurden. In der Vorweihnachtszeit wurde unser Klassenzimmer zum Märchenland. Wir schrieben selbst kleine Geschichten und bastelten uns dazu eine Traumwelt, die aber doch ganz real war, Kostüme und Kulissen. Jeder

Weihnachten 1951:
Unsere Klassenlehrerin
Margarete Hahn, jetzt
Margarete Fellbaum.

hatte das Gefühl, von den anderen gebraucht zu werden, und das war wichtig in einer Zeit, in der oft das Notwendige fehlte. Aber Not macht bekanntlich erfinderisch, und so fanden wir auch Möglichkeiten zum Geldverdienen, denn

1951: Meine Klasse 7b nach der Theaterfahrt nach Weimar. An der Riesenwandzeitung sind unsere Eindrücke von Goethe, Schiller und ihren Wirkungsstätten in Weimar festgehalten.

wir wollten eine Klassenfahrt an die Ostsee unternehmen. Ahlbeck auf der Insel Usedom war das Ziel. Eigentlich war das ein damals undenkbares Vorhaben – aber die Fahrt wurde wahr!

Im Forsthaus hatten wir unsere Unterkunft: einen Heuboden für die Jungen und ein Zimmer mit Stroh für die Mädchen. Jeden Morgen machten wir einen Dauerlauf – jetzt heißt das Jogging – zum Meer. Trotz abendlichem und nächtlichem Kampf gegen Schwärme von Mücken fühlten wir uns in der Gemeinschaft pudelwohl. Und alles klappte auch ohne erhobenen Zeigefinger.

*Ein Traum wurde wahr: 25. Juli – 9. August 1952, unsere Klassenfahrt
nach Ahlbeck auf Usedom. Meine Schulfreundin Ursula und ich, links,
in selbstgestrickten Badeanzügen am Strand.*

Unvergeßlich sind die Abende am Lagerfeuer. Wir kannten
viele Volkslieder und lernten neue hinzu. Fantasie hatte auch
hier ihren Raum. Wir stellten uns zum Beispiel eine Stadt
vor, in der wir später arbeiten würden. Jeder sollte nach seinen Fähigkeiten das machen können, was auch für die anderen nützlich war. Dazu gab es in der von uns ausgedachten
Stadt viele Möglichkeiten: Handwerksbetriebe, Schulen, Ver-
kaufseinrichtungen, Bibliotheken und andere. Eine friedli-
che Gemeinschaft sollte es sein – Geld spielte für uns dabei
keine Rolle.

Natürlich gab es am Ende dieser schönen Ferientage auch
ein kleines Abschiedsprogramm. Dafür entstanden ein Ost-
see-Ferienlied und vieles mehr ...

Nun sind alle wieder da: jene kostbaren Augenblicke, die
wir nicht nur im Fotoalbum bewahrt haben.

Aus: „Schlüssel-Kinder", Reihe ZEITGUT, Band 6.

[Bautzen – Rabitz, Lausitz,
Bad Kösen/Saale, Sachsen-Anhalt, damals DDR;
Frühjahr/Sommer 1952]

Joachim Jähne

Aktion Käfer

Es muß im Frühjahr 1952 gewesen sein. Im Fach Gegenwartskunde belehrte man uns über den Klassenfeind. Überall konnte er sein. Deshalb hieß es Wachsamkeit üben.
Eines Tages führte uns Herr Grell, der in der 8c Geschichte und Biologie unterrichtete, in den Filmraum. Das war eine
Besonderheit für uns, denn in der ganzen Schule gab es nur
einen verdunkelbaren Raum. Filme waren uns immer willkommen. Aber der Hauptgrund für die Beliebtheit des Vor-
führraumes war, daß wir dort meist mit Schülern anderer
Klassen zusammen saßen, manchmal sogar mit einer Mäd-
chenklasse der benachbarten Pesta/Mädchen. Das gab dann
ein schönes Gaudi.
Doch diesmal blieben wir in der Biostunde allein. Es gab
auch keinen Film, sondern nur schwarz-weiße Dias vom
Kartoffelkäfer zu sehen. Den kannten wir schon von Plakaten, die überall in den Straßen klebten. „Bekämpft den Kartoffelkäfer!" stand darauf.
Heute erfuhren wir, daß der Käfer aus Amerika stammte,
früher sehr selten war und erst durch den großflächigen
Kartoffelanbau die nötige Nahrung fand, um sich massen-
haft zu vermehren. Die Dias zeigten Käfer, Eier und Rau-
pen, außerdem kahlgefressene Felder, die in Frankreich fo-
tografiert worden sein sollten. Der Lehrer verwies auf die
hohe Fortpflanzungsrate und die ungeheure Gefräßigkeit

dieser Insekten. Der mögliche Schaden für unser Land sei unermeßlich. Der Klassenfeind wisse das natürlich genau und habe entlang der Autobahnen die Käfer ausgesetzt. Von dieser Aussage könnte später der Name „Amikäfer" abgeleitet worden sein. Schließlich kam der eigentliche Knalleffekt für uns: Wir sollten die Käfer suchen.

Mehrere Klassen trafen sich morgens vor der Schule. Einige Lehrer leiteten den Großeinsatz. Damals gingen Klassen grundsätzlich in einer Antreteordnung zu zweit oder manchmal auch zu dritt nebeneinander, damit der Zug nicht zu lang würde. Zu Fuß marschierten wir am Bautzener Bahnhof vorbei hin zu dem kleinen Dorf Rabitz. Der Ort liegt zwar einige Kilometer von der Autobahn entfernt, doch Kartoffelkäfer können ja bekanntlich fliegen.

Wir brauchten deutlich über eine Stunde, bis wir unser Feld erreichten. Dort gab es noch ein paar ermahnende Worte durch einen der Lehrer. Ein Bauer erklärte, wie wir vorgehen sollten und stellte dann jeden von uns an den Beginn einer Kartoffelfurche. Ich weiß heute nicht mehr, wieviele Jungen wir waren, aber die Linie, die wir bildeten, war unheimlich lang. Genau diese Linie sollten wir beim Suchen beibehalten. Auf ging's!

Wir drehten anfangs beinahe Blatt für Blatt um, immer auf den Erfolg gefaßt. Irgendwie kamen wir uns wichtig vor. Doch der erwünschte Fund ließ auf sich warten.

Schon nach kurzer Zeit erlahmte die Geduld. Die Linie verformte sich. Drängler waren bereits weit voraus. Lehrer eilten als Bremser hinterher. Die Sucher wechselten in andere Furchen. Zuständigkeitsstreitigkeiten entbrannten. Die Beerenfrüchte der Kartoffelpflanzen dienten als Wurfgeschosse. Ein heilloses Durcheinander entstand. Wir mußten neu geordnet werden, getreu dem Motto: Ein Braver neben einen weniger Braven. Oh, wie können sich Lehrer irren!

Auch die neue Ordnung hielt nicht lange und Käfer stellten sich immer noch nicht ein. Von Seiten der Bauern fiel das Wort Neulehrer. Das kitzelte die Ehre der Aufsichtsführenden.

Über Nacht tauchte das Gerücht auf, daß ein Käfer gefunden worden sei. Man wies auf eine aus drei Stangen errichtete Pyramide, die die Fundstelle kennzeichnen sollte. Unser Eifer entbrannte erneut, doch trotz langen Aufenthaltes auf dem Feld fanden wir an diesem Tage nichts mehr.

Ein paar Tage später erschien in der Zeitung eine kurze Notiz über unseren Einsatz: „Trotz unermüdlichen Suchens wurde weder ein Käfer noch eine Larve gefunden", hieß es darin. War der Satz ein Irrtum?

Nur wenige Wochen danach beendeten wir unsere Schulzeit mit den Abschlußprüfungen. Eine Gruppe von Schülern, darunter auch ich, fuhr noch mit Herrn Grell nach Bad Kösen. Der Lehrer ermahnte uns zwar immer, uns von Mädchen fern zu halten, dafür seien wir noch zu unreif, aber ansonsten legte er seine schulische Strenge ab und zeigte sich beinahe als Kumpel. Er schlief genau wie wir in einem ehemaligen Pferdestall auf einem Strohsack und wusch sich morgens unter der Pumpe.

Beim Vorbeigehen entdeckte jemand auf einer Anschlagtafel einen Aufruf:

> *Sammelt Kartoffelkäfer! Das Gemeindeamt zahlt für jeden abgelieferten Käfer 1 Pfennig.*

Nach den bereits gesammelten Erfahrungen konnten wir darüber nur witzeln. Trotzdem schielten wir bei unseren vielen Wanderungen „an der Saale hellen Strande ..." immer wieder mal hin, wenn wir an Kartoffelfeldern vorbeikamen. Von den Gestreiften war da nie etwas zu sehen.

Eines Tages aber passierte das Unglaubliche: Wir wanderten von Schulpforta auf einem Feldweg zurück nach Bad Kösen. Da lag er plötzlich auf dem Weg! – Weit und breit kein Kartoffelfeld, aber der berüchtigte Käfer lag da!

„Der ist bestimmt geflogen und abgestürzt", wurde vermutet. „Oder Agenten haben ihn aus dem Zug geworfen", orakelte einer etwas scheinheilig. Die Bahnlinie Erfurt - Leipzig schlängelt sich nicht weit entfernt durch das Saaletal, fast unseren Weg berührend.

Die beginnende Diskussion wurde jäh unterbrochen. Nicht einmal Herr Grell erhielt die Gelegenheit, seine Meinung einzubringen, denn irgendwer machte eine kaum glaubhafte Entdeckung: Auf dem neben dem Weg liegenden Rübenfeld drängten sich an einigen Pflanzen rote Larven – die Larven des Kartoffelkäfers!

Selbst Herr Grell hielt das für unmöglich. Doch alle Zweifel währten nicht lange. Bald fanden wir auch zahlreiche Käfer zwischen den Larvenkolonien. Schnell wurden die Exemplare gezählt. „48 an einer Pflanze! Das ist bares Geld!"

Wir waren uns nicht ganz sicher, ob der Aufruf noch Gültigkeit hatte. Innerhalb weniger Minuten sammelten wir etwa 100 Käfer und Larven in ein altes Marmeladenglas.

Das Gemeindeamt hatte noch geöffnet. Zwei Jungen präsentierten unseren Fang, kamen aber schon nach wenigen Minuten empört wieder: „Die spinnen hier! Den Pfennig gibt's nur für Käfer! Und außerdem ekeln sich die Weiber und wollen die Tiere nicht zählen."

„Sind die blöd? Die Larven fressen doch viel mehr. Stimmt's, Herr Grell?"

Selbst unser Lehrer konnte das nicht begreifen. Er schien zu kochen, beherrschte sich aber und ging eiligen Schrittes selbst ins Büro. Diesmal dauerte es länger, deutlich länger. Als er wieder herbeischritt, hielt er einen prallen Beutel mit Flaschen in der Hand. Sie waren aus braunem Glas, wie Arzneifläschchen.

„Ihr sollt die Käfer in diesen Flaschen sammeln. Den Inhalt einer vollen Flasche wird dann jemand zählen. Bei den anderen Flaschen legt man die gleiche Zahl zugrunde."

„Und was wird mit den Larven?"

„Die sollt ihr zertreten! Die Leute hier haben die Weisung, nur für Käfer zu bezahlen."

Am nächsten Morgen gab es Freizeit. Die meisten von uns rückten den Käfern zu Leibe, in der Hoffnung, sich ihr Taschengeld aufbessern zu können. Herr Grell, sicher froh, einen ruhigeren Tag zu bekommen, ermahnte uns nur, pünktlich zum Essen zu erscheinen. Dann ließ er uns ohne Aufsicht ziehen.

Die Jagd verlief erfolgreich. Wir fingen die Käfer und zertrampelten ab und zu eine Larve. Ich verdiente an einem Vormittag etwa acht Mark. Das war kein Spitzenwert. Trotzdem war es weit mehr, als ich für schwerste körperliche Arbeit als Erntehelfer bei meinem Onkel in 14 Tagen bekommen hatte. Für unser Taschengeld hatte sich der Einsatz gelohnt, für die Käferbekämpfung wohl nicht so. In der DDR mußten später viel schwerere Waffen gegen den „Amikäfer" eingesetzt werden.

[Deudesfeld/Eifel, Rheinland-Pfalz;
1950–1958]

Gisela Bender

Schulwanderung

An sonnigen Frühlingstagen, an denen das Wetter zu schön war, um sie hinter den dicken Mauern des Schulhauses zu verbringen, setzte unser Lehrer des öfteren eine Wanderung auf den Stundenplan: Heimatkunde in der Natur. Unser Lehrer unterrichtete in einem Raum acht Klassen gleichzeitig. Für die 60 Schülerinnen und Schüler unserer Dorfschule war die Freude dann jedesmal groß. Mit lautem Juchhei strömten alle, Große und Kleine, von der ersten bis zur achten Klasse, ins Freie. Draußen gab der Lehrer kurze Anweisungen, die Größeren hatten mit auf die Kleinen aufzupassen; dann ging es diszipliniert, aber fröhlich schwatzend zum Dorf hinaus. Immer wieder blieb der Lehrer stehen und zeigte auf Pflanzen oder Blumen, alle standen drum herum und mußten sagen, um welche Pflanze es sich handelte. Im Wald wurde Rast gemacht, die dazu genutzt wurde, Tanne, Fichte oder Buche an der Rinde zu erkennen. Wer gut aufgepaßt hatte, konnte sogar das Alter der Bäume schätzen. Oben auf dem Berg, von dem man den schönsten Blick auf das Dorf hat, setzten wir uns im Kreis zusammen.

Es war ein schönes Dörfchen. Mittendrin ragte groß und stark die Kirche heraus. Bis hier oben drang die Geschäftigkeit des Dorfes. Vielerlei Geräusche waren zu hören: Eine Kreissäge quälte sich schrill durch das Holz, hier und da brüllte eine Kuh, wohltuend tönten die Hammerschläge auf dem

Das Leben im Dorf war von der traditionellen kleinbäuerlichen Struktur geprägt. Ein Kuh- oder Ochsengespann gehörte zu jedem Hof. Kühe waren Arbeitstiere und Milchlieferanten zugleich.

Amboß der Schmiede herauf. In diesem oder jenem Eckchen bellte ein Hund, und von überall krähten die Hähne, sich über alle Geräusche behauptend.

Rings um das Dorf herum ackerten die Bauern, und das waren außer dem Lehrer und dem Pastor alle Dorfbewohner, auf ihren Feldern. Die Frühjahrsbestellung war in vollem Gange. Gemächlich zogen die Gespanne nebeneinander Furche um Furche. Hin und wieder wurde eine Verschnaufpause gemacht, mit dem einen oder anderen Nachbarn ein Schwätzchen gehalten. Das gab dem Bauern und seinem Gespann dann wieder neuen Antrieb.

Alles hatte seine Ordnung, dem Nachbarn zur Linken ging es gleich wohl wie dem zur Rechten, ihre Welt war im Gleichgewicht bei diesem schönen Wetter.

Wir Kinder erkannten von hier oben nicht nur unsere Häuser, sondern ebenso unsere Felder und Gespanne. Unter jedem Dach, auf das wir hinunterblickten, wohnten Leute,

die wir kannten. Wenn wir hier saßen, spielten wir oft „Häuserraten". Einer nannte eine Person, Vater oder Mutter, Sohn oder Tochter, dann mußten die anderen raten, welche Familie im Dorf das war. Dieses Spiel wurde uns nie langweilig. Um mitzukommen, mußte man die Familien im Dorf gedanklich durchgehen, nur so hatte man stets alle im Kopf. Es gab nicht viel, was der eine vom anderen nicht wußte, das ganze 450-Seelen-Dorf war eine Großfamilie. An allen großen und kleinen Ereignissen nahmen alle teil.

Mehr als vier Jahrzehnte sind seither vergangen, und es zieht mich an jenen Ort zurück. Rastend verweile ich und lausche auf die in der Erinnerung lebendig gebliebenen Geräusche des Dorfes. Doch so angestrengt ich auch lausche, es brüllt keine Kuh, es kräht kein Hahn, und auch die Hammerschläge aus der Schmiede sind verstummt.

Es ist Frühjahr, und ich halte Ausschau nach der Frühjahrsbestellung. Vergeblich schaue ich über die Feldflur – kein Gespann zur Rechten, keines zur Linken. Einsam zieht ein einzelner Traktor seine Furchen für die Frühjahrssaat. Ich sehe auf die Häuser, gehe sie in Gedanken durch. Und obwohl ich hier wohne, kenne ich verschiedene Hausbesitzer nicht. Da steht die alte Schule, längst wird sie anderweitig genutzt. Unser Dorf ist geblieben, aber wir haben uns verändert, wir alle wollten kein Schmied und kein Bauer sein. Wenigstens die Kirche, die haben wir noch im Dorf gelassen.

Aus: „Schlüssel-Kinder", Reihe ZEITGUT, Band 6.

Linke Seite: Meine Klasse vor dem Niederwald-Denkmal in Rüdesheim/ Rhein beim Jahresausflug 1955. Das ganze Jahr über freuten wir uns schon darauf. Wir finanzierten diese Ausflüge durch das Sammeln von Waldbeeren und Einnahmen aus Theaterspielen. In der Mitte unser Dorfschulmeister, Franz Schifferings, und seine Ehefrau Änny, ohne deren Mithilfe er das Unternehmen „Schulausflug" nicht hätte bewältigen können.

[Reckum – Wildeshausen, Kreis Oldenburg –
Delmenhorst, Niedersachsen
1950–1956]

Margitta Acker

Mein Schulweg

Im Frühjahr 1946 waren wir als Heimatvertriebene von Hinterpommern in die Gemeinde Reckum gekommen, damals zur
Kreis-Grafschaft Hoya in Niedersachsen gehörend. Dort hatte mein Vater nach kurzer amerikanischer Gefangenschaft bereits eine Arbeitsstelle in seinem Beruf als Landwirt gefunden. Das Geestdorf Reckum wurde unsere zweite Heimat.

Bald nach unserer Ankunft kam ich im Mai in die anfangs
einklassige Reckumer Volksschule. Als ich in der vierten
Klasse der inzwischen zweiklassigen Schule war, empfahl der
Lehrer meinen Eltern, mich auf die Mittelschule in die nahe
Kleinstadt Wildeshausen zu schicken. Meine Eltern waren
einverstanden. Also wurde ich zur Aufnahmeprüfung angemeldet, obwohl irgend jemand – meine Oma vielleicht, oder
auch der Bauer, bei dem wir wohnten – „Was soll der Un-
sinn? Die heiratet doch sowieso", murmelte.

Mit der Anmeldung kam sogleich eine wichtige Frage auf:
Angenommen, ich bestehe die Prüfung, wie komme ich dann
jeden Tag in die Schule? – Fünf Kilometer lagen zwischen
dem Hof, auf dem wir wohnten, und der Schule am östlichen
Ende der Stadt. Einen regulären Busverkehr gab es nicht,
und wer verfügte 1950 schon über ein Auto?

Und selbst wer eins besaß, hätte zu der Zeit seine Kinder
sicherlich nicht jeden Tag in die Schule kutschiert. Ein Fahrrad mußte her, das war die einzige Möglichkeit. Radfahren

hatte ich längst gelernt, denn ein Fahrrad besaß unsere Familie immerhin, wenn auch ein recht altes und klappriges. Ich brauchte ein eigenes Rad. Gespannt wartete ich auf das Ergebnis der Aufnahmeprüfung. Ein Fahrrad winkte – welch eine Belohnung für eine bestandene Prüfung!

Die Nachricht war positiv, und ein Fahrrad wurde bestellt – wahrscheinlich beim Versandhaus Quelle. Es war ein Traumfahrrad: weinrot mit viel spiegelblankem Chrom und flachem Lenker. Wer hatte damals auf dem Dorf schon ein Fahrrad mit einem flachen Lenker?

Sogleich mußte ich unter Anweisung meines Vaters lernen, einen Reifen zu flicken, und versprechen, das Rad regelmäßig zu putzen und stets sorgfältig mit ihm umzugehen. An einem Apriltag im Jahre 1950, war es soweit: Ich radelte los in Richtung Wildeshausen. Radfahren wurde viele Jahre lang Teil meines täglichen Lebens, morgens zur Schule, mittags nach Hause, sechs Tage in der Woche, vierzig oder auch mehr Wo-

Das bin ich mit meinem weinroten Traumfahrrad im Sommer 1955.

chen im Jahr. Wie viele Fahrradkilometer habe ich wohl in den Jahren zurückgelegt? Ich habe es nie ausgerechnet.

Es gab zwei Wege in die Stadt. Der breite Sandweg führte durch Felder, Wälder und an der Flußniederung der Hunte entlang. Der andere, die Landstraße, war damals noch nicht asphaltiert, sondern mit groben Feldsteinen gepflastert – ein gefährliches Pflaster für aufgepumpte Reifen!

Beide Wege hatten ihre Vor- und Nachteile. Der Sandweg war kürzer, er sstand allerdings bei Regenwetter voller Pfützen, und Dreck spritzte in alle Richtungen. Er barg die Gefahr, daß man steckenblieb oder von unten her noch zusätzlich naß wurde und mit klatschnassen und schmutzigen Schuhen in der Schule erschien. Im Winter kam dieser Weg nicht in Betracht. Bei schlechtem Wetter und auch bei Dunkelheit war die Landstraße der sicherere Weg, auch wenn man sich einen Kilometer länger in die Pedalen legen mußte. Zum Glück war ich nicht die einzige, die aus dem Dorf in die Stadt zur Schule fuhr. Zu meiner Freundin Anneliese, eine Klasse über mir, kam später noch Gudrun aus dem Nachbardorf hinzu, sie besuchte eine Klasse unter mir. Wir drei nahmen gerne den Sandweg zur Schule. Man konnte ungestört nebeneinander herfahren und sich dabei unterhalten. Wir hatten uns immer viel zu erzählen. Oft waren es Geschichten, die ich mir abends vor dem Einschlafen ausdachte, manchmal sogar in Fortsetzungen! Wovon sie handelten? Mit Sicherheit waren es entsetzlich kitschige Liebesgeschichten, angeregt durch Groschenromane, und Geschichten aus den Lesemappen, die wöchentlich ausgetauscht wurden.

Als Gudruns Familie wegzog und später auch Annelieses, wurde der Sandweg für mich weniger reizvoll. Ich nahm fortan fast ausschließlich die Landstraße. Hier traf ich morgens manchmal auf den einen oder anderen Mittelschüler aus der Gemeinde, und wir legten den restlichen Schulweg gemeinsam zurück. Aber Geschichten habe ich nicht mehr erzählt. Die Landstraße hatte noch einen großen Vorteil: Hier fuhren gelegentlich Trecker mit vollbeladenem Anhänger. Daran konnte man sich so schön anhängen und ein ganzes Stück des Weges ziehen lassen. Der Treckerfahrer hatte meist nichts dagegen, falls er es überhaupt bemerkte. Irgendwann muß die Landstraße dann aber doch asphaltiert worden sein, zumindest von der Stadtseite her. Auf dem Nachhauseweg fuhr ich oft mit einem Schmökerheftchen vor der Nase durch den Wald, eine Hand lässig an der Lenkstange, mit der anderen das Heft haltend, die ganze Aufmerksamkeit auf dessen Inhalt gerichtet. Ich las die „Sonni"-Hefte, eine Serie, in der eine Gruppe junger Mädchen, allen voran Sonni, wahnsinnig aufregende und fantastische Abenteuer erlebte. Bei meinem schmalen Taschengeld konnte ich mir diese Heftchen allerdings nicht leisten; eine Klassenkameradin lieh sie mir, aber nur, wenn sie bei mir Hausaufgaben abschreiben durfte.

Bestimmt hat das Radfahren zu unserer Gesundheit und zu unserer Fitneß beigetragen. Aber die Winter hätten wir nicht gebraucht. Herbststürme und Aprilregen, Sommergewitter und Hagelschauer waren schlimm genug, am unangenehmsten aber war es im Winter. Schneeverwehungen, Schneetreiben, Glatteis, klirrende Kälte und morgens die Dunkelheit. Wie oft bin ich auf Glatteis ausgerutscht und hingeschlagen, in einer Schneewehe am Straßenrand steckengeblieben und in das kalte Weiß gerutscht! Wie oft habe ich mit vor Kälte steifen Fingern einen geheizten Raum betreten und die Tränen nicht zurückhalten können, so sehr schmerzten die sich langsam erwärmenden Finger.

Um 8 Uhr begann der Unterricht. Im Sommer reichte es, wenn ich mich gegen 7.30 Uhr auf den Schulweg begab. Aber im Winter! Da fuhr ich extra früh los, damit ich auch bei Stürzen, Stürmen, Glatteis und Nässe ja nicht zu spät zum Unterricht kam. Wie habe ich die Dunkelheit gehaßt!

Als ich in die 9. Klasse ging, hatte einer meiner Klassenkameraden das Glück, für einen Schüleraustausch in die USA ausgewählt zu werden. Amerika! Wie gerne wäre ich an sei-

ner Statt in das Land der unbegrenzten Möglichkeiten ge-
reist. Und was passierte?

In der 10. Klasse war ich die Auserwählte. Im Juli 1955
reiste ich mit 25 anderen Austauschschülern aus allen Teilen Deutschlands auf der „Italia" über den großen Teich. Ein
Jahr verbrachte ich bei einer amerikanischen Farmerfami-
lie in einem kleinen Dorf im Bundesstaat Iowa im Mittleren
Westen. Ich ging dort zur Schule, lernte fließend Englisch
bzw. Amerikanisch sprechen und machte meine erste Bekanntschaft mit dem Fernsehen. Es war ein Jahr voller interessanter Erlebnisse und neuer Eindrücke.

Alles hat seine Sonnen- und Schattenseiten: Als ich ein
Jahr später, im Juni 1956, zurückkam, gab es meine Mittel-
schulklasse nicht mehr. Alle hatten inzwischen die Mittlere
Reife abgelegt und waren ins Berufsleben hinausgegangen.
Zurückversetzt werden wollte ich nicht, und nachdem sich

*Im Juli 1955 machten wir 26 Austauschschüler aus Deutschland uns mit
der MS „Italia" auf dem Weg in die USA.*

Wehmütig dachte ich bei meiner Rückkehr aus den USA an meine Klassenkameradinnen, die inzwischen die Schule beendet hatten – hier im Juni 1955 bei einem Ausflug vor der Jugendherberge Bad Gandersheim im Harz. Ich stehe rechts im Dirndelkleid.

das Gymnasium an der Wilhelmstraße in Delmenhorst trotz meines Nachholbedarfes in einigen Fächern bereiterklärt hatte, mich in die 11. Klasse aufzunehmen, wechselte ich nach dort über. Mein Schulweg wurde nun noch länger. Zu dem täglichen Radfahren kam eine 40minütige Bahnfahrt. Ich mußte morgens noch früher aus dem Haus. Manchmal fiel der Unterricht in die Nachmittagsstunden, so daß ich den Nachhauseweg im Winter oft in Dunkelheit zurücklegen mußte. Mitfahrer hatte ich nun nur noch im Zug; da wurden Hausaufgaben verglichen, Vokabeln gebüffelt, Schulprobleme diskutiert. Den Weg zum Dorf und umgekehrt legte ich von nun an immer allein zurück.

Aus: „Halbstark und tüchtig", Reihe ZEITGUT, Band 17.

[Richtenberg, bei Stralsund, damals DDR;
50er Jahre]

Annemarie Sondermann

Der rote Rock

Das Examen war geschafft, die Ausbildung vollendet. Nun
hieß es Abschied nehmen vom freien, eigennützigen Studen-
tenleben, ein neuer Abschnitt, Berufsleben mit Verantwortung für andere, lag vor uns. Ich freute mich darauf. Ich hatte das Glück, den Beruf ergreifen zu können, den ich mir
vom ersten Schuljahr an erträumt hatte: Lehrerin.

Schon vor den letzten Prüfungen war, wie in der DDR üblich, die Berufslenkungskommission an unsere Greifswalder
Universität gekommen. Wir Absolventen wurden damals in
den 50er Jahren dringend gebraucht. Nicht eine einzige Bewerbung brauchten wir zu schreiben. Alles war von staatli-
cher Seite bereits für uns geregelt worden.

Für mich war eine Stelle an einer Schule in einem kleinen
Ort unweit Stralsunds vorgesehen, einer Oberschule mit Internat. Man hatte getreu der sozialistischen Aufhebung der
Unterschiede zwischen Stadt und Land dieses Oberschulin-
ternat auf dem Dorf für Stralsunder Schüler eingerichtet,
um sie mit der Landjugend zu vermischen. Ich sollte mich
vor Beginn des neuen Schuljahres beim dortigen Schulleiter
melden.

Also machte ich mich auf den Weg, mit Busumsteigen konnte man dieses Nest erreichen. Ich wählte für diese Vorstellung meine damalige Lieblingskleidung: einen eng anliegen-
den schwarzen Pulli mit kleinem, buntem Nickituch, dazu

einen knallroten Popelinerock. Mit einem Petticoat darunter wippte er bei jedem Schritt. Ein mit schwarzem Samt bezogener, breiter Gummigürtel betonte die schmale Taille. Es versteht sich, daß es diesen Jungmädchenstaat natürlich nicht in der DDR zu kaufen gab. Ich hatte die Sachen dank größter Sparsamkeit von meinem geringen Stipendium in Westberlin erworben, zum vierfachen Preis, vier Ostmark für eine Westmark. Ich fand mich schick darin.

Dorfmilieu umfing mich, am Ziel angekommen, schlimmer noch: Kleinststadtatmosphäre, grau, abgestanden, hinterwäldlerisch. Mein Auftritt erregte Aufsehen, man schaute mir nach.

Dann im Direktorzimmer: Der Schulleiter, ein schlanker, großer Herr um die 40, erwies sich nach einem durchdringenden Blick auf mein Erscheinungsbild als überaus entgegenkommend: Unterkunft für mich am neuen Ort würde er regeln; der Transport dorthin sei kein Problem, er würde einen Lastwagen von der Schnapsfabrik – der einzigen, dazu den Ort prägenden Industrie – für mich organisieren; ich brauchte nur am ersten Schultag morgens da zu sein, könne mich in Ruhe eingewöhnen, der neue Stundenplan begönne ohnehin erst eine Woche später.

Ich hätte eigentlich sehr zufrieden mit diesem Vorstellungsgespräch sein können, wäre da nicht das unangenehme Gefühl bei mir zurückgeblieben, daß mich mein neuer Dienstherr mehr als Frau denn als zukünftige Pädagogin betrachtet hatte. Die ältliche Sekretärin im Hintergrund hatte ich kaum wahrgenommen.

Tatsächlich wurde ich zum verabredeten Termin an meinem Studienort von einem LKW der Kornbrennerei abgeholt. Meine zahlreichen Kartons, die meisten voll mit Büchern, waren zwischen Kästen mit Schnapsflaschen schnell verstaut. Ich fuhr, vorn zwischen den Brummifahrern sitzend, meinem neuen, meinem ersten Wirkungsort mit freudiger Erwartung entgegen.

Die stellvertretende Schulleiterin zeigte mir meine neue Wohnstätte, eine winzige Durchgangskammer zwischen Wohnraum und Küche in der Kate eines älteren Fräuleins und ihres erwachsenen Sohnes. Bett und Kleiderschrank, dazu ein wackliges Eisengestell mit stark abgeplatzter Emaillewaschschüssel ließen nur einen schmalen Gang zur Küche frei. Auch wenn wir in der Nachkriegszeit nicht gerade Luxus gewohnt waren, schaute ich doch recht unglücklich auf mein neues „Zuhause". Auf meine zaghafte Frage, wo ich mich denn eigentlich auf meine Schulstunden vorbereiten könne, zeigte man mir im Wohnzimmer den auch von Mutter und Sohn benutzten Eßtisch. Über meine vielen Bücherkartons waren meine neuen Wirtsleute entsetzt, damit hatte man nicht gerechnet.

„Was Besseres gibt es eben in solch einem kleinen Ort nicht", beschied die stellvertretende Schulleiterin und verschwand.

Erster Schultag! Nach schlechter Nacht machte ich mich hoffnungsvoll auf den Weg. „Die erste Woche haben Sie Zeit für sich zum Eingewöhnen!" Ich erinnerte mich genau an die Worte des Direktors.

Aber der Schulalltag sieht eben anders aus. Die stellvertretende Schulleiterin, zuständig für die Vertretungen, empfing mich. Der Turnlehrer fehlte. „In der ersten Stunde geben Sie Sport im 9., in der zweiten im 7. Schuljahr ..."

Ich eilte in mein Kabuff, wühlte in meinen Kartons. Wo hatte ich nur meinen Trainingsanzug eingepackt?

Dann stand ich mutterseelenallein in der Turnhalle. Was tun? Ich hörte den Krach der Schüler im Umkleideraum. Ich mußte mich stellen, sie erst einmal hereinholen. Aber was sollte ich mit ihnen anfangen?

Ich war ausschließlich als Fachlehrerin für Deutsch ausgebildet, meine Schulsporterfahrungen lagen lange zurück, sie stammten noch aus der Zeit des Nationalsozialismus. Nach dem Krieg hatte es an meiner Schule wegen Lehrermangel keinen Turnunterricht gegeben. Aber nun nimm dir ein Herz!

Lauter Jungen, erneutes Erschrecken. Natürlich, der fehlende Lehrer war nur für den Jungensport zuständig.

„Der Größe nach angetreten!"

So kannte ich es von der Nazizeit her. Dann fielen mir ein paar Freiübungen ein: Kniebeuge, Liegestütz. 45 Minuten dauert eine Schulstunde, 45 lange Minuten.

Hilfesuchend schaute ich mich in der Halle um, mehrere Geräte standen dort. Aber was für Übungen kann man an einem Pferd, am Barren machen?

Ein Bock war meine Rettung. Bockspringen kannte ich noch. Also alle in einer Reihe hinter dem Bock aufgestellt.

„Mit Sprungbrett?" fragte mich so ein Spitzbube.

Ach, natürlich, das gab es ja auch noch. Was die Jungen dann aber als Sprungbrett heranschleppten, so ein wippendes mit Federn, hatte ich noch nie gesehen. Einer nach dem anderen hüpfte auf diesem Wunderding, flog in die Luft hoch über dem Bock und – mir in die Arme. Aus Sorge, es könnte ihnen etwas passieren bei diesen Luftsprüngen, fing ich sie, Hilfestellung gebend, auf. Natürlich machten sich diese großen Jungen einen Spaß daraus, mir in die Arme zu fallen. Wann nur endlich läutet es?

In der großen Pause ging ich ins Lehrerzimmer. Ich stellte mich vor: „Ich bin Annemarie ...., Ihre neue Kollegin."

Eisiges Schweigen. Alle saßen an ihren Tischen, scheinbar in ihre Schulsachen vertieft. Nur einer brach die Stille: „Sind Sie in der ‚Deutsch-Sowjetischen Freundschaft'?"

Das war hart. Die erste Frage an mich war gleich eine nach meiner Gesinnung. Die „Deutsch-Sowjetische Freundschaft", eine der sogenannten Massenorganisationen in der DDR, galt als Gradmesser für die politische Einstellung. ‚Nur nicht gleich in dieser Hinsicht auffallen', dachte ich.

„Nein", erwiderte ich, „aber was nicht ist, kann ja noch werden."

Keine weitere Reaktion. Man ließ mich einfach stehen.

Noch schlimmer erging es mir beim Mittagessen. Es war in dieser Schule so geregelt, daß die Lehrer am Essen der Internatsschüler teilnehmen konnten. An einem Extratisch sah ich mehrere Lehrerinnen sitzen. Ich sagte mein Vorstellungssprüchlein.

Richtig giftig schnarrte die eine zurück: „S i e kennen wir schon!"

Ich meinte, die Kollegin noch nie vorher gesehen zu haben, konnte mir also ihre Bemerkung nicht erklären. Keine lud mich ein, an ihrem Tisch Platz zu nehmen.

Eine Küchenfrau war es dann, die mir an diesem Tag als erste und einzige Mitmenschlichkeit erwies. Sie sah mich dort hilflos stehen, entschuldigte sich für die anderen, servierte mir extra das Essen.

„Haben Sie die auch schon bezirzt?" zischte mich eine meiner neuen Kolleginnen an.

Viel, viel später kam es dann heraus, warum mich meine neuen Kollegen so gemein, ja feindselig empfangen hatten.

„Nach den Ferien bekommen wir eine hübsche, junge Kollegin", hatte der Direktor in der Schuljahrsendkonferenz angekündigt, „und ich kann Ihnen sagen attraktiv, einfach attraktiv!"

„Du hättest sein süffisantes Schmeckleckerlächeln dabei sehen sollen", erzählte mir eine Kollegin. – Und das in männerarmer Nachkriegszeit vor einem fast ausschließlich nicht mehr ganz so jungen, weiblichen Kollegium, in dem nicht nur eine ihren gutaussehenden Chef begehrte, sich Hoffnung auf ihn machte! Überdies hatte die Sekretärin meinen völlig naiven Antrittsauftritt als von mir bewußt berechnend in allen Farben geschildert: „Wie die sich aufgeputzt hatte!"

Das wurde weitergetuschelt, alle hatten es erfahren. Der rote Rock war schuld gewesen!

Daß diese ersten Berufsjahre dann doch eine gute Zeit wurden, lag vor allem daran, daß ich in der Lehrtätigkeit wirklich den Beruf meines Lebens gefunden hatte. Auch die Kolleginnen wurden netter, als sie sahen, daß ich nicht auf die Annäherungsversuche des Herrn Direktor einging. Ich glaube, es imponierte ihnen sogar, wenn ich in trinkfreudiger Runde – und es wurde viel gefeiert und getrunken in diesem Schnapsort – einfach meinen Platz wechselte, wenn unter dem Tisch ein Männerbein an meinem schubberte.

Dennoch: nach meinen drei Pflichtschuljahren in diesem Dorf war ich froh, an eine Schule in einem größeren Ort wechseln zu können. Erfahren, wie ich nun war, wählte ich diesmal ein fades, graues DDR-Kostüm für meine Vorstellung. Und siehe da: „Herzlich willkommen!" sagte sogar eine meiner neuen Kolleginnen.

Wie heißt es doch in einem alten chinesischen Sprichwort?

Drei Wege gibt es im Leben, um klug zu werden:
Nachahmen, das ist der einfachste,
Nachdenken, der edelste,
Erfahrung, das aber ist der bitterste Weg.

Aus: „Bittersüße Pom(m)eranzen". Erlebte Geschichten aus Ost und West, von Annemarie Sondermann, Verlag Mein Buch, Hamburg 2004. Weitere ZEITGUT-Beiträge dieser Autorin sind im Autorenverzeichnis am Ende des Buches vermerkt.

Rosmarie Röder

„Heute fällt die Schule aus!"

Es war ein schöner Septembertag, als ich 1952 eingeschult wurde. Ich hatte mich so sehr darauf gefreut, besonders auf die große Zuckertüte, die ich dann kaum tragen konnte. Danach saß die ganze Familie beieinander. Am Nachmittag gab es Blümchenkaffee und Pflaumenkuchen, und irgendwer zauberte abends für die Erwachsenen eine Flasche Selbstgebrannten hervor. Die Stimmung stieg. – Nur die Ziege, die am Tag zuvor noch lustig im Garten umhergehüpft war, fehlte. Niemand wollte wissen, wo sie abgeblieben war. Alle suchten emsig, aber keiner hat sie jemals wieder gesehen.

Von nun an hieß es für mich, pünktlich aufzustehen und über den Pappelberg zur Schule zu laufen. Der Weg dorthin war weit, wir wohnten außerhalb des Ortes in einer ausgedienten Flak-Baracke der Wehrmacht.

Wochen und Monate vergingen. Der Winter stand vor der Tür. Die Winter brachten damals noch richtig Schnee und Eis. Über den Pappelberg pfiff es ganz gewaltig durch meinen dreimal gewendeten Mäusemantel. Meine Schwester und ich hatten infolge gewisser Umstände drei Omas. Eine von ihnen, die Oma Elsbeth, saß nur am Spinnrad und zauste mit einer Engelsgeduld in einem Berg Schafwolle herum. Mit zwei Brettstückchen, die mit Nägeln versehen waren, gelang es ihr, das Ganze zu lockern und geordnet auf das Spinnrad zu bekommen. Wo nahm sie damals bloß die viele Wolle her?

Ich haßte die Socken, Unterröcke, Handschuhe und Mützen aus Schafwolle. Gefroren habe ich trotzdem, und wenn ich in der Schule saß, fing es an, furchtbar zu jucken. Ich schwor, nie wieder so etwas anzuziehen. Aber das nützte nichts, am nächsten Morgen mußte ich die gleiche Prozedur wieder über mich ergehen lassen: Eine Oma brachte die Socken an, die andere die Handschuhe und die dritte Oma die Mütze mit der Ermahnung: „Laß ja nichts in der Schule liegen! Du weißt, wie lange Oma Elsbeth daran arbeiten muß, damit du schön warm angezogen bist."

Das Lernen fiel mir nicht besonders schwer. Wenn ich mal was nicht begriff, hatte ich ja meine drei Omas, die mir helfen konnten, das Lesen und Schreiben hatten sie ja auch mal gelernt. Die drei stritten, welche von ihnen wohl die Schlauere sei – die eine war aus Leipzig, die andere vom Dorf und die Dritte war aus Hinterpommern.

Es war im März 1953. Den Winter hatten wir gut überstanden, das war in dieser Zeit schon eine Leistung. Eines Tages mußten wir alle auf dem Schulhof zum Appell antreten. Der Direktor sprach mit leiser Stimme zu den Schülern, die ganz still sein mußten, um seine Worte zu verstehen. Auch die höheren Klassen standen wie versteinert, und die Lehrer sahen betreten zu Boden, manchen standen Tränen in den Augen. Wie aus einer anderen Welt drang die Stimme des Direktors an mein Ohr:

„Liebe Genossinnen und Genossen, liebe Thälmann-Pioniere und FDJler!" – Obwohl bei weitem nicht alle in der FDJ oder bei den Pionieren waren, war das die allgemeine Anrede. – „Unser von uns allen geliebter und verehrter Genosse, unser bester Freund und Beschützer unseres Vaterlandes, Josef Wissarionowitsch Stalin, ist für immer von uns gegangen. Er ist heute in Moskau gestorben."

Ein Schluchzen ging durch die Reihen. Auch ich mußte weinen, aber weniger wegen des Todes von Stalin, sondern weil es nun keine Marmelade mehr zu essen geben würde.

Marmelade war so ziemlich das einzige, was mir wirklich schmeckte.

Der Direktor sprach davon, daß nun der Sozialismus in Gefahr sei und alle aufpassen müßten, daß der „Klassenfeind" in unserem Land nicht Fuß fasse.

Ich schluchzte noch ein paarmal und dachte dabei wirklich nur ans Essen. Gleich fiel mir auch mein Geburtstag ein, denn in drei Wochen würde ich sieben Jahre alt werden. Was wird sein, wenn wir nichts zu essen haben werden, nichts zu trinken, und wenn es keine Geschenke geben wird?

Unvorstellbar! Ich schluchzte laut auf. Alle schauten zu mir hin. Die Lehrerin schüttelte den Kopf, als wollte sie sagen: „Na, so schlimm ist es ja nun auch nicht!"

Aber wie war ich bloß auf solche Gedanken gekommen? Jetzt erinnerte ich mich an Vaters Worte: „Oh, wenn unser guter alter Josef Stalin mal stirbt, dann geht's uns schlecht, dann gibt es keine Marmelade mehr zu essen!"

Er dachte sich immer solche Schauergeschichten aus, und wir Kinder mußten es ja glauben. Was sollten wir auch sonst tun? Die Familie sparte für ein Radio und Fernsehen gab es noch nicht.

Der weitere Unterricht fiel aus, alle Schüler durften nach Hause gehen. Aufgeregt erzählte ich daheim die Neuigkeit, aber die Eltern wußten sie schon, der Buschfunk hatte funktioniert. Mit einer Handbewegung, die alles und nichts bedeuten konnte, war die Angelegenheit für sie erledigt.

In der Schule ging es danach noch strenger zu. Die Lehrer drängten jeden, in die Pionierorganisation einzutreten. Wer nicht wollte, wurde namentlich an der Schultafel verewigt. Jede Woche fehlte ein anderer Lehrer. Wir durften keine Fragen stellen, die Lehrer waren eben weg, basta! Später hieß es dann, sie hätten ihr Vaterland verraten. Ihre Namen durften nicht mehr erwähnt werden.

Gekürzt aus: „Schlüssel-Kinder", Reihe ZEITGUT, Band 6.

[Neuruppin, Brandenburg, damals DDR;
1952/53]

Wolfgang Balke

„Sei vorsichtig!"

Mit meiner neuerlichen Weigerung, der FDJ beizutreten,
hatte sich meine Situation an der Neuruppiner Fontane-
Oberschule deutlich verschärft. Ich war 15 Jahre alt und
schon länger etwas aufmüpfig. Jetzt mußte ich sehr darauf
achten, was ich sagte, und verfeinerte meine Diskussions-
taktik, um kritische Anmerkungen machen zu können, ohne
mich gleich um Kopf und Kragen zu reden. Zu Beginn der
Unterrichtsstunden stellte ich mit dem harmlosesten Gesichtsausdruck Fragen, die meinen Lehrern und den mitden-
kenden Klassenkameraden manchmal das blanke Entsetzen
ins Gesicht trieben: „Warum sind die russischen Besatzungssoldaten Helfer und Freunde des deutschen Volkes und ein
purer Gewinn für unser Land, wohingegen die Amerikaner,
die in Waffenbrüderschaft mit den Helden der Roten Armee
gegen die Faschisten gekämpft haben, Ausbeuter und Impe-
rialisten sind?"

Als Antwort bekam ich zu hören: „Erstens sind unsere sowjetischen Freunde keine Besatzungssoldaten, sondern
tapfere Befreier ..." und so weiter und so fort.

Wenn wir in der Mathematikstunde nach Vorgaben wie
Truppenstärken, Verbrauchszahlen, angerichteten Manöver-
schäden und an Zivilpersonen begangenen Verbrechen aus-
rechnen mußten, was ein Besatzungssoldat der kapita-
listisch-imperialistischen „Ausbeuterstaaten" den unter-

Das Evangelische Gemeindehaus in der Neuruppiner August-Bebel-Straße. Vor diesem Eingang wurden wir häufig von FDJlern angepöbelt, wenn wir das Haus nach unseren Treffen der Jungen Gemeinde verlassen wollten.

drückten westdeutschen Arbeiter und Bauern kostete, fragte ich in aller Harmlosigkeit nach Vergleichszahlen für die Rote Armee, die ja bestimmt wesentlich niedriger wären.

Manchmal dauerte es eine halbe Stunde, bis die Verhältnisse wieder „richtiggestellt" waren. Dabei hörte ich mit deutlich zur Schau gestelltem Interesse zu. Zum Schluß der Stunde meldete ich mich dann wieder zu Wort und haute, nachdem ich nun endlich alles „richtig verstanden" hatte, mit den so überreichlich zur Verfügung stehenden Schlagwörtern und Allgemeinplätzen dermaßen auf die sozialistische Pauke, daß meine Lehrer-Bespitzler fast schon wieder den berechtigten Verdacht hatten, ich führte sie an der Nase herum. Immerhin: Alles, was ich sagte, war völlig richtig, und sie konnten melden, daß der Balke offensichtlich anfing, die

Grundzüge des Sozialismus zu begreifen. Bei nächster Gelegenheit begann das Spielchen allerdings wieder von vorn.

Ein weiteres Indiz für meine „Bekehrung" war, daß ich der „Gesellschaft für Sport und Technik" beigetreten war und nun endlich einer „gesellschaftlichen Tätigkeit" nachging. Diese positive Sicht von offizieller Seite war von mir durchaus beabsichtigt. Was mich zu diesem Schritt aber tatsächlich bewogen hatte, war die Möglichkeit, in der Sektion Motorsport für 25 Pfennig Monatsbeitrag nagelneue 350er EMW-Motorräder, hergestellt von den Eisenacher Motorenwerken, fahren zu können, was für einen 15jährigen natürlich ein Traum war. Wir fuhren unter der Führung eines total überforderten Ausbilders in Fünfergruppen durch ein ehemaliges militärisches Übungsgelände, und am Ende fast jeder der wöchentlichen Übungsstunden war mindestens eine Maschine schrottreif. Das machte aber nichts, denn es wurde stets für prompten Ersatz gesorgt.

Die Treffen im Rahmen der Jungen Gemeinde mündeten 1952 immer häufiger in Auseinandersetzungen mit FDJ-lern, die uns vor dem evangelischen Gemeindehaus auflauerten und uns in Pöbeleien und manchmal auch in Schlägereien verwickelten. Der Druck auf uns wurde immer stärker, aber das schweißte uns nur noch mehr zusammen – wir waren stolz auf uns!

Parallel zu diesen Aktionen wurden in der Schule plötzlich „freiwillige" Informations- und Agitationsstunden eingerichtet, an denen alle Schüler teilnehmen konnten, das heißt sollten. Ich ging dort einmal hin und hörte mir an, wie Referenten aus der Schule und von der SED in übelster Weise die Kirche und besonders die Junge Gemeinde beschimpften und verleumdeten. Damit war diese freiwillige „Weiterbildung" für mich beendet. So sahen das wohl auch viele andere Schüler, denn die nachfolgenden Veranstaltungen dieser Art wurden nur äußerst spärlich besucht.

Um diesen unerfreulichen Zustand abzustellen, verschloß Direktor Wankelmann alle Zu- und Ausgänge der Schule bis auf ein kleines Türchen im Hauptportal. Diese Maßnahme hatte sich aus seiner Sicht bereits zur Abwehr von Spionen und Saboteuren als erfolgreich erwiesen. Am Türchen postierte sich der allseits gefürchtete, dicke Wankelmann persönlich vor Beginn der Informationsstunde und hinderte uns somit schon rein physisch am Fortgehen.

Es war lustig zu sehen, wie ganze Schülerscharen diesem Ausgang zustrebten, um dann beim Anblick von Herrn Wankelmann jäh den Kurs zu ändern und lammfromm zur sechsten Stunde in die Aula zu trotten.

Mich ärgerte dieser unverschämte Umgang mit dem Begriff der Freiwilligkeit sehr, und deshalb beschloß ich, Wankelmann vorzuführen. Ich ging auf ihn zu und bat ihn in Gegenwart mehrerer Schüler höflich, mich aus der Tür zu lassen. Er fragte mich verblüfft, ob ich denn nicht wisse, daß jetzt die Informationsstunde beginne. Dies bejahte ich. „Aber“, sagte ich, „bei uns wurde gesagt, daß die Teilnahme freiwillig ist. Stimmt das etwa nicht?“

„Doch, doch“, entgegnete er und gab mit sichtlicher Verärgerung den Ausgang frei. Leider folgte niemand meinem Beispiel. Eine wirkungsvolle Demonstration blieb somit aus.

So richtig Spaß machte das ganze Spiel auf die Dauer aber nicht, denn es mehrten sich die Zeichen, daß mein Verhalten eine Entscheidung hervorrufen würde, die nicht zu meinen Gunsten ausfallen konnte. Die alte Lehrerin Erna Sack hatte mir schon vor längerer Zeit gesagt: „Wölfchen, sei lebensklug!“ Aber wie konnte man unter diesen Umständen lebensklug sein, ohne all seine Überzeugungen aufzugeben?

Der von uns allen verehrte Sportlehrer Herzberg, ein Gentleman, der vormals Offizier gewesen war und von dem gesagt wurde, daß er während des Krieges deutscher Spion in England gewesen sei, nahm mich in einer Sportstunde beiseite. „Sei vorsichtig!“ sagte er. „Man hat dich gezielt unter Beobachtung, gegen dich läuft etwas. Benimm dich entsprechend!"

Es ist schon erstaunlich, daß manche Lehrer das Risiko eingingen, mit mir so offen zu sprechen. Warum vertrauten sie mir, wo doch überall Mißtrauen herrschte?

Ich weiß nicht, ob Herr Herzberg auch mit meinem Freund Jürgen Rindt gesprochen hatte. Der war ebenfalls in der Jungen Gemeinde, aber schon seit langer Zeit Mitglied in der FDJ. Anfang 1953 stand er während einer Unterrichtsstunde in Gegenwartskunde (so wurde der politische Unterricht bei uns genannt) plötzlich auf. Er stellte sich vor die Klasse, nahm unser Zeichen, das Kreuz über der Weltkugel, von seinem Jackenrevers, legte es auf das Lehrerpult und sagte: „Ich habe jetzt verstanden und sehe ein, daß die Junge Gemeinde eine gegen unseren sozialistischen Staat gerichtete Organisation ist. Ich schäme mich, dort mitgemacht zu haben, und sage mich von ihr los."

Mit hochrotem Kopf setzte er sich wieder auf seinen Platz. Nur ein einziger Klassenkamerad, ein regimebegeisterter und einfältiger Junge namens Swinjakow, wagte einen zaghaften Beifall. Der Rest der Klasse blieb stumm.

Ich wäre fast von meinem Stuhl gefallen. Das hatte ich nicht für möglich gehalten. Vielleicht war das die vielbeschworene Lebensklugheit und die richtige Konsequenz?

Für mich war sie es jedenfalls nicht.

Das Jahr 1953 konnte ja noch heiter werden – und das wurde es dann auch.

Aus: Wolfgang Balke, „Nur nicht mit den Wölfen heulen". Eine Jugend in Neuruppin 1945–1953, Sammlung der Zeitzeugen, Zeitgut Verlag 2004.

[Neuruppin, Brandenburg, damals DDR;
1./2. April 1953]

Wolfgang Balke

Der Rauswurf

Der 1. April 1953 war in Neuruppin ein sonniger Frühlings-
tag. Der Unterricht in unserer Klasse 10d an der Fontane-
Oberschule ging seinen gewohnten Gang, als plötzlich der
im Klassenzimmer angebrachte Lautsprecher die Routine
unterbrach. Über die zentrale Rundsprechanlage meldete
sich Direktor Wankelmann persönlich und beorderte alle Lehrer und Schüler für 11 Uhr zu einer außerordentlichen Ver-
sammlung in die Aula. Die ausnahmslose Teilnahme war wie
üblich Pflicht.

Unüblich war nur, daß wir diesmal keinerlei Anhaltspunkte
hatten, was gefeiert, gewürdigt oder abgrundtief verdammt
werden sollte. Normalerweise waren uns die vielen Versamm-
lungsanlässe wie „Tag des Eisenbahners", „Tag der Volkspolizei", „Weltjugendtag" oder die Geburtstage von Stalin,
Pieck, Ulbricht, Grotewohl und all der anderen Größen des
Kommunismus bekannt. Besondere politische Anlässe, die
eine Schülerversammlung rechtfertigten, wie die Verabschie-
dung eines neuen Wirtschaftsplanes oder weitere „Verbrechen" der anglo-amerikanischen Kapitalisten und ihrer westdeutschen Helfershelfer wurden bis zum Überdruß in Presse und Rundfunk breitgetreten. Aber heute?

Es mußte wohl etwas Besonderes vorliegen.

Als ich mich mit meinem Klassenkameraden Christian
Witzger, der neben seiner FDJ-Mitgliedschaft auch der Jun-

Haupteingang der Fontane-Oberschule in Neuruppin, die ich ab 1951 besuchte. Direktor Wankelmann schloß alle Zu- und Ausgänge der Schule bis auf das kleine Türchen im Hauptportal und blokkierte es mit seiner Körperfülle, falls Schüler nicht am „freiwilligen" Informationsunterricht in der sechsten Stunde teilnehmen und das Gebäude verlassen wollten.

gen Gemeinde angehörte, im allgemeinen Schülerstrom in Richtung Aula bewegte, sagte er zu mir: „Ich weiß nicht, was das heute geben wird. Ich habe das dumme Gefühl, daß man mir heute ernstlich an den Kragen will."

Dieses Gefühl war nicht ganz unberechtigt, denn neben mir war auch er häufig Schikanen linientreuer Lehrer oder übereifriger FDJler ausgesetzt. Sein Stigma war, daß sein im Krieg gefallener Vater ein Großbauer und damit nach offizieller Lesart ein Ausbeuter und Blutsauger gewesen war. Erschwerend kam in dieser Situation für ihn hinzu, daß er bis zum Wechsel in die Oberschule nur in Manker, seinem Heimatdorf etwa zwanzig Kilometer südwestlich von Neuruppin, gelebt hatte und dort nicht auf die üblichen Tricks der Stadtfunktionäre vorbereitet worden war. Daß er trotz seiner 16 Lebensjahre und 1,96 Meter Körperlänge ein ausgesprochener Kindskopf mit einem Hang zu albernen Spielchen war, machte es seinen Gegnern noch leichter, ihn ständig in irgendwelche Fallen tappen zu lassen und dann anzuprangern. Er war aber ein lieber und gutmütiger Kerl, der niemandem etwas zuleide tat.

Ich tröstete ihn und äußerte den Verdacht, daß der Direktor es – falls überhaupt eine Aktion gegen irgend jemanden geplant war – wohl eher auf mich abgesehen haben könnte. Seit meiner Festnahme in Velten, die der Schule gemeldet worden war, versuchte man mir dauernd etwas anzuhängen. Zuletzt war mir vorgeworfen worden, daß ich während der Trauerfeier anläßlich Stalins Tod am 5. März 1953 gegrinst hätte. Das war nun wirklich eine grobe Verleumdung! Nicht, daß mir vor Trauer das Herz zerbrochen wäre, aber so dumm war ich nun wirklich nicht.

Der Anblick, der sich uns in der überfüllten Aula bot, war außergewöhnlich. Der Fahnenschmuck an allen Wänden – rot für die SED, blau für die FDJ und die Jungen Pioniere – und die Spruchbänder mit den üblichen Parolen wie „Stadt und Land – Hand in Hand", „Von der Sowjetunion lernen heißt siegen lernen" und die Losung der Jungen Pioniere „Seid bereit – immer bereit" – war Standard in jeder der vielen Feierstunden. Aber was sollten die Arbeiter in ihren blauen Arbeitsanzügen in der einen und die Volkspolizisten in Uniform in der anderen hinteren Ecke des großen Raumes? Sie waren offensichtlich Abordnungen der „werktätigen Bevölkerung". Aber wozu?

Die Lehrer saßen auf ihren gewohnten Plätzen in den ersten Reihen ganz nahe am mit Buchsbaumzweigen geschmückten Podium. Dort saß auch mein alter, verehrter Mathematiklehrer, Ole Peters. Früher mag er mal Oberstudienrat oder gar Studiendirektor gewesen sein, aber jetzt gab es solche Titel nicht mehr. Man hatte ihn nach der Pensionierung wegen des chronischen Lehrermangels für die mathematisch-naturwissenschaftlichen Fächer wieder in den

Schuldienst berufen, und nun war er schlicht Herr Peters. Ole Peters war eine Respektsperson, dazu noch ein guter Lehrer und ein gütiger Mensch. Als ich die Aula betrat, winkte mich Ole Peters zu sich heran. Er erhob sich und sagte zu mir: „Komm, Balke, setz dich auf meinen Platz! Mehr kann ich nicht mehr für dich tun."

Ich war von dieser Geste des alten Mannes zutiefst berührt, aber mir wurde nun auch klar, daß es jetzt wirklich ernst werden würde.

Zur Eröffnung der Veranstaltung stellte Direktor Wankelmann den örtlichen Parteisekretär vor, der dann eine lange, haßerfüllte Rede über das kapitalistisch-imperialistische Ausbeutersystem der USA, dessen verbrecherischen Präsidenten Dwight D. Eisenhower und seine Komplizen wie den Bundeskanzler Adenauer hielt. Sie alle betrieben nach seiner Darstellung die Unterdrückung der Arbeiterklasse und die Schwächung aller friedliebenden Kräfte der Welt, die selbstverständlich von der Sowjetunion angeführt wurden.

Das waren alles alte Kamellen. Interessanter wurde es, als der nächste Redner, der höchste FDJ-Funktionär der Schule, mit erhobener Stimme feststellte, daß es solche Verbrecher nicht nur in den USA und in Westdeutschland, sondern auch im ersten deutschen Arbeiter- und Bauernstaat, in Neuruppin und – man sollte es gar nicht glauben – sogar an dieser Schule gebe! Er schilderte mit Abscheu die Wühlarbeit der Jungen Gemeinde, die im Auftrag West-Berliner Terrorzentralen die Spaltung der deutschen Jugend betreibe. Dann kam er zur Sache:

„Der Schüler Witzger zum Beispiel, Sohn eines Junkers, der sein Leben lang die Arbeiterklasse ausgebeutet hat, ist, statt tatkräftig am Aufbau des Sozialismus mitzuwirken, bisher nur dadurch aufgefallen, daß er den Unterricht durch dumm-dreiste Fragen und albernes Benehmen gestört hat. Der Schüler Balke seinerseits setzt seine ganze Kraft für die Spaltung der deutschen Jugend ein. Er hält es nicht einmal für nötig, dem stolzen Millionenverband der Freien Deutschen Jugend anzugehören, sondern arbeitet statt dessen intensiv in der von westdeutschen Spionen unterwanderten Jugendorganisation der evangelischen Kirche, der Jungen Gemeinde, mit. Sogar der Tod des großen Freundes des deutschen Volkes, des weisen Führers der Sowjetunion, Josef Wissarionowitsch Stalin, scheint ihm nicht nahegegangen zu sein, denn während der im Klassenraum abgehaltenen Gedenkminute haben empörte Mitschüler ein Grinsen auf seinem Gesicht beobachtet. Ich fordere die Schüler Witzger und Balke auf, hier vor der versammelten Schülerschaft und vor den Vertretern der Arbeiterschaft und der uns stets wachsam schützenden Volkspolizei zu ihren Vergehen Stellung zu nehmen!"

Christian erhob sich steif von seinem Platz und verfiel zu allem Unglück wieder in ein Verhalten, das immer dann bei ihm auftrat, wenn er unter Druck geriet: Er fing an, auf eine ungewöhnlich lächerlich klingende Art laut zu weinen, was so gar nicht zu seinem äußeren Erscheinungsbild paßte.

Da stand er nun, ein Bild des Jammers, und natürlich ließ es sich der Hetzredner nicht nehmen, seinen Spott über Christian auszuschütten: „So sehen sie also aus, die Volksschädlinge, wenn sie zur Verantwortung gezogen werden!"

Ich war natürlich auch erschrocken, als ich als einer der „Adenauersöldlinge" genannt wurde, obwohl ich mit so etwas Ähnlichem schon gerechnet hatte. Wie immer im Zustand höchster Anspannung hatte ich das Gefühl, wie im Traum neben mir zu stehen und mich selbst zu beobachten. „Jetzt nur keine Schwäche zeigen!" sagte mein zweites Ich. „Ruhig bleiben, nicht provozieren lassen, geschickt antworten!"

Aus der Not heraus beschloß ich, an die gegen mich erhobenen Vorwürfe anzuknüpfen und an meiner schon oft erprobten Methode festzuhalten, die darin bestand, die Genossen diskret auf die Schippe zu nehmen. Ich erhob mich von

meinem Platz und sagte in die plötzlich eingetretene absolute Stille: „Ich gehöre seit vielen Jahren der Jungen Gemeinde an, lange bevor ich aus Altersgründen überhaupt in
die FDJ hätte eintreten können. Dort habe ich gute Freunde
und auch lohnenswerte Arbeit gefunden, die mich neben der
Schule voll auslastet. Der FDJ bin ich nicht beigetreten, weil
man diesem stolzen Millionenverband nicht mit halber, sondern nur mit ganzer Kraft dienen sollte, wenn man sich seiner würdig erweisen will. Da mir das aber neben meinem
Engagement in der Jungen Gemeinde nicht möglich ist, habe
ich auf die Mitgliedschaft in der FDJ verzichten müssen."

Ob diese Rede nun besonders klug war oder nicht, sei da-
hingestellt. Auf jeden Fall hatte sie die beabsichtigte Wirkung, denn die wenigen strammen Systemfreunde im Saale
stimmten voll Wut ein lautes Protestgebrüll an, während die
Masse der Schüler mit Gelächter und beifälligem Gejohle
mich ihre Symphatie spüren ließ. Am Fortgang der Dinge
war ohnehin nichts mehr zu ändern.

Nachdem sich der allgemeine Tumult gelegt hatte, erhob
sich ein offensichtlich vor Veranstaltungsbeginn eingeteil-
ter Schüler der 12. Klasse und stellte mit deutlich zur Schau
gestellten Anzeichen äußerster Empörung den Antrag, Christian Witzger und mich sofort von der Schule zu entfernen.
Daraufhin berief Direktor Wankelmann anhand einer vor-
bereiteten Namensliste auf der Stelle eine Kommission aus
Lehrern, Schülern, FDJ-Funktionären und Arbeitern, die sich
an einem schon bereitgestellten Tisch auf dem Podium nie-
derließ und nach etwa einminütiger Beratung beschloß, daß
der Antrag angenommen und sofort der Schülerversammlung zur Abstimmung vorzulegen sei.

Bei der nun folgenden Abstimmung stimmten von den gut
vierhundert anwesenden Schülern etwa dreißig für unsere
Entlassung, fünf mutige Freunde aus der Jungen Gemeinde
votierten für unseren Verbleib, und der große Rest hob überhaupt nicht die Hand. Da es aber in einem sozialistischen

System keine Stimmenenthaltungen gib, faßte Direktor Wankelmann das Abstimmungsergebnis wie folgt zusammen:
„Die Schüler Witzger und Balke sind von der gesamten Schülerschaft der Fontane-Oberschule einstimmig bei fünf Gegenstimmen mit sofortiger Wirkung von der Schule verwie-
sen worden."

Dem am Rednerpult ausharrenden Funktionär wurde wieder das Wort erteilt, das er nur noch dazu nutzte, Christian
und mir den Rat zu erteilen, unsere sozialistische Gesinnung
durch fünfjährigen freiwilligen Ehrendienst in der Kasernier-
ten Volkspolizei, dem Vorläufer der Nationalen Volksarmee
(NVA), unter Beweis zu stellen. Andernfalls erhielten wir,
falls wir uns weiterhin spalterisch und destruktiv verhielten, die Möglichkeit, im Gefängnis über unser Verhalten
nachzudenken. Die Alternativen hießen also Gefängniswär-
ter oder Gefängnisinsasse – ein aberwitziges Angebot!

Das Schlußwort der Veranstaltung hatte wiederum Direktor Wankelmann, der mit langausgestrecktem Arm und spit-
zem Zeigefinger zur Tür wies: „Witzger und Balke, verlassen Sie sofort das Schulgelände!"

Von unseren Freunden umringt, die zum Teil erschütter-
ter waren als wir selbst und uns Mut zusprechen wollten,
verließen Christian und ich die Schule durch das Hauptportal. Wir drückten uns ein letztes Mal die Hand, bevor sich
unsere Wege für immer trennten.

Den kurzen Weg nach Hause ging ich wie in Trance. Ich
hatte Mühe, mir klarzumachen, daß es sich nicht um einen
schlechten Traum handelte, sondern daß ich tatsächlich am
Ende meiner Schulzeit angelangt war und niemals mehr das
Abitur würde machen oder studieren können. Im günstig-
sten Fall könnte ich eine Handwerkslehre absolvieren. Aber
was für eine Lehre und wo? Kasernierte Volkspolizei? Das
kam überhaupt nicht in Frage! Trotz allem spürte ich ein
unbeschreibliches Gefühl der Befreiung. Das ewige Katz- und
Mausspiel der letzten Monate war doch sehr belastend ge-

Das bin ich im Jahre 1953
im Alter von 16 Jahren.

wesen und hatte nun endlich ein Ende. Jetzt kam etwas völlig Neues auf mich zu. Nur was?

Als ich zu Hause ankam, hatte ich mich schon wieder gefangen und war ganz guter Dinge. Ich erzählte meiner Mutter – mein Vater war auf einer mehrtägigen Dienstreise – die Ereignisse der vergangenen Stunde, worauf sie in ein herzhaftes Lachen ausbrach. „April, April", sagte sie, „dieses Jahr ist es dir nicht gelungen, mich auf den Arm zu nehmen!"

Ich war zunächst von ihrer Reaktion ein wenig verblüfft, aber jener Tag war tatsächlich der 1. April. Als Scherz hatte ich die ganze Sache überhaupt noch nicht betrachtet. Es gelang mir dann aber ziemlich schnell, meine Mutter vom Ernst der Lage zu überzeugen, und spätestens als eine viertel Stunde nach meiner Ankunft ein Bote der Schule ein offizielles Schreiben überreichte, hatte sich die Stimmung meiner Mutter drastisch verschlechtert.

Der Inhalt des Schreibens, das ich bis heute aufbewahrt habe, lautete:

Fontane-Oberschule   *Neuruppin, den 1. April 1953*
Neuruppin

Sehr geehrter Herr Balke!

In der heutigen Schülerversammlung wurde dem Lehrer-kollegium von der gesamten Schülerschaft der Antrag auf Entlassung Ihres Sohnes Wolfgang aus der hiesigen Ober-schule gestellt, weil die reaktionäre Haltung Ihres Sohnes eine Gefahr für die Schule bedeutet. Dieser Antrag fand bei 5 Gegenstimmen die Billigung der gesamten Schülerschaft. Das Lehrerkollegium hat in seiner heutigen Beratung die-sem Antrag entsprochen. Ihr Sohn ist auf Grund eines dies-bezüglichen Beschlusses aus der Fontane-Oberschule ent-lassen und wird in keiner Oberschule der DDR mehr auf-genommen.

Dienstsiegel   *Unterschrift*
                                   Direktor

Nun war es also amtlich!
Meine Mutter weinte sehr, und wir begannen, die Woh-nung nach Dingen zu durchsuchen, die bei einem Besuch durch den Staatssicherheitsdienst, mit dem man nun wohl rechnen mußte, zu Unannehmlichkeiten hätten führen könn-ten. Westliche Zeitungen, Briefe von Freunden oder Bekann-ten mit eventuell systemkritischem Inhalt, alte Bücher, die nicht mehr zeitgemäß waren – all diese Dinge kamen sofort in den Kachelofen und spendeten dort ein letztes bißchen Wärme in einer Umwelt, die nun noch kälter und feindlicher geworden war.

Unsere Arbeit ging nicht recht voran, da ständig Freunde und Bekannte kamen, die von unserem Unglück gehört hatten und die trösten und helfen wollten. Aber wie?

Sie konnten praktisch nichts für uns tun. Wir mußten sie bitten, an sich selbst zu denken und etwas Abstand von uns zu halten, denn mit einer Familie wie der unseren befreundet zu sein, konnte nur Schwierigkeiten nach sich ziehen. Die Gewißheit jedoch, auch unter solchen Umständen noch Freunde zu haben, hat uns sehr geholfen.

Schon am frühen Nachmittag desselben Tages wurde uns ein weiteres interessantes Schriftstück per Bote zugestellt. Der Superintendent von Neuruppin teilte im Namen der evangelischen Kirche offiziell mit, daß ich ab sofort meine Schulausbildung kostenlos an der kirchlichen Internatsschule in Hermannswerder bei Berlin fortsetzen könnte, allerdings unter der Voraussetzung, daß ich nach dem Abitur Theologie studieren und Pfarrer werden würde.

Meiner Mutter standen wieder die Tränen in den Augen, diesmal waren es jedoch Freudentränen. Alle Probleme, die uns wenige Stunden vorher noch als unüberwindbar erschienen waren, lösten sich in Wohlgefallen auf. Auch ich war von der Solidarität und der schnellen Reaktion der Kirche beeindruckt. Ich war zwar hauptsächlich wegen meines Einsatzes für die Kirche und den christlichen Glauben in diese mißliche Lage geraten, und wahrscheinlich hatte sich der Superintendent auch noch an meine fromme Vorstellung bei der Konfirmationsprüfung 1951 in Gottberg erinnert, aber trotzdem: So schnell ein so weitreichendes Angebot zu erhalten, war schon eine beeindruckende organisatorische Leistung des sonst ziemlich schwerfälligen Verwaltungsapparates der Kirche. Hierfür bin ich auch heute noch allen Beteiligten sehr dankbar.

Meine Mutter hatte sofort ihren Lebensmut und ihre gewohnte Tatkraft wiedergewonnen. Sie überlegte laut, wann ich nach Hermannswerder fahren sollte, was ich mitnehmen müßte, kurz: Für sie gab es überhaupt keine Frage, ob ich das verlockende Angebot annehmen sollte oder nicht.

Ich hingegen war mir nicht sicher. Ich hatte ernsthafte Zweifel, ob ich Pastor werden wollte und ob ich dieser Aufgabe moralisch überhaupt gewachsen wäre. Auch hatte ich an einigen Thesen der christlichen Lehre erhebliche Zweifel. Vor allen Dingen quälte mich zu dem Zeitpunkt gerade das uns vom Diakon Schneidenbach so nachdrücklich nahegebrachte Bibelwort, nach dem ein Mann schon eine große Sünde begeht, wenn er begehrliche Blicke auf eine Frau wirft, mit der er nicht verheiratet ist. Ich war 16 Jahre alt und warf damals gerade solche Blicke auf ein Mädchen – namens Marianne – und konnte nichts dagegen tun. „Sündige" Gedanken quälten mich Tag und Nacht – und ich sollte anderen Leuten Moral predigen?

An meiner moralischen Minderwertigkeit hatte ich keinen Zweifel und konnte daher auf das „Knebelangebot" der Kirche nicht eingehen. Meine Mutter fiel aus allen Wolken, als ich ihr mitteilte, daß ich nicht nach Hermannswerder gehen würde.

Nach einer unruhig verbrachten Nacht sahen wir am Morgen eher zufällig aus dem Fenster und entdeckten dabei an den beiden Ausgängen unserer etwa hundert Meter langen Straße jeweils zwei FDJler in ihren auffälligen neuen Uniform-Windjacken, die dort untätig herumlungerten. Zunächst dachten wir uns nicht viel dabei. Als jedoch gegen Mittag noch immer Doppelposten zu sehen waren und offensichtlich ein Ablösungssystem organisiert worden war, wurden wir mißtrauisch. Wem galt diese ungewöhnliche Maßnahme?

Außer uns wohnten hier nur alte oder politisch völlig uninteressante Menschen, so daß wir davon ausgehen mußten, daß das Interesse dieser jungen Herren unserer Familie galt. Wollten sie verhindern, daß ich mich dem Alternativangebot „Volkspolizei oder Gefängnis" durch Flucht entzöge? Stand

märkische Volksstimme

ORGAN DER BEZIRKSLEITUNG POTSDAM DER SOZIALISTISCHEN EINHEITSPARTEI DEUTSCHLANDS

8. JAHRGANG NR. 89 — FREITAG, 17. APRIL 1953 — EINZELPREIS 15 PF.

Protestversammlung der Oberschüler
Die Wühlarbeit der „Jungen Gemeinde" wurde richtig erkannt

Neuruppin. Empörende Nachrichten über das republikfeindliche Auftreten der sogenannten „Junge Gemeinde" werden uns täglich durch unsere Presse nahegebracht. Es ist bereits jedem klargeworden, daß die „Junge Gemeinde" unter der Maske der Religion im Auftrag Westberliner Terrorzentralen die Einheit unserer Jugend zu spalten versucht.

Immer wieder werden wir allen Menschen sagen, daß wir nichts gegen die Kirche haben, daß wir uns aber mit dem schändlichen Treiben der „Jungen Gemeinde", die als Ziel die Spaltung der Einheit der Jugend hat, nicht einverstanden erklären.

Wir wissen, daß es in der Deutschen Demokratischen Republik nur eine Jugendorganisation gibt, die es sich, wie es in der Verfassung der FDJ heißt, zur Aufgabe gemacht hat, die breiten Schichten der Jugend in Stadt und Land zu vereinigen und zu erziehen, mit dem Ziel, den Interessen des deutschen Volkes zu dienen.

Es geht um die Einheit der Jugend

In unserer Verfassung heißt es deshalb unter anderem: „Die Freie Deutsche Jugend kämpft für die Einheit der Jugend, sie lehnt die Spaltung der Jugend in parteipolitische, konfessionelle und andere Jugendorganisationen ab. Die Einheit der Jugend ist die wesentlichste Voraussetzung für ihren Aufstieg in Gesellschaft und Staat." Und des-

Der Artikel über die „Republikfeinde" und „Spalter der deutschen Jugend" Wolfgang Balke und Christian Witzger in der „Märkischen Volksstimme" vom 17. April 1953.

meine Festnahme unmittelbar bevor? Waren weitere Repressalien durch den Staatssicherheitsdienst zu erwarten?

Wir konnten nicht mehr auf meinen Vater warten, und so beschlossen meine Mutter und ich, daß ich mich über West-Berlin zu Verwandten in die Bundesrepublik absetzen würde. Uns beiden fiel dieser Entschluß gewiß nicht leicht. Mir war klar, daß ich meine Eltern und meine beiden Schwestern so bald nicht wiedersehen würde. Die Vorstellung, als gerade 16jähriger allein in einer fremden Umgebung bei mir fast unbekannten Leuten leben zu müssen, machte mir auch ein bißchen Angst. Aber all das war immer noch besser, als möglicherweise auf unbestimmte Zeit im Gefängnis zu verschwinden, ganz zu schweigen von der Perspektive danach.

Als Abschied für immer war mein Weggang nicht gedacht, denn über West-Berlin war im Notfall die persönliche Verbindung immer möglich, und wir dachten nicht im Traum daran, daß sich das einmal ändern könnte, wie es dann durch den Bau der Mauer am 13. August 1961 tatsächlich geschah.

Unter Tränen packte ich ein Minimum an Papieren und Zeugnissen zusammen, die ich unter dem Unterhemd versteckte. Ein Einkaufsnetz mit kaputten Schuhen hängte ich an den Lenker meines alten Fahrrads, denn sollte ich erwischt werden, wollte ich behaupten, nur zum Schuhmacher fahren zu wollen.

Die FDJ-Posten bereiteten keine Schwierigkeiten. Sie hatten zwar einen schlauen Plan, aber sie wußten nicht, daß das an der Parallelstraße gelegene Trümmergrundstück noch einen intakten Keller mit einem Zugang von unserem Hinterhof und einem Ausgang zur Straße hatte. Auf diesem Weg gelangte ich ungesehen aus dem Haus und befand mich bald in zügiger Fahrt auf dem Weg in das etwa siebzig Kilometer entfernte Berlin.

Aus: Wolfgang Balke, „Nur nicht mit den Wölfen heulen". Eine Jugend in Neuruppin 1945–1953, Sammlung der Zeitzeugen, Zeitgut Verlag 2004.

[Schulpforta, Ortsteil von Bad Kösen, Sachsen-Anhalt –
Berlin – Frankfurt/Main – Girod nahe Mantabaur,
Rheinland-Pfalz – Herdecke, Nordrhein-Westfalen;
März 1952 –1955]

Dieter Zimmermann

Fremdlinge

Die Idylle, in der wir seit dreieinhalb Jahren hinter den Klo-
stermauern einer früheren Lateinschule lebten, fand im März
1952 ein jähes Ende. Mein Vater, seit 1948 Lehrer an der
„Ersten Landesheimoberschule der Deutschen Demokratischen Republik" in Schulpforta, lehnte das politische System
der DDR strikt ab. Er geriet mit dem Rektor der Schule in
eine heftige politische Diskussion, in deren Verlauf jener kon-
statierte, daß die Äußerungen meines Vaters im höchsten
Grade staatsgefährdent seien und er mit Konsequenzen zu
rechnen habe.

Mein Vater kam nach Hause, redete kurz mit meiner Mutter und marschierte mit mir und einem Koffer bei Nacht
und Nebel zum Naumburger Bahnhof. Ich war knapp 13 Jahre alt und sollte eigentlich nach den Sommerferien die Landesheimoberschule in Schulpforta besuchen. Die Genehmi-
gung dazu hatten wir gerade erhalten, ausgestellt vom Kreis-
schulrat in Weißenfels. Wäre Vater allein geflüchtet, hätte
man sie sicher zurückgezogen. Vater wußte um diese Konsequenzen und nahm mich deshalb gleich mit.

Nach einer mir endlos erscheinenden Nachtfahrt kamen
wir am nächsten Morgen in Ost-Berlin an, stiegen in die S-
Bahn und fuhren nach West-Berlin. Noch am selben Tag
begannen endlose Lauffereien, von Instanz zu Instanz, von
einem Amt zum anderen, bis wir am späten Abend in den

Rat des Kreises Weißenfels
— Abllg. Unterricht u. Erziehung —

Kreiskommission f. Aufnahme   Weißenfels, den 2 7. März 1952
in die Ober- u.Zehnklassenschule

Herrn/Frau

..... *Franz Zimmermann* .....

.. *Bad Kösen - Schulpforta*

Die Kreiskommission des Kreises Weißenfels hat
beschlossen, die Aufnahme Ihres(x) Sohnes/Tochter— *Dieter*
in die Ober-/Zehnklassenschule ..... *Pforta* ......
zu genehmigen.

        Im Auftrage: gez. Behlke
        Jahn   (Schulrat)

*Diese Bescheinigung vom Rat des Kreises Weißenfels zeigt, daß man in der
DDR nicht ohne weiteres die Oberschule besuchen konnte. Der Schulbesuch mußte von einer Kommission und vom Schulrat genehmigt werden.*

Fichtebunker in Berlin-Kreuzberg eingewiesen wurden.
Neben dem eigentlichen Bunker hatte man einen ehemaligen Gasometer so gut es ging, dem Verwendungszweck entsprechend umgebaut. In zwei Etagen waren, ausgehend von
einem kreisförmigen Gang, kleine, zentrisch zulaufende
Räume ins Innere des großen Behälters gebaut worden. Wie
man eben eine Torte teilt. Die Größe der Zimmerchen war
ungefähr drei mal drei Meter. In jedem Raum standen zwei
Etagenbetten, also Platz für vier Personen. Ein paar Ha-
ken an der Wand für die Kleidung, sonst nichts. In einer
dieser „Zellen" fanden wir zu dritt, ein aus der DDR ge-
flüchteter Volkspolizist sowie mein Vater und ich, fürs erste Unterkunft.
    Unser wichtigstes Ziel war die Erlangung eines Auswei-
ses für Vater als politischer Flüchtling und damit die Geneh-
migung, in die Bundesrepublik einzureisen. Meine Mutter,
Großmutter Ida und mein 1951 geborener Bruder Andreas

waren noch in Schulpforta. Sie sollten später nachgeholt werden.

Vater war ständig auf Achse, lief von einer Dienststelle zur anderen. Da ich in dieser Zeit auf mich alleingestellt war und keine Schule besuchen konnte, schloß ich mich einem 15jährigen Jungen aus dem Fichtebunker an. Dieser Typ, er nannte sich „Fizzi", übte in den nächsten Monaten einen starken Einfluß auf mich aus. Fizzi, der schon recht lange Bewohner des Fichtebunkers war, hatte eigene Vorstellungen vom Leben entwickelt. Meistens hatte er zwei Groschen in der Tasche, was für die gegebenen Umstände ein durchaus nennenswerter Geldbetrag war. Er ging mit mir in Lebensmittelgeschäfte, wo es alles zu kaufen gab, was ich bis jetzt nur vom Hörensagen kannte: Apfelsinen, Bananen, Schokolade und anderes mehr. Vor solchen „Geschäftsbesuchen" gab Fizzi mir genaue Anweisungen, was ich zu tun und zu lassen hatte. Ich mußte mit seinen 20 Pfennigen in der Hand die Verkäuferin ablenken und unter den angebotenen Backwaren so lange wählen, bis er sich am Obststand selbst bedient und etliche Apfelsinen und Bananen in den Hosentaschen verstaut hatte. Dann kaufte ich schnell zwei Brötchen, und wir verschwanden flink aus dem Laden. In irgendeiner Ruine ließen wir uns danach nieder und verzehrten genüßlich unsere Beute.

Nachdem endlich alle Formalitäten zur Erlangung des sogenannten Flüchtlingsausweises erledigt waren und die dreiköpfige Restfamilie ebenfalls nach Berlin gekommen war, wurden wir Ende 1952 nach Westdeutschland ausgeflogen. Der Flug in einer viermotorigen Propellermaschine der Air France aus dem Zweiten Weltkrieg von Berlin-Tempelhof nach Frankfurt/Main war für mich ein großes Erlebnis, zumal die Umstände etwas abenteuerlich waren. Von Frankfurt aus wurden wir in ein nahegelegenes Flüchtlingslager, wahrscheinlich in Osthofen, verfrachtet. Diesmal waren ehemalige Militärbaracken unser vorläufiges Zuhause.

*Nachdem wir als politische Flüchtlinge anerkannt worden waren,
wurde meine Familie Ende 1952 in einer viermotorigen Propellermaschine der Air France von Berlin-Tempelhof nach Frankfurt/Main
ausgeflogen. Ich stehe ganz oben auf der der Gangway neben Oma Ida,
gefolgt von meinen Eltern und einer Bekannten aus Berlin mit meinem
kleinen Bruder auf dem Arm.*

Im Frühjahr 1953 bekamen wir in Girod, einem kleinen Dorf
im Westerwald, in der Nähe von Montabaur, eine Wohnung
zugewiesen. Wir bezogen zwei Zimmerchen unter dem Dach
eines alten Bauernhauses. Oma Meurer, die Besitzerin, unterhielt mit Hilfe ihres Schwiegersohnes eine kleine Landwirtschaft: einen Kartoffelacker, ein paar Wiesen für Heu
für die einzige Kuh, einen etwas größeren Gemüsegarten,
Hühner und Kaninchen. Die beiden äußerst spartanisch ein-
gerichteten Räume waren seit Kriegsende nicht mehr be-
wohnt gewesen. Zum Renovieren hatte es nicht gereicht und
reichte es auch jetzt nicht. Oma Meurer empfand die amtli-
che Zuweisung als ziemliche Zumutung, was sie sich auch

anmerken ließ, zumal wir Fremdlinge auch noch „von der anderen Zunft" waren, evangelischen Glaubens und somit Fremdkörper in der Dorfgemeinschaft. Mit der Zeit jedoch gewöhnte man sich aneinander, und die liebe Oma Meurer spendierte uns sogar manchmal ein paar Eier oder Äpfel.

Uns gegenüber, auf der anderen Straßenseite, befand sich die einzige Kneipe des Dorfes, wo ich für Vater ab und zu ein Bier holen durfte. Dicht dahinter war die Kirche, die uns unüberhörbar die Stunden schlug.

Nach relativ kurzer Zeit bekam mein Vater an der Friedrich-Harkort-Schule in Herdecke an der Ruhr eine Lehrerstelle. Und da ich ja auch wieder zur Schule mußte, nahm er mich gleich mit. Die Woche über wohnten wir beide zunächst in Kirchende in einem muffigen Zimmer eines alten Bergarbeiterhauses. Wir schliefen zusammen in einem großen Bett. Die Waschschüssel stand in der Stube. Das Plumpsklo befand sich draußen in einem ehemaligen Garten.

Jeden Morgen marschierten wir die drei Kilometer nach Herdecke. Ich kam in die Untertertia. In der DDR hatte ich die Schule in der 8. Klasse abgebrochen, was eigentlich kein Problem war, nur hatte ich dort als Fremdsprache Russisch. Meine neuen Klassenkameraden hatten mir zwei Jahre Englischunterricht voraus. Dafür war ich ihnen in Mathematik eindeutig überlegen.

Eine Schwierigkeit ganz anderer Art tat sich auf: Die meisten Leute hier gingen zu dieser Zeit schon wieder recht manierlich gekleidet, während ich mehr schlecht als recht zusammengeflicktes Zeug trug. Das stimmte mich nicht unbedingt fröhlich. Gott sei Dank gab es in der Klasse ein paar Mitschüler, die ähnliches wie wir hinter sich hatten. Ich schloß mich einem Klassenkameraden namens Harry an, er war wie ich in Ostpreußen geboren und über die sowjetische Besatzungszone in den Westen gelangt. Die „westfälischen Holzköppe" beäugten uns Außenseiter anfangs recht mißtrauisch. Bald kannte ich den Unterschied zwischen den

Schülern, die ihrer Herkunft nach echte Westfalen oder Münsterländer waren und jenen, deren Väter und Großväter in den Kohlenpott eingewandert waren und im Pütt arbeiteten oder gearbeitet hatten. Hierbei handelte es sich oft um Oberschlesier oder Polen. Die Erstgenannten zeigten sich stur und ziemlich intolerant, die Püttleute dagegen offen und sehr kontaktfreudig.

Eine leidige Angelegenheit waren für mich die Musikstunden, zumal mein Vater den Unterricht erteilte. Musik wurde ja häufig nicht ernstgenommen, und so saß ich in diesen Stunden immer zwischen zwei Stühlen: entweder mit den anderen den Firlefanz mitmachen oder meinem Lehrer-Vater gehorchen. Ein blöder Zustand!

Machten sich Mitschüler in der Pause über meinen Vater lustig, rastete ich manchmal aus und schlug zu. Das bekam ich dann von der Klasse drei- und vierfach zurück. Mit der Zeit lernte ich, mit diesen Problemen umzugehen, das Leben normalisierte sich für mich. Inzwischen wohnte die gesamte Familie in einer größeren Wohnung in Herdecke. Der soziale Aufstieg unserer Familie sorgte auch dafür, daß ich mich, wenigstens rein äußerlich, nicht mehr so kraß vom Rest der Klasse unterschied. Andere waren jetzt die „Problemkinder". Durch die Nachkriegswirren waren weitere „Fremdlinge" in die Klasse gekommen, deren Vergangenheit niemand kannte. So gingen in die 9. und 10. Klasse, deren Schüler normalerweise 15 oder 16 Jahre alt sind, 17-, 18- und 19jährige. Einer war sogar 20 Jahre alt, er hatte die Nachkriegszeit in Kanada verbracht. In Deutsch hatte er natürlich eine Fünf, dafür in Englisch eine Eins.

Mit der Zeit rauften wir uns – im wahrsten Sinne des Wortes – zusammen. Trotz der unterschiedlichen Herkunft und der Altersunterschiede wurden wir letztlich eine Klassengemeinschaft, an die ich recht gern zurückdenke.

Gekürzt aus: „Von hier nach drüben", Reihe ZEITGUT, Band 11.

[Herdecke/Ruhr, Nordrhein-Westfalen;
1955–1959]

Dieter Zimmermann

Nestflüchter

Nach der Flucht aus Schulpforta in der DDR im Jahre 1952
dauerte es eine Zeitlang, bis wir in unserer neuen Umgebung im Westen nicht mehr als Fremdlinge betrachtet wurden. Das hatte ich auch in der Schule zu spüren bekommen.
Das spätere Friedrich-Harkort-Gymnasium in Herdecke/
Ruhr war zu Beginn der fünfziger Jahre Aufbauschule. Diese Schulform begann mit der Untertertia, der 8. Klasse, und
endete mit dem Abitur in der Oberprima, der 13. Klasse.

Meine Klasse war infolge der Nachkriegswirren ein nach
Herkunft und Alter der Schüler recht buntes Häuflein. Doch
nach den anfänglichen Schwierigkeiten bildete sich über alle
Gegensätze hinweg eine gute Gemeinschaft heraus, und
Freundschaften entstanden. Die zwei, drei Streber unter uns
wurden vom Rest der Klasse gemieden und mehr oder weniger zu Einzelgängern. Natürlich gab es auch Kontrahenten.
Mit 16, 17 Jahren werden, wie im späteren Leben auch,
Machtkämpfe ausgefochten. Dabei ging und geht es darum,
wer in der Gunst der Mitschüler aufsteigt und eine der Leit-
figuren wird.

Einen ausgeprägten Hang zur Uniformität unter den Schülern, wie er heute zu beobachten ist, gab es in den 50er Jahren nicht. Die meisten kleideten sich so, wie es ihnen paßte.
Nur ärmlich durfte die Kleidung nicht aussehen. Doch keiner lachte darüber, wenn der andere in ordentlichen Knik-

kerbockern zur Schule kam. Bezahlten Nachhilfeunterricht kannten wir nicht, unsere Eltern hätten dafür auch kein Geld gehabt. Die Klassenkameraden halfen sich gegenseitig, ohne etwas dafür zu fordern.

Hatte ich mich bis jetzt schlecht und recht durchgehangelt, waren meine Zensuren in der Obersekunda so unerfreulich, daß den Lehrern meine Versetzung nicht gerechtfertigt erschien. Mein Vater, Lehrer an eben dieser Schule, stimmte zu, daß ich die Klasse wiederholte. Ich sollte einen Denkzettel bekommen.

Im Wiederholungsschuljahr lud mein Vater unseren Lateinlehrer mit Frau zu uns nach Hause ein. Vor Herrn Lister hatte ich immer Respekt gehabt, doch an dem betreffen-

Meine Klasse bei einer der beliebten Wanderungen auf einer Klassenfahrt. Mode war kein Thema, jeder zog an, was er hatte. Ich, linksaußen, trage meine unverwüstlichen Lederhosen. Ganz rechts, in Knickebockern, läuft unser Sportlehrer, Herr Lengemann.

den Abend betrank er sich dermaßen, daß mein Vater und ich ihn nach Hause bringen mußten. Seitdem war meine Angst vor ihm verflogen.

Unter den neuen Mitschülern war auch Claus Lammer, der später mein Freund wurde. Sein Vater, einst als Bergmann aus Oberschlesien gekommen, war schon lange tot, seine Mutter kannte er nicht. Claus lebte „bei seine Omma", wie sie im Pütt sagen. Ab der Obersekunda, mit 17 Jahren, entwickelte er ziemlich ausgefallene Lebensgewohnheiten. Er wurde „Revoluzzer". Das fing mit ganz harmlosen Dingen an. Es machte Claus Spaß, den Lehrern zu widersprechen, sie zu provozieren. Einmal traf es unsere Geschichtslehrerin, die im damals üblichen autoritären Stil unterrichtete. Sie gab zu bestimmten Ereignissen die Interpretation gleich vor, wir hatten sie nur abzuspeichern, aber nicht zu diskutieren. Der Großteil der Klasse hielt sich aus Vernunftsgründen daran. Wir behandelten gerade die Französische Revolution, und Fräulein Laibach trug ihre These vor. Auf ihre gängige Floskel, ob das allen klar sei, antwortete Claus laut und deutlich: „Nein!"

„Wo liegen denn Ihre Schwierigkeiten?" fragte sie erstaunt.

Claus entgegnete: „Meine Schwierigkeiten liegen darin, daß ich das Problem ganz anders betrachte."

Darauf die Lehrerin: „Die richtige Interpretation habe ich Ihnen doch eben erläutert!"

Claus gab sich damit nicht zufrieden und fuhr fort: „Ich will Ihnen mal erläutern, wie ich das sehe."

Fräulein Laibach wollte nichts hören. Das halte bloß den Unterricht auf. Oder glaube er denn, er sei klüger und wisse mehr als sie?

„Ja!" erwiderte Claus trotzig.

Großes Schweigen allerseits. Dann erhielt er wegen ungehörigen Benehmens einen Eintrag ins Klassenbuch.

Als sein Banknachbar erlebte ich hautnah einige seiner Angewohnheiten. Nicht selten kam Claus mit einer Alkoholfahne zum Unterricht. Oft prahlte er damit, er habe wieder zwei rohe Eier gefrühstückt, die er aus dem Hühnerstall seiner Großmutter geklaut hätte. Eier seien die gesündeste Nahrung. Was das Thema Sexualität betraf, war Claus dem Rest der Klasse weit voraus. Einmal besuchte ich ihn in Witten, wo er in einem Haus aus der Jahrhundertwende eine recht exzentrisch gestaltete Dachkammer bewohnte. An der Wand hing ein Plan von Witten und Umgebung, auf dem Claus an jede Stelle, wo er „es schon mal hatte", ein kleines Fähnchen gesteckt hatte. Während er anfangs monogam lebte, also immer nur eine Freundin hatte, weitete er sein Betätigungsfeld bald aus. Nicht ohne gewissen Neid hörte ich mir seine amourösen Berichte an.

Die Pille gab es damals noch nicht, dafür betrieben die Jungen unserer Klasse einen schwungvoller Handel mit Kondomen. Einer unserer Mitschüler hatte eine Friseuse zur Freundin, die an der Quelle saß und Sonderpreise machen konnte. Mir waren derlei Aktivitäten vor den Klassenkameraden peinlich, ich bezog meinen Bedarf von Claus.

Im März 1959 legte ich am Friedrich-Harkort-Gymnasium mein Abitur ab. Aufgrund meiner schlechten Ergebnisse im Schriftlichen hatte ich das Vergnügen, in Deutsch, Englisch und Latein zur mündlichen Prüfung antreten zu dürfen. Der Deutschlehrer gab mir ein Gedicht von Hermann Löns. Meine Interpretation lag wohl derart daneben, daß er mir schließlich leise zuflüsterte, ich würde das sicherlich so und so meinen. Zum Glück verstand ich und die Situation war gerettet. Wir alle, drei Mädchen und zehn Jungen, bestanden das Abitur. Zum Abschluß erwartete uns die Unterprima mit einer Literflasche Schnaps, ein Schlückchen für jeden. Anschließend feierten wir – zunächst ohne Lehrer – im „Afrikahaus", einer Kneipe, die manche Herdecker als drittklassig bezeichneten. Das Ende unserer feucht-fröhlichen Abschiedsrunde bekam ich nicht mehr mit. Nach jedem Bier

Meine Klassenkameraden Dieter Heine, ich, der Name meines Nebenmannes ist mir entfallen, Sportlehrer Lengemann, Horst Ströker und Peter Böhlmann während einer Besichtigung des Schlosses Brühl bei Köln (von links).

hatten wir einen Escorial, der an die 50 Prozent hatte, gehoben. Wie ich später von meiner Mutter erfuhr, hat mich Claus nach Hause gebracht. Nach dem Erwachen am nächsten Tag war mein erster Gedanke: „So muß der Tod aussehen!"

Obwohl ich das Abitur in der Tasche hatte, wußte ich immer noch nicht, was ich werden und welche Fachrichtung ich studieren wollte. Von der Persönlichkeit her war ich trotz meiner 20 Jahre ziemlich unreif. Natürlich hatte mein Vater versucht, mir die Lehrerlaufbahn schmackhaft zu machen. Aber ich hatte in der Schule ein paar Situationen erlebt, die mir diesen Beruf nicht gerade als erstrebenswert erscheinen ließen.

Gekürzt aus: „Halbstark und tüchtig", Reihe ZEITGUT, Band 17.

[Berlin-Prenzlauer Berg,
damals DDR;
1955]

Udo Wanke-Kreh

Meine schönste Lernmotivation

Die Grundschule ging Mitte der fünfziger Jahre in der DDR von der ersten bis zur achten Klasse. Danach entschied es sich, ob man eine Lehre begann oder die Leistungen für die Mittelschule mit zehn Klassen oder für die Erweiterte Oberschule mit zwölf Klassen und Abiturabschluß ausreichten. Jungen und Mädchen wurden weitgehend in gemischten Klassen unterrichtet. In meiner Grundschulklasse in Berlin waren 15 Jungen und 19 Mädchen.

Rückblickend wäre ich in Dessau in der 5. Klasse garantiert sitzengeblieben. Meine Chance, versetzt zu werden, tendierte gegen Null. Nach unserem Umzug nach Berlin war mir das Glück gleich doppelt hold. Als Neuzugang bekam ich die übliche Schonzeit, und zusätzlich begegnete mir, dem elfjährigen Schüler, die schönste aller Lernmotivationen: Sie hieß Fräulein Ludwig und war unsere Klassenlehrerin. Ein Blick, und ich verliebte mich unsterblich in sie. Allerdings war ich nicht der Einzige. Vom Abc-Schützen bis zum Schüler der 8. Klasse, vom Hausmeister bis zum Direktor, allen war sie ein stiller Traum mit blauschwarzem Bubikopf.

Ihre großen, dunklen Samtaugen glühten in verhaltener Leidenschaft, verheißungsvoll, wie mir schien, und ihr Teint war von hellbraun getönter, natürlicher Reinheit. Ihre ebenmäßigen Gesichtszüge und ihr zauberhaftes Profil wirkten nicht langweilig und dümmlich wie bei mancher Filmschauspielerin, sondern interessant, intelligent, lebendig und ausdrucksvoll. Sie war schlank, jedoch keineswegs dünn. Die zauberhaften Proportionen ihres Körpers kamen durch enganliegende, hoch geschlossene, glänzende Kleider, die sie gern trug, herrlich zur Geltung. Die Kleider reichten leider züchtig bis über die Knie.

Ihre klare, engelhafte Stimme mit dem ihr eigenen Timbre war die reinste Beglückung. Wenn sie mich aufrief, empfand ich das als Auszeichnung, das Herz klopfte mir bis zum Hals, ich wurde rot und stumm, bis sich die Spannung löste und ich schmachtend die Antwort säuselte.

Am Spätnachmittag und Abend traf ich viele Schulkameraden, die alle, rein zufällig, gerade in der Straße flanierten, wo sie wohnte, und verstohlen, voller Sehnsucht, zu ihrem Fenster aufschauten.

Ein schwerer Schock traf mich, als ich herausfand, daß sie einen Freund mit Motorroller hatte. Doch meine Liebe war zu erhaben, um ihr diesen Fehltritt nicht zu verzeihen. In den Schulpausen umringten wir unser Herzensfräulein, fein gestaffelt nach Hackordnung. Detlef hatte immer den besten Platz, ganz nah bei ihr. Er war zweimal sitzengeblieben und der Klassenstärkste. Wie habe ich ihn beneidet, doch gegen ihn hatte ich keine Chance.

Ein Alter hatte Fräulein Ludwig für uns nicht, sie war einfach zeitlos schön und begehrenswert. Wer die Liebe kennt, wird verstehen, daß Fräulein Ludwig für mich die schönste aller Lernmotivationen war. Ich sagte mir, von einem Dummkopf will sie bestimmt nichts wissen. Mein Notendurchschnitt verbesserte sich in der 6. Klasse von 3,5 auf 2,5 und wäre ohne Russisch noch besser ausgefallen. Russischunterricht gab es ab der 5. Klasse.

Bedingt durch die politische Situation in Berlin, war Russisch für die meisten Schüler ein Unfach. Alles, was in Ost-Berlin im Vergleich mit West-Berlin schlecht abschnitt, wurde den Russen in die Schuhe geschoben. „Das haben uns die

Russen eingebrockt", war eine gängige Redensart. Deshalb war es bei uns Jungen geradezu verpönt, in Russisch eine gute Note zu haben. Ein „Befriedigend" galt bereits als sehr peinlich, ein „Genügend" wurde anerkannt und ein „Ungenügend" – das war die schlechteste Note in der DDR – hatte zwar einen hohen Imagewert, stellte aber ein unkalkulierbares Risiko dar. Es konnte leicht zum Sitzenbleiben führen, wenn nicht alle anderen Noten „Gut" bis „Sehr gut" waren. Bis zur 8. Klasse hielt ich mich, mit Vorsagenlassen und Abschreiben, gerade so zwischen „Genügend" und „Ungenügend" und schaffte im Zeugnis ein knappes „Genügend".

In den großen Ferien, zwischen meinem sechsten und siebten. Schuljahr, flüchtete unser Fräulein Ludwig in den Westen. Mit ihr verschwand meine erste und einzige Lernmotivation seit meiner Einschulung. Das Ende eines Schuljahres war für viele DDR-Lehrer der gängige Fluchtzeitpunkt. Sie hatten dann keine Bedenken, ihre Klassen in Stich gelassen zu haben.

In der 7. Klasse bekamen wir Frau Semrau als Klassenlehrerin. Sie hatte „Alter", so um die 35, und war immer sehr traurig. Kurz bevor sie wieder in den Schuldienst getreten war, hatte sie ihren Mann verloren und trug deshalb noch lange Zeit Schwarz. Wir mochten sie wegen ihres tragischen, melancholischen Gesichtsausdrucks und ihres freundlichen Wesens ganz gern.

Meine neue Lernmotivation war jetzt der Wille, wenigstes die Voraussetzungen für die Mittelschule zu schaffen. In der 8. Klasse hatten wir fast alle einen Mittel- und Oberschulkomplex. Nun wurde Russisch fast mein Verderben. Persönlich hatte ich gegen unseren Russischlehrer nichts. Ich mochte das „Panjepferdchen" sogar ganz gern. Das beruhte leider nicht auf Gegenseitigkeit. Er konnte oder wollte nicht begreifen, daß die schlechten Leistungen in seinem Fach von grundsätzlicher Abneigung waren und nicht gegen ihn gerichtet.

In meiner Not machte ich vor diesem Lehrer einen regelrechten Kotau und lernte die gesamte Deklination der persönlichen Fürwörter auswendig. Da die russische Sprache sechs Fälle hat, waren das, mit Doppelungen, immerhin 48 Vokabeln in der richtigen Reihenfolge. Dann meldete ich mich freiwillig und schnurrte sie fehlerlos herunter.

Er sagte nur „Weiter so!", und ich konnte mich wieder setzen. Erwartet hatte ich ein „Sehr gut", und zwar fein säuberlich ins Klassenbuch eingetragen – so war es üblich. Damit hätte ich drei „Ungenügend" kompensieren können. Obwohl er genau wußte, daß ich zur Mittelschule wollte, knallte er mir bei jeder sich bietenden Gelegenheit ein weiteres „Ungenügend" ins Klassenbuch.

Für mich sah es sehr trübe aus!

Aus: Udo Wanke-Kreh, „Das erste Leben". Erinnerungen eines Nichtangepaßten 1947–1972, Sammlung der Zeitzeugen, Zeitgut Verlag 2003.

[Hannover – Bennigsen, Niedersachsen;
1957]

Klaus Seiler

Ich habe gelacht

Ich kann es nicht leugnen: Ich habe gelacht. Es war aber
auch zu witzig. Mit Dr. Schinke hing es zusammen, den wir
in Klasse 7 auf dem Hannoveraner Ratsgymnasium in
Deutsch hatten. Genauer, mit seinem Namen, den die Klasse – albern, übermütig, beharrlich bis zum Überdruß – mit
einer Schinkenhägerflasche, jener hohen, braunen, zylindri-
gen Flasche aus Ton, einem Gesöff der fünfziger Jahre, in
Verbindung brachte. Jedesmal zu Beginn seines Unterrichts
stand sie demonstrativ auf dem Lehrertisch, mußte jedoch
auf seine gezischte Anordnung hin sofort entfernt werden;
und stand, kaum war er auf der Wanderung durch den Klassenraum oder hatte seinem Tisch den Rücken gekehrt, bereits wieder dort. Die Stunden wurden nach und nach zu einem atemlosen Spiel: Flasche da – Flasche weg, alles blitzschnell.

Der Lehrer, vor Erregung lispelnd, jagte, verfolgte, ver-
dächtigte alle, die innerlich und äußerlich an diesem Spiel
beteiligt waren. Eine wahre Treibjagd: Mal trieb Dr. Schinke die Schüler, nannte sie haßerfüllt „grinsende Affengesich-
ter", mal die Schüler ihn.

Ich, an allem eher innerlich beteiligt, ja sogar mit Anflü-
gen von Mitleid für den Mann, der sich in unseren Stunden
bis zur Erschöpfung verausgabte und jedesmal den Tränen
nahe war, ich muß dann wohl doch einen Moment lang auch

äußerlich beteiligt gewesen sein; er jedenfalls hatte es sofort gesehen. Sein Zeigefinger war unverwechselbar auf mich gerichtet, alles Sichumsehen und Umdrehen nach einem hinter mir sitzenden und eventuell gemeinten Mitschüler half nichts – ich war gemeint!

„Du hast gelacht!"

Ich selbst hatte gar nicht bemerkt, daß sich meine Gesichtszüge verändert hätten – für Lachen in der Schule hatte ich einfach kein Körpergefühl –, jedoch, es war, wie gesagt, und ich will es überhaupt nicht abstreiten, auch witzig, dieser ewige Affentanz um die hohe, braune Schinkenhägerflasche.

Der Zeigefinger blieb eine ganze Weile auf mich gerichtet. Dann sprudelte es aus ihm heraus:

„Du schreibst bis morgen einen Aufsatz: Warum ich im Unterricht nicht lachen darf."

Scheiße, so erwischt zu werden!

Ich fand alles zwar immer noch absurd und verrückt, trotzdem wurde es für mich plötzlich ganz ernst, so herausgegriffen zu werden. Das Lachen verging mir. Wir hatten gerade Nachmittagsunterricht – es war ein Mittwochnachmittag, mittlerweile Abend –, und am Donnerstag begann der Frühunterricht. Ich war, wenn der Zug keine Verspätung hatte, frühestens 20.10 Uhr auf dem Bennigser Bahnhof. Wie sollte ich das mit dem Aufsatz bis morgen hinkriegen?

Mein Vater hatte nur strafende Blicke für mich, vielleicht fürchtete er, meine Schullaufbahn könnte – lachend – ein jähes Ende finden. Meine Mutter erschrak über mich. Dann holte sie den Schreibblock aus dem Schränkchen und fing an zu schreiben: Warum ich im Unterricht nicht lachen darf. Sie schrieb von Disziplin und anständigem Benehmen, von der Notwendigkeit, Störungen zu vermeiden, von Achtung den Lehrern gegenüber, von Gehorsam und Ernsthaftigkeit, von nötiger Aufmerksamkeit im Unterricht, um weiterzukommen und von Konzentration. Sie schrieb eine ganze Schreibblockseite voll.

„Und das schreibst du jetzt ab, dann gehst du schlafen!"

Das war nicht etwa ein Befehl – befehlen konnte meine Mutter gar nicht –, sie war einfach fürsorglich, weil die Nacht von Mittwoch auf Donnerstag immer kurz und der Wechsel in der Wochenmitte anstrengend war.

Ich schrieb also diese unterwürfigen Sätze, die sie aus Ängstlichkeit geschrieben hatte und an die sie wohl selbst nicht glaubte, alle ab, und fühlte mich elend dabei, wie wenn sich einem der Magen umdreht.

Am nächsten Morgen – verdammt, die Schinkenhägerflasche stand schon wieder rechts auf dem Pult! – legte ich meine Strafarbeit auf die andere Seite des Lehrertisches.

Dr. Schinke kam herein. Er erblickte den Tisch und die Flasche, die im selben Augenblick wie von Geisterhand verschwand. Wortlos knüllte er die beiden Heftseiten mit der Faust zusammen und ließ sie in seine Aktentasche fallen. Eine neue Stunde im Spiel Hase und Igel begann.

Ich verzog keine Miene.

[Berlin-Prenzlauer Berg, damals DDR;
1959]

Udo Wanke-Kreh

Schüler sind anders, Lehrer auch

Meine neue Schule war die 6. Oberschule in der Duncker-
straße in Berlin-Prenzlauer Berg, die genaue Bezeichnung
lautete: „Zehnklassige allgemeinbildende polytechnische
Oberschule". Wir waren 33 Schüler in der Klasse, und zwar
21 Jungen und 12 Mädchen. Bereits nach kurzer Zeit bestand
ein intakter Klassenverband. Seine Keimzellen waren Uwe
und Frank, die in der 9. Klasse sitzengeblieben waren. Sie
kannten bereits den Schulbetrieb sowie die Eigenarten der
einzelnen Lehrer und gehörten zu den größten Rüpeln der
Schule. Uwe wurde von uns zum Klassensprecher gewählt
und war auch zuständig für den Bereich „Kultur".

Innerhalb weniger Monate entwickelten wir uns zu skru-
pellosen Teufelchen und innerhalb der zwei gemeinsamen
Jahre steigerten wir uns darin bis zur Vollkommenheit. Ich
war nicht der einzige, der in Bezug auf die Schule keine Illu-
sionen mehr hatte. Ich war jetzt 16 Jahre alt und aus inne-
rer Überzeugung zu jedem Betrug und jeder Schandtat bereit – sie durfte nur nicht herauskommen. Von der politischen Einstellung her sah es ziemlich einseitig aus: 30 Schüler waren prowestlich, zwei neutral und einer, Karl, gab sich
als bekennender Kommunist.

Innerhalb des ersten Halbjahres verschlissen wir eine
Deutsch- und eine Russischlehrerin. Die Deutschlehrerin war
eine junge, kleine Blondine und noch nicht lange im Schul-

dienst. Sie hielt uns für verständige Menschen und wollte keinem die Zukunft verbauen. Wir legten das als Schwäche aus und störten ihren Unterricht pausenlos. Bereits nach wenigen Monaten „hospitierte" während ihres Unterrichts des öfteren unser Physiklehrer. Nur dann war es ihr möglich, einigermaßen zu unterrichten. Eines Tages – wohl auf Anraten anderer Lehrer – fing sie an, die Note „Ungenügend" zu verteilen. Sie wollte sich durchsetzen. Die Noten trug sie aber nur mit Bleistift in das Klassenbuch ein und radierte sie später aus Mitleid wieder aus. Damit hatte sie bei uns den letzten Hauch von Autorität verspielt. Nach einem halben Jahr war sie sang- und klanglos verschwunden.

Nicht anders erging es unserer Russischlehrerin. Unsere Biologielehrerin hielt sich nur noch durch Apathie an der Schule. Sie kam in die Klasse, setzte sich ans Lehrerpult, senkte den Kopf und redete bis zum Klingelzeichen. Dann stand sie auf und verließ den Raum.

Für die Deutschlehrerin kam Lehrer Griebsch. Er verstand es, sich durchzusetzen, obwohl er Kommunist war und sich sogar traute, sein Parteiabzeichen offen zu tragen. Er war ein bulliges Schwergewicht von etwa 1,85 Meter Größe. Griebsch beherrschte Jiu-Jitsu und hatte viele Jahre im Halbschwergewicht geboxt. Wegen seiner rosigen Haut und weil kein einziges Haar seinen Körper zierte, nannten wir ihn „unser Schweinchen". Seine Haare hatte er als Folge einer Typhusinfektion bereits als Kind verloren. Wir respektierten ihn nicht nur wegen seiner Körperkraft, sondern auch, weil er einen interessanten Unterricht hielt und, wenn es brenzlig wurde, auf unserer Seite stand.

Die neue Russischlehrerin akzeptierten wir ebenfalls, weil sie eine Marotte hatte, die allen Vorteile brachte. Sie setzte bei Klassenarbeiten auf jede Bank nur einen Schüler, und zwar im Zickzack, um zu verhindern, daß wir voneinander abschrieben. Einen größeren Gefallen konnte sie uns gar nicht erweisen. Wir setzten uns so, daß auf der ersten Bank

Das bin ich 1958/59 mit meinem Vater und meiner Schwester in der Wohnung in der Mandelstraße in Berlin-Prenzlauer Berg.

ein in Russisch guter Schüler saß, danach ein bis zwei schlechte und dann wieder ein guter. Unsere Mädchen waren in Russisch fast alle gut. Die Guten hatten die Aufgabe, schnell und mit großer, deutlicher Schrift die Übersetzungen zu schreiben, das Blatt zur Seite zu legen und damit dem Hintermann das Abschreiben zu ermöglichen. Das Verfahren hatte sich bald so eingespielt, daß unsere schnellsten Mädchen bis zu zwei Bänke bedienen konnten, weil jeder sofort abschrieb und weitergab.

Der fähigste Pädagoge der Schule, ein Naturtalent, war unser Mathematiklehrer Ungnade. Er machte seinem Namen alle Ehre. In der ersten Mathematikstunde betrat er den Klassenraum und sagte nur: „Mein Name ist Ungnade, ich bin euer Mathematiklehrer, und bei mir herrscht während des Unterrichts absolute Ruhe."

Der erste, der aufmuckte, mußte an die Tafel, bekam eine Aufgabe gestellt, die er nicht lösen konnte, und fett mit Tinte ein „Ungenügend" ins Klassenbuch eingetragen. Als es dem zweiten bis fünften ebenso erging, wurde uns ungemütlich. Lehrer Ungnade hatte uns gewaltigen Respekt eingeflößt. In der nächsten Stunde verkündete er, daß es so nicht weiterginge und führte eine Kreuzchenliste ein. Uwe, unser Klassensprecher, mußte diese Liste führen. Die Kreuzchen verteilte Ungnade. Wer drei Kreuzchen hatte, bekam einen Tadel, bei sechs gab es einen Verweis, bei neun einen strengen Verweis mit Vorstellung beim Direktor und bei zwölf Kreuzchen sollte der Ausschluß aus der Schule erfolgen. Von nun an verteilte er Kreuzchen für alles und jedes – ein Kreuz für zu lautes Niesen, für zu lautes Anklopfen (falls man begründet zu spät kam), für Schwatzen und – als besonderen Clou – für „Blödheit".

Alle Lehrsätze der Mathematik mußten wir im Wortlaut auswendig lernen und jedes Wort sinngemäß richtig erläutern können. Machte ein Schüler auch nur den geringsten Fehler, trug Ungnade ein „Ungenügend" ins Klassenbuch ein, ließ ihn zur nächsten Stunde den Lehrsatz 20 mal aufschreiben und verpaßte ihm das obligatorische Kreuzchen für „Blödheit". Machte der Schüler in der nächsten Stunde – der Betroffene wurde nochmals abgefragt – wieder einen Fehler, gab es das gleiche „Gedeck" und er mußte den Lehrsatz 50 mal aufschreiben. Das kam allerdings nur selten vor.

Löste der Schüler die Aufgabe hingegen einwandfrei, brachte es ihm ein „Sehr gut". Damit hatte jeder die Möglichkeit, seine schlechte Note durch Lernen zu kompensieren. Nach einem halben Jahr war die Klasse in Mathematik so gut, daß bei Klassenarbeiten ein „Genügend" nur noch selten vorkam. Die Prüfungsaufgaben am Ende des Schuljahres, die von der vorgesetzten Schulbehörde zentral ausgegeben wurden, lösten wir problemlos.

Hin und wieder fragte Ungnade den Klassensprecher Uwe

nach der Vergabe eines Kreuzchens: „Na, wieviel sind es denn jetzt bei ...?"

Und Uwe antwortete jedesmal: „Das ist jetzt das zweite, Herr Ungnade", worauf dieser schmunzelnd mit dem Kopf nickte – genau das wollte er hören.

Einmal zwangen wir Ungnade, entweder einen Tadel zu geben oder sein Gesicht zu verlieren. Die Ursache war Karl, unser Kommunist. In West-Berlin lief ein heißer Film, und wir hatten beschlossen, am Samstag die Schule zu schwänzen und uns diesen Film anzusehen. So etwas kam öfters vor. Wir erklärten bei späteren Nachfragen, es hätte an der Tafel gestanden, daß der Unterricht ausfällt. Der Ablauf war folgender: Wer mit ins Kino wollte, gab Uwe, unserem Klassensprecher und Kulturobmann, das Geld für die Kinokarte. Der besorgte die Karten und verteilte sie vor dem Kino. Wer nicht mit ins Kino wollte, mußte sich die Zeit anders vertreiben; Mitschwänzen war Pflicht.

Nun sagte unser Kommunist auf einmal, er mache da nicht mehr mit und würde am Samstag in die Schule gehen.

Als erstes schnappten wir uns seine Aktentasche mit den Schulbüchern, schütteten den Inhalt aus dem Fenster im vierten Stock auf den Hof und warfen die Tasche hinterher. Dann umringten wir ihn und befragten ihn, wie er das denn meine?

Karl bekam noch keine Klassenkeile, flog aber von einem zum anderen und wurde peinlichst gedemütigt. Während er auf dem Schulhof seine Sachen zusammensuchte, räumten wir seine Bank. Sein Nachbar setzte sich woanders hin, und vor und hinter ihm blieben die Bänke leer.

Die nächste Stunde war Mathematik. Ungnade sah sich kurz um, zeigte keine Reaktion und fing mit seinem Unterricht an. Als er uns den Rücken zuwandte und etwas an die Tafel schrieb, beschossen wir unseren Kommunisten mit Krampen. Dazu nahm man einen „Schnipsgummi" – das sind die dünnen Gummiringe zum Zusammenhalten kleiner Päckchen –, schlang ihn mit jeweils einer Schlaufe um Zeigefin-

ger und Daumen und fertig war das Katapult. Aus Papier oder
Büroklammern wurden dann die Krampen, kleine Geschosse,
gemacht. Ein schmaler Papierstreifen wird fest zusammen-
gerollt und in der Mitte geknickt. Wer gemein ist, taucht die
Krampe noch in Tinte. Ähnlich werden die Büroklammern
geknickt und verschossen. Fast jeder Schüler kennt dieses
Spiel. Karlchen wurde mehrmals hart getroffen und gab Laut.

Ungnade fuhr sofort herum: „Wer war das?", und die Klasse antwortete: „Karl!"

Karl mußte an die Tafel, bekam die übliche unlösbare
Aufgabe, ein „Ungenügend" ins Klassenbuch eingetragen und
ein Kreuzchen für Blödheit. Uwe trug das Kreuzchen ein und
sagte laut und deutlich: „Herr Ungnade, das ist aber jetzt
schon das vierte Kreuz bei Karl."

Was blieb Ungnade anderes übrig, als entsprechend seiner eigenen Regelung Karl einen Tadel zu geben?

Er tat dies auch, leider mit dem enttäuschend harmlosen
Satz: „Karl stört den Unterricht." Das war der erste und
einzige Tadel, den Ungnade während der zwei Jahre Unterricht in unserer Klasse gab.

Eine besondere Kuriosität war für uns das „immens wichtige" Fach Staatsbürgerkunde. Es reichte für die Note „gut"
aus, die sozialistischen Errungenschaften zu preisen und mit
einem Satz von Wilhelm Pieck oder Walter Ulbricht aus der
Parteizeitung „Neues Deutschland" zu untermauern. Für ein
„Sehr gut" genügte ein zusätzlicher Hinweis auf Marx, En-
gels oder Lenin, eventuell mit Quellenangabe. Aus Übermut
stellten wir nettklingende Fragen, zum Beispiel, wir hätten
gehört, daß Westschuhe angeblich länger halten würden als
Ostschuhe – ob so etwas möglich sei?

Ein andermal wollten wir wissen, wo bei dem Spargel, den
es zum V. Parteitag der SED überall in Ost-Berlin zu kaufen
gab, die Köpfe abgeblieben seien. Es gab zu diesem Parteitag im Juli 1958 tatsächlich in ganz Ost-Berlin frischen Spar-

gel ohne Köpfe zu kaufen. Die Delegierten des Parteitages hatten die Köpfe gefressen und den Arbeitern und Bauern großmütig das längere Ende des Spargels überlassen. Das gab besonders uns Jugendlichen zu denken. Bei gesellschaftlichen Ereignissen zeigten wir uns stets einsatzfreudig: Am 1. Mai, dem Kampf- und Feiertag der Arbeiterklasse, trafen sich Lehrer und Schüler pflichtgemäß in der Schule. Wir wurden zu Marschblöcken formiert und mit Fahnen und Transparenten bestückt. Dann ging es in einem endlos langen, stockenden Marsch in Richtung Marx-Engels-Platz, an der Ehrentribüne der Staatsmänner und Staatsfrauen vorbei und anschließend nach Hause. Beim Abmarsch an der Schule waren wir noch vollzählig, doch bis zum Marx-Engels-Platz kamen nur wenige.

Am frühen Nachmittag begann in der Waldbühne in West-Berlin in der Nähe des Olympiastadions die Konkurrenzveranstaltung: eine gewaltige Show mit einem großen Künstleraufgebot. Zwei Drittel der Schüler und etliche Lehrer hatten ihre Eintrittskarte bereits zum Ostler-Sonderpreis im Vorverkauf erworben und scherten, wenn die Zeit heran war, aus dem Marschblock aus. Fahnen und Transparente wurden einem Nebenmann in die Hand gedrückt mit dem Hinweis, daß man mal kurz auf die Toilette müsse. Fand sich niemand, lehnte man seine Fahne bei einem Stop der Marschkolonne einfach an ein Fahrzeug, irgendwer würde sich ihrer schon annehmen.

In der Waldbühne ignorierten sich Lehrer und Schüler, falls sie sich zufällig begegneten. Nicht im Traum wäre es uns eingefallen, einen Lehrer deshalb anzuschwärzen. Es war eine Art Ehrenkodex, der sich durch die Berliner Verhältnisse gebildet hatte.

Aus: Udo Wanke-Kreb, „Das erste Leben". Erinnerungen eines Nichtangepaßten 1947–1972, Sammlung der Zeitzeugen, Zeitgut Verlag 2003.

[Halle/Saale, damals DDR;]
14. Januar 1959]

Wilfried Flach

Täglicher Antifaschismus

Heute war wieder etwas los! Die 7b, unsere Parallelklasse in der Hallenser Dr. Kurt-Fischer-Schule, hatte mit uns zusammen bei Herrn Dorow Unterricht. Wir saßen zu dritt und zu viert in den Bänken gequetscht und hörten uns seine Propagandareden an. Obwohl eine Deutschstunde auf dem Stundenplan vorgesehen war, hielt er es für nützlicher, uns über den Kampf der Arbeiterklasse gegen ihre Unterdrücker aufzuklären. So fragte er: „Welche Arbeiterführer kennt ihr?"

„Lenin" – „Stalin" – „Walter Ulbricht", klang es aus den verschiedenen Reihen.

„Und wen noch?"

„Hitler!"

Das hätte nicht kommen dürfen. Alle zogen die Köpfe ein.

„Wer hat das gesagt?" brüllte Herr Dorow.

Niemand meldete sich. Die Klasse hüllte sich in tiefes Schweigen.

„Wenn sich der Betreffende nicht sofort meldet, dann ist heute in diesem Sauhaufen 'was los! Dann stehen Brotbeutel und Seitengewehr waagerecht! Dann wird auf dem Schulhof gerobbt, bis euch die Zunge aus dem Hals fällt!" geiferte die Stimme des Lehrers.

Alles erstarrte vor Angst. Jeder traute dem vor Wut schäumenden Feldwebel das Allerschlimmste zu. Im Klassenraum herrschte Totenstille.

Erscheinen Pflicht! Beim 1. Mai-Umzug, hier in den fünfziger Jahren in Leipzig-Engelsdorf, tragen die Kinder und Jugendlichen Transparente mit Losungen und den Bildnissen bedeutender Funktionäre der Arbeiterbewegung. Foto: Hermine Geidel

Endlich erhob sich zaghaft eine Hand. Nun hagelten über unseren Klassenkameraden Bewernick wüste Beschimpfungen und Drohungen herab. Der kommt bestimmt in den Jugendknast, dachte ich überängstlich.

Für meinen Freund Bernd Nilius war jetzt die Unfähigkeit dieses Lehrers bewiesen. „Siehst du, so werden Antifaschisten erzogen!" sagte er später zu mir. Doch sein spöttischer Gesichtsausdruck verriet, daß er, wie so oft, das Gegenteil meinte.

(Tagebuchnotiz vom 14. Januar 1959)

Aus: „Halbstark und tüchtig", Reihe ZEITGUT, Band 17.

[Korntal bei Stuttgart;
Februar 1959]

Willi Volka

Stubendienst

In unserem Internat in Korntal bei Stuttgart wohnten etwa
80 Schüler von der Tertia bis zur Oberprima, der Abiturientenklasse. Das Gymnasium, das wir besuchten, war eine dreizügige Staatsschule mit ungefähr 700 Schülerinnen und
Schülern. Mädchen waren erst ab der Oberstufe bei uns.
Im Schülerheim hatten wir verschiedene Pflichten zu erfüllen, so auch den Stubendienst am Abend, wenn die Lern-
und Aufenthaltsräume verlassen waren. Einige Lehrer verdienten sich ein Zubrot, indem sie es übernahmen, uns nachmittags beim Lernen zu beaufsichtigen und abends beim
Zubettgehen zu kontrollieren. Mancher Pauker entwickelte
dabei besondere Methoden, so auch Herr Seetz, der Musiklehrer. Tagsüber litt er darunter, daß an unserem stärker
naturwissenschaftlich ausgerichteten Gymnasium das Fach
Musik nicht recht ernstgenommen wurde. Ihm selbst lag sehr
viel daran, uns musisch allseitig zu bilden.

Abends im Internat markierte Seetz den starken Mann.
Beim „Schuh-TÜV" lief er zur Höchstform auf. Nicht nur
das Oberleder mußte glänzen, auch an den Sohlen durfte kein
einziges Schmutzkörnchen haften. Wie sehr der Musiklehrer manchmal seine Antipathien gegenüber mißliebigen
Schülern auslebte, zeigte sich bei einer dieser Inspektionen.
Ede mußte seine Schuhe ein zweites Mal putzen und vorzeigen, obwohl wir ihm vorher wohlweislich ein bereits kon-

trolliertes Paar ins Schuhfach geschmuggelt hatten. Ein Beweis, wie ungerecht Seetz sein konnte.

Zugegeben, Ede war ein etwas schwieriger und rüpelhafter Bursche. Einmal nahm er sich kurzen Ausgang und sprang von der ebenerdig liegenden Lernstube aus dem Fenster – und dem Seetz fast vor die Füße. Was für ein Triumph für den Lehrer, hatte er seinen „Spezi" doch wieder einmal ertappt! Beim Mittagessen im großen Speisesaal mußte Ede aufstehen. Herr Seetz berichtete, was vorgefallen war und endete mit der Bemerkung: „Wenn man schon aus dem Fenster springen muß, sollte man wenigstens schauen, ob jemand kommt."

Schlagfertig konterte der lange Ede: „Herr Seetz, ich habe nach rechts und nach links geguckt, doch ich habe niemanden kommen sehen." Alles brüllte vor Lachen. Jeder verstand die Anspielung auf den kleinwüchsigen Lehrer.

Zwischen den beiden herrschte ewig Kampf, den Ede schließlich verlor. Er hatte bereits die ultimative Verwarnung bekommen, beim nächsten geringsten Vorfall würde er das Internat verlassen müssen. Als wir wieder einmal die Treppe hochstürmten, griff sich Seetz stellvertretend Ede, was dieser laut mit „Du Arschloch!" quittierte. Noch am selben Tag mußte er packen.

Ein anderer Lehrer, Herr Dr. Seyfert, war bei uns Schülern wie bei seinen Kollegen gleichermaßen gefürchtet, denn er stellte den Stundenplan auf, somit waren alle von ihm abhängig. Irgendwann hatte er den Spitznamen „Su" bekommen, weil er häufig das Wort „so" gebrauchte, was bei ihm wie „su" klang. Er unterrichtete uns in Mathematik.

Su wohnte gegenüber vom Internat und hatte immer am Freitagabend Aufsicht. Mit Vorliebe „bewies" er uns unsere Unfähigkeit, für Ordnung und Sauberkeit zu sorgen. Wer bei ihm in Ungnade fiel, konnte sich auf einiges gefaßt machen. Der Verdacht lag nahe, daß Su nur jemanden suchte, der für ihn Kohlen in den Keller trug oder Gartenarbeit verrichtete. Ein gefürchtetes Druckmittel war, uns die Heimfahrt am nächsten 14tägigen Reisesonntag zu sperren.

An einem Freitag Mitte Februar 1959 erschien Su gegen 22 Uhr, um die Stuben abzunehmen. Als Stubendienst hatte ich mich redlich bemüht. Im ersten Raum fand er nichts. Unvermittelt fragte er mich: „Gehst du an Ostern?"

Die Frage war eine Drohung. Volker, Niko und ich hatten einen Jugendfilmring gegründet, der ihm nicht in seine Vorstellung über das, was Schüler zu tun hätten, paßte.

„Nein, ich gehe nicht", sagte ich.

„Dein Verhalten ist dumm", entgegnete er ohne nähere Erklärung. Auch die zweite Stube war soweit in Ordnung, bis Su verlangte: „Nimm den Kleiderbügel und fahre damit unter den Schrank!"

Ich strich mit dem Bügel die vier, fünf Zentimeter unter dem Schrank entlang, wobei natürlich allerhand Schmutz zum Vorschein kam. Zwischen Papierresten und Staubfusseln zeigte sich sogar ein Tannenzweig.

„Am nächsten Freitag nochmal!" befahl Su.

Die dritte Stube. Ich hatte Bleistiftreste auf einer Untertasse übersehen, die ich jetzt eilig entfernte.

Su: „Fährst du heim?"

Ich: „Nein."

„Warum nicht?"

„Weil ich nicht fahre." Pause.

Su: „Dann bleibst du eben hier."

Gegen 23 Uhr kam ich endlich ins Bett und konnte lange nicht einschlafen.

Am Freitag darauf hatte ich erneut schwer geschuftet. Herr Kochinke, unsere Stubenaufsicht, bot mir einen Apfel an, während ich auf Su wartete. Endlich kam er mit seinem katzenhaften, kraftlosen Gang die Treppe heraufgeschlichen. Ich wollte mit der ersten Stube beginnen, doch er steuerte geradewegs die mittlere an, ging zur Fensterfront, beugte

Nicht jedes Wochenende war Reisesonntag. Hier unternahmen wir
Heimschüler einen Sonntagsausflug in die Umgebung von Korntal.
Ich bin der Erste von links.

sich vor, starrte auf die Borde, trat zurück, dann trat er wieder vor und wies mit dem Zeigefinger auf eine Stelle. Dort mußte noch etwas liegen. Ich sah genau hin und entdeckte ein weißes Farbbröckchen.

Jetzt lehnte sich Su über ein Pult. Am Rand eines der Bleche, die über die Tintenfaßlöcher genagelt oder geschraubt waren, lag ein kleines Dreckklümpchen und auf der Tischdecke erblickte er ein feines, dunkelblaues Fädchen, kaum einen Zentimeter lang. Das Leitwerk eines Flugmodells lag etwas schräg auf einem Akkordeon, daneben stand ein Eimer, der Kabel enthielt. Ich mußte ihn wegtragen.

In der nächsten Stube steuerte Su zielstrebig auf die linke Ecke zu. Am Morgen hatten die Putzfrauen das Bord naß gesäubert. Ich konnte wahrlich nichts ausmachen. Su ließ

Hermann, seinen Hilfssheriff, in der Ecke Staub wischen. „Nennst du das sauber?"

Hermann schaute, als wollte er sagen, so streng müsse man nun wirklich nicht sein.

„So etwas wagt der Kerl mir vorzusetzen! Also, du weißt Bescheid, nächsten Freitag nochmal. Und wenn die anderen am langen Wochenende heimfahren, bleibst du hier."

Am kommenden Montag stand eine Mathearbeit bevor. Ich mußte unbedingt eine gute Note erzielen, um Su zu beschwichtigen. Sein Hilfssheriff war ein Einserkandidat, von denen es in einer Klasse bestenfalls einen oder zwei gab. Gute Noten begannen gewöhnlich mit der Zwei.

Am darauffolgenden Freitag war Su gnädig. Bevor er ging, ließ er aber noch die Bemerkung fallen: „Ein gutgeschultes Auge sieht eben alles." Ich dachte: „Wenn du kehren müßtest, würde ich bestimmt auch was finden!"

Als ich am Samstag von draußen kam, stand Herr von Lersner an der Treppe und fragte: „Fährst du nicht heim?"

„Nein."

„Warum nicht?"

„Ich habe den Reisesonntag gesperrt bekommen."

„Warum?"

„Wegen des Stubendienstes."

„Du darfst fahren. Herr Dr. Seyfert (Su) hat es dir erlaubt, aber nur bis Montagabend."

Wie der Blitz rannte ich hinaus, wo die Eltern eines Mitschülers noch mit ihrem Wagen standen. Freundlicherweise nahmen sie mich mit. Unterwegs hielten wir an einer Tankstelle an und aßen zu Mittag. Mir war es peinlich, daß sie mich einluden. Um uns herum saßen Leute mit gebräunten Gesichtern, sie mußten vom Skiurlaub gekommen sein.

Als ich im Unterricht an der Tafel vorrechnen mußte, unterlief mir einmal ein grober Fehler. Su drohte, mir die Tanzstunde am Abend zu verbieten. Damit verunsicherte er mich derart, daß gar nichts mehr ging, ich an meinen Platz geschickt wurde und ein anderer Schüler zu Ende rechnen mußte. Als Strafe erhielt ich jede Menge Zusatzaufgaben, die ich am Abend bei ihm persönlich abzugeben hatte.

Da ich mir die Tanzstunde nicht entgehenlassen wollte, arbeitete ich den ganzen Nachmittag hindurch. Mit Ach und Krach schaffte ich rechtzeitig alle Aufgaben. Jedoch am Abend begriff ich keinen einzigen Tanzschritt.

Su erwartete von mir, daß ich mich auf eine Zwei hocharbeite, er hielt mich für faul, wollte mich zwingen, fleißiger zu lernen. Bei den Hausaufgaben legte er besonderen Wert auf die Form. Alle Bruchstriche mußten mit dem Lineal gezogen sein, Streichungen waren nicht erlaubt. Die optische Prüfung der Hausaufgaben erfolgte zu Beginn jeder Unterrichtsstunde. Danach mußte ein Schüler die Aufgaben vorlesen oder an der Tafel vorrechnen. Damit verging viel Zeit.

Wenn unsere Aufmerksamkeit im Unterricht nachließ, griff Su zu einem Trick. Urplötzlich stellte er die Frage, was es denn für Neuigkeiten in der Welt gebe. Die Eifrigen unter uns meldeten sich sofort und berichteten, was sie an politischen Tagesmeldungen gehört oder gelesen hatten.

Su sagte jedesmal: „Nein", bis er dann loslegte: „Da haben doch die Amerikaner Soldaten ausgesetzt. Die müssen sich eine Woche in den Bergen ohne Proviant, ohne Zelt und ohne Waffen von einem Punkt zum anderen durchschlagen."

So etwas fanden wir spannend. Wenn er glaubte, daß unsere Konzentration wiederhergestellt war, erklärte er den neuen Stoff, klar, knapp und logisch. Dazu brauchte er nicht allzuviel Zeit. Danach wurde kurz die Anwendung geübt, anschließend gab es reichlich Hausaufgaben, damit sich das Neue fest einprägte. Su nannte die Mathematik die „Königin der Wissenschaften". Das war noch vor dem Programmierzeitalter.

Aus: „Halbstark und tüchtig", Reihe ZEITGUT, Band 17.

[Ladenburg/Neckar, Baden-Württemberg;
1960–1962]

Rolf M. Filippi

Unerwartete Reaktionen

Die Ferien waren zu Ende. Den ersten Schultag danach hatten wir hinter uns gebracht. Der neue Weg zur Schule war
endlos lang, aber der Rückweg nach Hause kam mir noch
viel länger vor! Als meine Familie noch im alten Carl-Benz-
Gymnasium wohnte, hatten ich gerade mal fünf Minuten
Fußweg, um in die Volksschule zu gelangen. Jetzt war ich
gezwungen, durch die ganze Stadt zu laufen: am Friedhof
vorbei, dann längs des Fußballplatzes meines Sportvereins,
der zwischen einer Firma, die Feuerlöscher herstellte, und
einem großen Elektrokonzern lag.

Ich ging mit den anderen Schülern, die auch in dem Stadtteil wohnten, am Bach entlang, dessen Bett sich durch das
Wohngebiet zu dem Galgen aus Sandstein, dann in Richtung
der Fabriken wand, wo er die letzten Schadstoffe zugeführt
bekam, bevor er sich in den Neckar rettete.

Diesen weiten Weg hieß es nun täglich zweimal zu gehen;
zur Schule und wieder zurück. Ein Klassenkamerad von mir,
der ungefähr hundert Meter von unserer neuen Wohnung
entfernt wohnte, gesellte sich auf dem Heimweg zu uns. Wir
beide hatten schon in der Vergangenheit etwas Kontakt gehabt, uns aber wegen der Entfernung unserer Wohngebiete
selten außerhalb der Schule getroffen.

Ein gemeinsames Erlebnis verband uns: Auf dem Speicher des Carl-Benz-Gymnasiums hatte ich einen Mauerspalt

gefunden und darin Dinge entdeckt, die wohl nach Kriegsende dort versteckt worden waren: alte Wehrmachtsstahl-
helme mit dem verbotenen Hakenkreuz, Bajonette und Ge-
wehre. Harald, so hieß der Junge, und ich hatten die Stahl-
helme auf den Kopf gesetzt und versucht, die Karabiner aus
dem Versteck zu bergen, was uns aber nicht gelang. Die
Waffen waren so ineinander verkeilt, daß ein Herausziehen
derselben unmöglich war. Verdreckt von dem Staub, der auf
und in den Helmen war, gaben wir den Versuch auf und wid-
meten uns anderen Spielen. Der Vorsatz, die Waffen irgendwann zu holen, wurde dann durch unseren Umzug undurch-
führbar. Daran erinnerten wir uns wehmütig, während wir
heimwärts liefen.

Wir verabredeten uns für den Nachmittag. Nach dem Mittagessen und den anschließenden Hausaufgaben verbrachten wir den Rest des Tages gemeinsam. Harald hatte eine
Schäferhündin namens Assy. Mit ihr gingen wir auf die Pirsch
und suchten nach Abenteuern.

Von nun an trafen wir uns jeden Tag. Wir waren Freunde
geworden, die unzertrennlich schienen. Bald war ich bei Haralds Eltern genauso zu Hause, wie dieser bei meinen. In
der Schule saßen wir nebeneinander und erduldeten diesel-
ben Lehrer. – Erdulden, das konnte man bei einigen wört-
lich nehmen, denn zu dieser Zeit waren noch Handlungen
an der Tagesordnung, die später von den Schulbehörden verboten wurde.

Da hatten wir zum Beispiel einen Musiklehrer, der ohne
Rücksicht auf die Gesundheit der Schüler von seinen Fäusten Gebrauch machte, um seine Autorität zu demonstrie-
ren. Als er während des Musikunterrichts wegen einer Ba-
gatelle auf Harald einschlug, war das Maß übervoll. Harald
taumelte schwer getroffen an die Wand und hatte Mühe, sich
auf den Beinen zu halten. Als er sich wieder einigermaßen
erholt hatte, packte er seinen Schulranzen und verließ wortlos das Klassenzimmer.

Eine halbe Stunde später stand Haralds Mutter in Begleitung des diensthabenden Rektors vor der Tür. Unter dem Jubel der ganzen Klasse wies sie den Musiklehrer dermaßen zurecht, daß er den Unterricht abbrach und sich in das Lehrerzimmer verzog. Doch diese Abfuhr hielt nur ein paar Wochen an.

Eines Tages, als nach der großen Pause wieder Musikunterricht angesagt war, stand ich vor der Tafel und staunte über den Mut, den irgendein Mitschüler aufgebracht hatte: In großen Buchstaben stand da der Name des Lehrers, und als Zusatz, „...*ist eine doofe Sau!*"

Während ich noch verwundert dastand, verspürte ich plötzlich einen wahnsinnigen Schmerz. Von hinten hatte mir jemand mit einem harten Gegenstand auf den Kopf geschlagen. Während ich mich umdrehte, schlug ich zu. Wie ein gefällter Baum sackte der Musiklehrer zusammen, in den Händen noch den Taktstock, der mir die Schmerzen zugefügt hatte. – Der Rektor, der gerade die Tür geöffnet hatte, um das Klassenzimmer zu betreten, wandte sich augenblicklich ab und blieb draußen auf dem Flur stehen, während die anwesenden Mitschüler andächtig zu mir blickten, fassungslos und bewundernd zugleich.

Der Musiklehrer stand auf, wischte die Tafel ab und begann seinen Unterricht, als wäre nichts geschehen.

Nach dem Unterricht wartete der Rektor auf mich und machte mir klar, daß so etwas nie wieder vorkommen dürfe, auch wenn er ein wenig Verständnis aufbrachte, als er den Grund dieser Reflexbewegung erfahren hatte.

Die Rache des Geschlagenen bestand darin, daß er mir die schlechteste Note ins Zeugnis schrieb, die für Musik möglich war, eine Fünf. Einen Schüler zu schlagen, wagte er sich allerdings danach nicht mehr.

Aus: „Schlüssel-Kinder", Reihe ZEITGUT, Band 6.

[Berlin-Zehlendorf und Berlin-Kreuzberg;
Sommer 1961]

Renate Dziemba

Des einen Glück, des anderen Leid

Meine Freundin Rosi und ich hatten gerade erfolgreich unser Studium an der Pädagogischen Hochschule abgeschlossen. Wir wohnten beide noch zu Hause bei unseren Eltern und unser größter Wunsch war, eine eigene Wohnung zu beziehen. In meinen Träumen konnte ich sie mir genau vorstellen, und in Gedanken hatte ich sie bereits eingerichtet. Aber die Verwirklichung sollte noch eine ganze Weile ein Wunschtraum bleiben. Schließlich fehlte ja die wichtigste Voraussetzung, das nötige Geld.

Rosi und ich bemühten uns intensiv um eine Anstellung im Schuldienst, schrieben also Bewerbungen und gingen, meist gemeinsam, zu den Schulämtern. Zu gerne wollten wir beide an der gleichen Grundschule unterrichten, bewarben uns sozusagen im „Doppelpack". Entgegen den Versprechungen wurden Hochschulabsolventen auch damals schon nicht gerade mit offenen Armen aufgenommen. Es hieß also, sich in Geduld fassen und warten, warten, warten ...

Unsere Telefonate begannen regelmäßig mit der vieldeutigen Frage: „Na?" – und der einsilbigen Antwort: „Nichts!" Manchmal wurden wir auf den Schuljahresbeginn zu Ostern mit der Aussicht auf eine vorübergehende Krankheitsvertretung vertröstet. Aber das war es nicht, was wir uns vorstellten. Vielleicht gab es doch noch ein günstigeres Angebot? Wir warteten also weiter.

Das Ende der Sommerferien rückte näher, und wir wurden immer nervöser. Wir wollten doch nach den Ferien endlich Geld verdienen. Dann ereignete sich etwas, was wohl keiner, der sich damals in Berlin aufhielt, je vergessen sollte. Man schrieb den 13. August 1961. Es war der Tag des Mauerbaus. Mitten durch meine Heimatstadt wurden plötzlich sichtbare und fast unüberwindliche Grenzen aus Steinen und Stacheldraht gezogen. Panzer und andere Militärfahrzeuge fuhren auf und standen nun in bedrohlich wirkender Bereitschaft an besonders neuralgischen Punkten. Panik, Angst und lähmendes Entsetzen breiteten sich in der Stadt aus. Es gab kein anderes Thema mehr als den Mauerbau.

Die Aufregung hatte sich noch nicht gelegt, da bekam ich Post vom Bezirksamt Kreuzberg. Mir wurde die Anstellung an einer Grundschule angeboten. Das obligatorische Telefongespräch mit meiner Freundin verlief diesmal anders. Auf ihre Frage „Na?" konnte ich von dem Stellenangebot erzählen. Nun war Kreuzberg nicht gerade unser Wunschbezirk, wir wohnten beide am anderen Ende West-Berlins, in Zehlendorf, und eine Arbeitsstelle in Kreuzberg bedeutete eine lange Fahrzeit. Auch hatte Rosi noch kein Angebot erhalten. Nach endlosen Diskussionen über das Für und Wider lösten wir den „Doppelpack", um unsere Chancen zu vergrößern. Ich entschied mich für das Kreuzberger Angebot. Auch Rosi mußte später einen Kompromiß eingehen. Sie bekam eine Anstellung an einer Oberschule in einem anderen Bezirk.

Bei meinem Vorstellungsgespräch erfuhr ich die Zusammenhänge meiner Anstellung mit dem Mauerbau. Kreuzberg war Grenzbezirk zu Ost-Berlin. Deshalb arbeiteten dort mehr sogenannte Grenzgänger als in anderen Bezirken. Grenzgänger waren Arbeitnehmer, die im Osten der Stadt wohnten und im Westteil arbeiteten. In seltenen Fällen war es auch mal umgekehrt. Frau Hörnicke war eine solche Grenzgängerin. Sie wohnte in Friedrichshain, einem Ost-Berliner Bezirk, und kam täglich zur Arbeit an die 16. Kreuzberger

BEZIRKSAMT KREUZBERG VON BERLIN

Abteilung Volksbildung   -   Schulamt   -

GESCH.-Z.: ....**Schul 5a**............

(ANGABE BEI ANTWORT ERBETEN)

ZAHLUNGEN ERBETEN AN DIE BEZIRKSKASSE KREUZBERG
POSTSCHECKKONTO: BERLIN (WEST) NR. 3416
BANKKONTEN: BERLINER BANK A.-G., DEP.-K. 5 — KTO. 165
BERLIN SW 61, MEHRINGDAMM 20-22

① BERLIN SW 61, DEN *18* August 1961
YORCKSTR. 10/11
FERNRUF: XXXXXX XX 18 . 01 . 61
(961)...476...... (nur im Innenbetrieb)
SPRECHSTUNDEN:
8.30 bis 14.00 Uhr, außer mittwochs und sonnabends

Fräulein

Renate D z i e m b a

Berlin-Zehlendorf-Süd
Lupsteiner Weg 58

Auf Grund Ihrer Bewerbung stellen wir Sie, vorbehaltlich des positiven
Ergebnisses der vertrauensärztlichen Untersuchung und der Zustimmung
des Personalrats der Lehrer, mit Wirkung ab 24. 8.61 - zunächst aus-
hilfsweise befristet bis zum 31.12.61 - in den Schuldienst unseres
Bezirks ein und teilen Sie zur Dienstleistung der 16. Grundschule,
Reichenberger Str. 131, zu.

Als eine in der Ausbildung befindliche Lehrkraft haben Sie an der
Grundschule 23 Unterrichtsstunden zu erteilen und an der bezirklichen
Lehrerausbildung teilzunehmen. *Frechenblick*

Bezahlt werden Sie nach Vergütungsgruppe IVb BAT. Danach erhalten Sie
ab 24. 8.61 folgende Bezüge:

Grundvergütung	DM 632,--
3% örtl. Sonderzuschlag	" 18.96
Ortszuschlag nach Tarifklasse III,1	" 119,--
insgesamt brutto im Monat	DM 769,96.

Für das Dienstverhältnis gelten die in der von Ihnen unterschriebenen
Einstellungsniederschrift festgelegten Bestimmungen. Es endet mit dem
31.12.61, ohne daß es einer besonderen vorherigen Kündigung bedarf.

Als eine in der Ausbildung befindliche Lehrkraft sind Sie auf Grund
der Gewährleistungserklärung des Senators für Inneres (Dbl.I/1958 Nr.26
und Dbl.I/1960 Nr. 58) von den Beiträgen zur Sozialversicherung befreit.
Es wird Ihnen jedoch angeraten, sich freiwillig gegen Krankheit zu ver-
sichern.

Für den Leiter der Abt. Volksbildung:

S c h u l z e

Beglaubigt:

*Der Einstellungsbescheid über meine erste Anstellung als Lehrerin in
Berlin-Kreuzberg ab 24. August 1961.*

Das bin ich mit meiner allerersten Schulklasse in der 16. Grundschule in Berlin Kreuzberg 1961.

Grundschule. Nun war ihr durch den Mauerbau der Weg zu den Schülern versperrt. Die Zweitklässler brauchten eine neue Klassenlehrerin, eine, die nicht durch eine Mauer von ihren Schülern getrennt war. Nach den Sommerferien sollte ich diese Stelle übernehmen.

Die Kinder erwähnten den Namen ihrer früheren Klassenlehrerin in den folgenden Wochen noch oft. So bekam ich immer wieder ein schlechtes Gewissen und wurde das Gefühl nicht los, Frau Hörnicke die Arbeitsstelle weggenommen zu haben. Ich weiß, daß dieses Schuldgefühl unbegründet war. Weggenommen hatte ich ihr die Stelle nicht. Die Ost-Berliner Kollegin hatte sie durch den Mauerbau verloren. Ausgerechnet dieses schreckliche Ereignis, das den Berlinern so viel Unglück gebracht hat, sollte für mich zu einem Glückstreffer werden. – Wie dicht doch Glück und Leid nebeneinanderliegen!

Aus: „Von hier nach drüben", Reihe ZEITGUT, Band 11.

[Gera, Thüringen, damals DDR;
1962]

Rainer Völkel

Ein Schelmenstück

Mit dem Mauerbau waren wir mitten im Kalten Krieg angelangt, und das war vor allem ein Krieg im Äther. Westfernse-
hen und Westradio verströmten in der DDR ihr „gefährliches Gift". Um dieser Heimsuchung Herr zu werden, wurden vereinzelt sogar FDJ-Trupps beauftragt, die verräterisch
ausgerichteten Antennen von den Dächern zu reißen.

Unser Geschichtslehrer erklärte dazu knapp: „Manchmal
braucht man die sanfte Gewalt der Vernunft."

Schon bald ließ man ab von derlei handgreiflicher Einfluß-
nahme und verlegte sich vorübergehend auf verbale öffentliche Einschüchterung. Ich erinnere mich an einen Aushang
im Schaukasten des Wohngebietes:

Folgende Bürger sind noch auf Westempfang! ...

Es folgte eine Liste mit Namen und Hausnummern.

Die Wirkung war verblüffend: Die Außenantennen auf den
Dächern reduzierten sich zusehends – und der Gummibaum,
das Modegewächs der Zeit, erhielt in den Wohnzimmern eine
unerwartete Tarnfunktion. Auch in Schrankecken und hinter Gardinen fanden die Antennen ein unauffälliges Plätz-
chen – meist auf Kosten der ohnehin schon schlechten Bild-
qualität. Aber das kreative Potential war viel größer. Sogar
auf Störsender, die den Empfang vermiesen sollten, wußte
der pfiffige Technikus zu reagieren. In Chemnitz wurde ei-

Ein „Antennenwald" auf einem Dach im Süden der DDR, ausgerichtet in Richtung Westen. Wie verräterisch! Denn allzudeutlich zeigte er auch die politische Ausrichtung ihrer Empfänger.

nes Tages eine Anti-Stör-Spule entwickelt und fand viele dankbare Abnehmer. Offiziell hatte es nun den Anschein, als ob niemand mehr den Westrundfunk konsumierte.

Eines Tages machte in unserer Schule ein Blatt die Runde, auf dem jeder einzelne mit Unterschrift erklärten mußte, niemals auch nur einen einzigen Westsender anzuschalten. Anweisung von ganz oben. Keine Widerrede. Punkt.

Das war schon ein bißchen ärgerlich, denn pfiffe einer jetzt den falschen Schlager, hätte er sich damit unweigerlich selbst „überführt". Verweigerung schien unmöglich. Also unterschrieb man mit gespielter Gleichmut das Papier – und hielt, als hätte man beim Schwur hinter dem Rücken zwei Finger gekreuzt, heimlich seinen Lieblingssendern die Treue.

Nur einer quengelte. Ich, ein „schwankendes Element". Ich wagte spielerisch den Versuch, ein Prinzip mit dem anderen auszuhebeln. Hatte nicht auch Lenin einst die Devise ausgegeben: Lernen, Lernen, nochmals Lernen!?

Um des guten Lernens willen, so behauptete ich nun, würde ich jeden Tag Radio Paris hören: „Nur der Aussprache wegen, gell." Ich wolle doch meine schöne Französisch-Note halten oder sogar verbessern, aber an der schwierigen Aussprache wäre noch viel zu tun. Der DDR-Rundfunk böte zwar Englisch, aber leider keinen Französisch-Kurs an. So ein Pech auch. Sollte ich etwa die gute Note in Gefahr bringen?

Natürlich sei ich bereit zu unterschreiben, aber nur, wenn mein Radio Paris von der Regelung ausgenommen bliebe. Daß es diesen Sender gar nicht gab, schien für niemanden von Belang und sei hier nur nebenbei bemerkt.

Mißmutig ahnte meine Klassenlehrerin die Scheinheiligkeit meiner Argumente, kam aber formal dagegen nicht an. Tatsache ist, ich brauchte das Bekenntnis nicht zu unterschreiben, was mich selbst am meisten überraschte. Das ganze Manöver, nur als kleiner Gag gedacht, landete als Volltreffer.

Aber das Problem war mit meinem Alleingang eher verschärft als entkrampft. Es galt, eine Lösung zu finden, die dem ganzen Klassenkollektiv zunutze käme. Hierfür entwikkelten wir eine dialektisch orientierte Vorgehensweise mit deduktiven Schlüssen, obwohl wir das im Stabü (Staatsbürgerkunde)-Unterricht noch gar nicht behandelt hatten. These und Antithese basierten auf folgenden Prämissen:

1. Über Mittelwelle konnten wir den „Freiheitssender 904" empfangen. Von diesem ging hartnäckig die Legende, es sei ein mobiler Sender der KPD, ständig gejagt von den Adenauer-Schergen, der aber heldenhaft allen Peilungen immer knapp entwischte, um hinter Busch und Tann erneut auf Sendung zu gehen. 904 brachte DDR-genehme Beiträge, aber auch reichlich Westmusik, worauf es uns ja ankam. Nur war das Dilemma für uns, 904 sendete aus dem Westen, und damit fiel er, trotz KPD-Hintergrund, unter das Verbot.

2. Wir behandelten zu dieser Zeit im Physikunterricht das

Radio. Da lernten wir Schwarz auf Weiß: am Tage hat die Mittelwelle als Bodenwelle nur eine sehr begrenzte Reichweite!

Hierauf basierend entwickelten wir nun folgendes:

1. These: Freiheitssender 904 ist ein Westsender und also verbotsbehaftet.

2. Antithese: Mittelwelle breitet sich gar nicht so weit aus, als daß 904 ein Westsender sein könnte.

3. Synthese: 904 kann nur im Osten stehen, fiele also nicht mehr unter das Verbot.

So traten wir, mit naturwissenschaftlicher Kenntnis gewappnet an unseren Geschichtslehrer heran, und der war, laut eigenem Bekunden, unser „ideologischer Richtungsweiser". Wir baten ihn um Aufklärung, wo denn nun der Freiheitssender anzusiedeln sei?

Wir seien ja eigentlich nach wie vor der Meinung, daß 904 vom Westen aus sendete, aber da sei dieser Zwiespalt, ausgelöst durch die Wellenmechanik, und Physik müsse man ja doch ernst nehmen. Kurz und gut, wir heischten ein klärendes Wort.

Der Lehrer reagierte überrascht, doch aufgeschlossen. Er müsse sich da selbst erst Informationen holen.

Bitteschön, wie warteten gern.

Zur nächsten Stunde erschien unser Lehrer und erklärte der staunenden Klasse: Er habe sich „ganz oben" erkundigt. Der Freiheitssender 904 stehe in Burg bei Magdeburg!

Eine hervorragende Neuigkeit.

Würde von nun an einer von uns selbstvergessen einen Westschlager vor sich hin trällern und fragte darob jemand besorgt, ob wir etwa feindlichen Sendern Gehör geschenkt hätten, so ließe sich pfeilschnell antworten: Einen Westsender? Nein, bewahre! Sondern Neunhundertviehiiier!

So war schließlich nicht nur mir, sondern der ganzen Klasse geholfen und das unterschriebene Bekenntnis in kreativer Form unterlaufen.

[Zinhain – Dreifelden, bei Hachenburg, Westerwald;
um Ostern 1962]

Manfred Wenderoth

Einstand nach Plan?

Montabaur, den 20. März 1962, 10.15 Uhr, Barockschloß,
2. Stock, Vorzimmer, wappenverziert, Sitz der Bezirksregie-
rung. Seit fünf Minuten wußte ich, wie eine Vereidigung auf
die Landesverfassung ablief. So zügig, daß man's schon bald
hätte vergessen können.

Ich warf einen ersten verstohlenen Blick auf meine Urkunde: Im Namen des Volkes ... Mit Wirkung zum ... unter
Berufung ... zum außerplanmäßigen Lehrer ernannt.

Anschließend hatte ich noch meinen Marschbefehl entge-
gengenommen: „Ach ja, Herr Wenderoth, Sie übernehmen mit
Beginn des neuen Schuljahres nach den Osterferien die Stelle
des alleinstehenden Lehrers an der einklassigen Volksschule
Dreifelden. Als Westerwälder Sproß und geprüfter Lehrer für
Erdkunde wissen Sie, wo das liegt, Dreifelden. Ein Tip noch:
Schauen Sie sich am letzten Schultag vor den Ferien dort mal
um! Und: Halten Sie die Ohren steif! Der Nächste bitte!"

Draußen geriet ich ins Grübeln. Außerplanmäßiger Lehrer bist du jetzt und alleinstehend. Letzteres, sollte es sich
aufs Private beziehen, ja. Aber außerplanmäßig? Bringt man
dieses Merkmal nicht eher mit dem öffentlichen Schienen-
und Straßenverkehr in Verbindung?

Egal. Hauptsache, ich war ernannt. Dazu unkündbar.
Dienstbezüge selbstredend im voraus. Vater Staat meinte es
wirklich gut mit mir. Wie konnte ich mich dafür erkenntlich

zeigen und die in mich gesetzten Erwartungen am besten erfüllen?

Fürs erste dadurch, daß ich mich nicht zum letzten, sondern bereits zum vorletzten Schultag bei meinem scheidenden Amtsvorgänger, dem noch residierenden Schulleiter und Lehrer von Dreifelden, ansagte.

„Kommen Sie nur, Herr Kollege", ermunterte er mich am Telefon, „und wenn Sie hier übernachten möchten, melde ich Sie gerne im Dorfgasthof an."

Frau Schwarz, Nachbarin und Inhaberin der Gaststätte „Zum Wäller Kipper", von wo aus ich telefoniert hatte, fragte mich anschließend: „Sag mal: Wie kommt man eigentlich von hier nach Dreifelden, ohne Motorrad, ohne Auto?"

Gute Frage, für einen Unmotorisierten wie mich.

Fünfzehn Straßenkilometer. Zu Fuß? Mit einem Fahrrad, das lange nicht benutzt und in untauglichem Zustand war?

Blieben die öffentlichen Verkehrsmittel jener Tage: Eine halbe Stunde Fußmarsch zum Bahnhof, Fahrt mit dem Schienenbus nach Erbach, umsteigen, Weiterfahrt mit dem Schienenbus nach Hachenburg, eine halbe Stunde Fußmarsch zur Stadtmitte, eine halbe Stunde Wartezeit, Weiterfahrt mit dem Postbus nach Dreifelden, planmäßige Ankunft daselbst nach insgesamt drei Stunden; rechtzeitig zur zweiten großen Pause. Gut geplant, für einen außerplanmäßigen Lehrer.

Herr Krüger zeigte sich hocherfreut über mein vorzeitiges Erscheinen: „Herr Kollege, wunderbar, daß Sie heute schon antreten! Meine Frau wird's besonders freuen. Jetzt kann ich ihr zur Hand gehen beim Packen. Wir stecken nämlich mitten in den Umzugsvorbereitungen. Seit unsere drei Söhne aus dem Haus sind, zieht es meine Frau in ihre alte Heimat, nach Weilburg. Jahrelang hab ich um meine Versetzung nachgesucht. Vergebens. Endlich, endlich hat's zum neuen Schuljahr geklappt. Der Möbelwagen ist für den Nachmittag bestellt. Bleibt uns nicht mehr viel Zeit; auch wenn uns die lieben Menschen hier tüchtig unter die Arme greifen, verstehen Sie? – Los, Kinder! Die Pause ist um. Beeilt euch! Kommen Sie, Herr Kollege! Hier durch den Flur, rechte Tür, immer der Herde nach! Kinder, nehmt Platz! Das hier ist euer neuer Lehrer!

Wie war gleich ihr Name? ... Gut. Dann zeigen wir Ihnen gleich mal, wie wir mit sechs Jahrgangsstufen gleichzeitig Kopfrechnen üben. Alles hergehört! Die erste Aufgabe ..."

Es klappte wie am Schnürchen. Herr Krüger weiter: „Für morgen bereitet ihr in Naturkunde das Thema „Schneeglöckchen" vor; letztes Jahr waren die Märzenbecher dran, wie ihr wißt. Für den Rest der Stunde gebe ich allen Jahrgängen eine Stillarbeit, damit ich meinen jungen Kollegen in seine Amtsgeschäfte einweisen kann. Anschließend habt ihr Gelegenheit, euch miteinander bekannt zu machen. Sollte Ihnen, Herr Kollege, noch etwas unklar sein: Sie können mich jederzeit nebenan in meiner Wohnung um Rat fragen. Ach ja, unser Unterricht beginnt im Winter um 8.00 Uhr, im Sommer um 7.30 Uhr. Der Stundenplan hängt dort an der Wand. Meine Bücher stelle ich Ihnen gerne zur Verfügung; in Hessen drüben gibt's andere, wie Sie wissen. Noch Fragen?

Schulschluß ist nach Altersstufen gestaffelt; aber das sagen Ihnen schon die Kinder. Kinder, alles Gute wünsch ich euch! Benehmt euch!"

„Auf Wiedersehen, Herr Lehrer!"

Herr Krüger hatte den Raum längst verlassen, die Kinder aber blieben kerzengerade neben ihren Bänken stehen. Einen Augenblick lang war ich nicht im Bilde, dann begriff ich: Die Wachablösung war vollzogen!

„Wollt ihr nicht wieder Platz nehmen?" fragte ich.

Ein Glück! Sie gehorchten mir!

Beim Betreten des Schulsaals am nächsten Morgen sollte ich erfahren, was Herr Krüger und die Kinder unter Vorbereitung des Naturkundeunterrichts verstanden: Auf den Bänken waren Schneeglöckchen fein säuberlich auf Zeitungspapier ausgebreitet, nicht einzeln, sondern gleich bündel- und büschelweise. Die Kinder saßen da und warteten. Ich selbst war zu überrascht, um etwas zu sagen, nickte Zustimmung. Toll! Ich begriff: Ein jeder hatte da etwas vor sich, was er greifen konnte, um es zu begreifen. Wunderbar!

„Schneeglöckchen" waren das Thema meiner ersten Unterrichtsstunde als Dorflehrer in Dreifelden. Jedes Kind hatte welche mitgebracht.

Vom weiteren Geschehen ließ ich mich einfach mitreißen. Ich weiß nicht, ob alle was gelernt hatten in dieser Stunde, die Großen und die Kleinen. Ich jedenfalls hatte viel gelernt. Dennoch konnte ich mir angesichts des Aufwands die Bemerkung nicht verkneifen, das Ganze sei doch wohl ein wenig zuviel des Guten gewesen: „Seht ihr nicht, wie traurig alle Schneeglöckchen ihre Köpfchen hängen lassen?"

Was sogleich von Gert und Annemarie, den beiden Zweitkläßlern, richtiggestellt wurde: „Verblüht sind die, Herr Lehrer. Net schlimm! Die Mama steckt sie wieder in ihr Loch. Und nächstes Jahr kommen sie wieder raus und blühen."

Ich war zufrieden. Weiter ging's. Was war nach den Schneeglöckchen dran, an diesem letzten Schultag?

Richtig, an der Wand hing der Stundenplan; aber den brauchten wir nicht. Die Kinder wußten, wo's langging: „Herr Lehrer, nach dem Aufräumen singen wir immer ‚Im Märzen der Bauer ...' Dann kriegen wir die Zeugnisse, die liegen rechts im Pult, der Herr Lehrer Krüger hat sie gestern dem Bürgermeister gebracht und der hat sie heute morgen da reingelegt. Den Schlüssel hat die Tanja. Dann singen wir ‚Komm, lieber Mai ...', aber dreistimmig, und dann müssen Sie rausgehn, bis wir ‚Herein!' rufen, und wenn Sie ..." Es folgte ein Rippenstoß „wenn Sie wieder hier drin waren, dann gibt's Ferien."

Genau so geschah es. Dann kam das Finale.

„Muß ich wirklich vor die Tür?" wollte ich mich nochmal vergewissern.

„Ja. Am besten gleich in Ihre Wohnung, dann können Sie auch nicht durchs Schlüsselloch gucken."

Meine Wohnung? Richtig. Die Lehrerdienstwohnung nebenan stand ja seit heute leer.

„Nun sagt schon", bohrte ich nach, „was habt ihr vor?"

Kichern und Grinsen als Antwort.

Also ging ich und wartete, und wenig später wurde ich per Eskorte zurückbeordert. Ich öffnete die Tür zum Schulsaal. Zwei, drei Schritte, dann versperrte mir eine grüne Insel mitten im Schulsaal den Weg: Ein riesiges Osternest aus Moos, verziert mit dahinsiechenden Schneeglöckchen und mittendrin, in strahlendem Weiß, ein Riesengelege von Oster- nein, von Hühnereiern. – „Aber Kinder ..."

„Das ist alles für Sie!"

„Für mich?"

„Ja. Das schenken wir immer dem Herrn Lehrer zu Ostern."

„Gut. Aber gleich so viele Eier?"

„Sonst hat jedes Kind nur ein Ei mitgebracht, aber diesmal ..."

„Ich hatte heute drei!" tönte es von rechts. „Ich auch!" „Und ich ..."

Lange Dankesrede? Fehl am Platz! Alle drängten unaufhaltsam nach vorn. Endlich, endlich Ferien!

So dirigierte ich mit weit ausgestreckten Armen die Herde im Kreisverkehr um die bedrohte Insel herum zum Ausgang: „Vorsicht! Nicht schubsen! Paßt bitte auf! Und nochmals: Vielen Dank!"

„Schöne Ferien, Herr Lehrer!"

„Schöne Ferien euch allen!"

Weg waren sie. Da stand ich nun. Was tun?

Ich zog die Schultür hinter mir zu und drehte den Schlüssel um. Zweimal. In der Dorfmitte stand die Telefonzelle. Ich wählte. Am anderen Ende der Leitung Günter, mein Freund, seit wenigen Tagen stolzer Besitzer eines Motorrads: „Natürlich kann ich dich abholen, wenn du Transportprobleme hast. In einer halben Stunde etwa?"

„Okay. Vielen Dank! Bringst du bitte eine Tasche und einen Stapel Handtücher mit?"

„Wie bitte?"

„Wirst schon sehn!"

Günter war wie versprochen bald zur Stelle und schob seine schmucke 98iger NSU FOX unters Vordach. Ich schloß den Schulsaal auf und bat ihn einzutreten: „Da, bitte!"

„Nein, das gibt's doch nicht!"

Kopfschüttelnd umrundete er die grüne Insel.

„Die sind ja gar nicht gefärbt! Sind die etwa ...?"

Was hatte ich heute morgen gelernt?

Zugreifen, um zu begreifen. Ich nahm ein Ei in die Hand, schüttelte es: „Das hab' ich befürchtet: ROH!"

„Wie bitte? Roh? Wie sollen wir die heil nach Zinhain bringen? Ein schöner Husarenritt wird das!"

„Husarenritt? Hätten wir sie nur schon alle verpackt!"

„Wie, verpackt? Da liegt mein Stapel Handtücher und das Papier in der Ecke haben dir die lieben Kleinen doch gleich mitgeliefert. Also: Ran an die Arbeit!"

Nichts leichter als rohe Eier einzupacken!

Legt man das Handtuch auf den Boden und rollt das Ei hinein? Oder nimmt man das Ei in die Hand ...?

„Gell, da staunen Sie, Herr Lehrer! Das sind Dreifeldener

Eier, Eier der Extraklasse! Ja, ja, unsere Kinder ... Ich sag Ihnen ..."

Eine Frau stand in der Tür, mit einem Putzeimer in der Hand. „Ich bin die Mutter vom Gert und putze die Schule und versorge die Blumen über die Ferien. Soll ich Ihnen ein bißchen helfen, ja?"

Wir hatten beide nichts dagegen.

Hinter Mutters Kittelschürze erschien Gerts Nasenspitze: „Warum haben Sie vorhin die Türe abgeschlossen, Herr Lehrer? Wir klauen doch nicht Ihre Eier!"

Frau Kohlmann schob ihren Sohn verschämt aus der Tür: „Aber Gert!"

„Hör gut zu, Gert: Damit wollte ich verhindern, daß noch mehr Dreifeldener Hühner ihre Eier in das Nest legen. Ich denke, es reicht, meinst du nicht?"

48 rohe Hühnereier, mit Frau Kohlmanns Hilfe sorgfältig in Papier und Tücher verpackt, mußten nun schichtweise in zwei ausgeleierten Sporttaschen verstaut werden. Frau Kohlmann mahnte zur Eile: „Ich denke, Sie sollten losfahren. Es fängt an zu schneien. Typisch April. Ich bring schon alles in Ordnung hier. Fahren Sie und lassen Sie sich's gut schmekken daheim. Schöne Ferien und frohe Ostern, Herr Lehrer!"

Dann die Fahrt über 15 Kilometer verschneite Westerwälder Landstraße. Zwei Männer auf einem kleinen Motorrad, das jeden Augenblick seinen Geist aufgeben konnte. Der Winter war noch einmal zurückgekehrt. Es war bitter kalt im Zugwind. Die zwei Taschen links und rechts auf den zitternden Knien, den mit Büchern beladenen Rucksack auf dem Buckel – so kauerte ich gottergeben auf dem Rücksitz, in blindem Vertrauen auf die Fahrkünste meines Freundes, während wilde Rachegedanken mich befielen: 48 rohe Hühnereier zum Einstand! Großartig! Aber wartet nur, ihr Eierfetischisten! Diese Eier heb ich auf, diese Eier bekommt ihr zurück, Stück für Stück. Aber anders, als ihr denkt!

Nach den Ferien baue ich auf dem Schulhof einen Hindernisparcour und jage euch drüber, beim Eierlaufspiel, am besten mit zwei Löffeln in jeder Hand. Und wenn ihr dann stolpert und hinfallt, am besten mit der Nase hinein in die faulen Eier, dann, ja dann ...

Ich könnte auch einfach auf freier Strecke Ballast abwerfen, lange würden meine kältestarren Hände das Spiel ohnehin nicht mehr mitmachen ...

Ach was. Alles nicht nötig. Wir hatten's tatsächlich geschafft! Kein einziges Ei war zu Schaden gekommen. Das stimmte versöhnlich. Nur: Was anfangen mit so vielen rohen Eiern?

Der guten Frau Schwarz, Wirtin im „Wäller Kipper", verschlug es zunächst die Sprache, als wir jungen Leute, mittlerweile zu sechst, mit unsern Eiern an- und unserem Anliegen rausrückten.

„Was habt ihr euch dabei nur gedacht?"

Gedacht? Einfach dies: Rühreiessen war zur Kirmes im Sommer guter alter Brauch im Ort; warum nicht mal zu Ostern?

Frau Schwarz tat einen Seufzer und setzte die große Pfanne auf.

„Hm! Großartig haben Sie das hingekriegt, Frau Schwarz!" Anerkennung fördert, wie man weiß, die Dienstbeflissenheit; wohl auch die Geselligkeit unter Gleichgesinnten, etwa wenn es laut übern Stammtisch schallte: „Herr Lehrer in spe, einen recht einträglichen Beruf hast du dir ausgesucht, muß man schon sagen!" Oder: „Fruchtbare Gegend, dein Dreifelden! Halt dich nur gut mit den ortsansässigen Hühnern!"

Bekundungen und Zusprüche dieser Art erweckten in mir, dem großzügigen Spender, an jenem ausgedehnten Kneipenabend statt düsterer Rachegedanken nunmehr die Vorfreude auf das, was mich in meiner kleinen Schule in Dreifelden in der Zukunft erwartete: Aufmerksame Kinder, zu allen Gelegenheiten. Hoffentlich.

Bisher erschienen in der Reihe ZEITGUT

		Erscheinungsjahr
Band 1	Gebrannte Kinder, Kindheit 1939-1945	1998
Band 2	Nachkriegs-Kinder, Kindheit 1945-1950	1998
Band 3	Stöckchen-Hiebe, Kindheit 1914-1933	1998
Band 4	Pimpfe, Mädels & andere Kinder, Kindheit 1933-1939	1998
Band 5	Wir wollten leben, Jugend 1939-1945	1998
Band 6	Schlüssel-Kinder, Kindheit 1950-1960	1999
Band 7	Gebrannte Kinder. Zweiter Teil, Kindheit 1939-1945	1999
Band 8	Und weiter geht es doch, 1945-1950	1999
Band 9	Täglich Krieg, Deutschland 1939-1945	2000
Band 10	Hungern und hoffen, Jugend 1945-1950	2000
Band 11	Von hier nach drüben, Grenzgänge, Fluchten 1945-'61	2001
Band 12	Wir sollten Helden sein, Jugend 1939-1945	2001
Band 13	Heil Hitler, Herr Lehrer! Kindheit 1933-1939	2000
Band 14	Lebertran und Chewing Gum, Kindheit 1945-1950	2000
Band 15	Zwischen Kaiser und Hitler, Kindheit 1914-1933	2002
Band 16	Getäuscht und verraten, Jugend 1933-1939	2002
Band 17	Halbstark und tüchtig. Jugend 1950-1960	2002
Band 18	Deutschland – Wunderland, 1950-1960	2003
Band 19	Mauer-Passagen, Grenzgänge, Fluchten 1961-1989	2004
Band 20	Der Traum ist aus, Jugend 1944-1945	2005
Band 21	Also packten wir es an. Deutschland 1945-1947	2006

Kleine Taschenbücher

Kinder des Jahrhunderts (Taschenbuch zum Kennenlernen)	2004
Unvergessene Weihnachten. 1918-1959. Bd. 1	2004
Unvergessene Weihnachten. 1922-1988. Bd. 2 (Originalausgabe)	2005
Unvergessene Weihnachten. 1914-1994. Bd. 3	2006
Unvergessene Schulzeit 1921-1945. Bd.1	2005
Unvergessene Schulzeit 1945-1962. Bd. 2	2005
Unvergessene Schulzeit 1914-1945. Bd. 3	2007
Unvergessene Ferienzeit 1923-1962. Bd.1	2005
Wo morgens der Hahn kräht 1912-1945. Bd. 1	2006
Wo morgens der Hahn kräht 1945-1968. Bd. 2	2006

Weitere Informationen am Ende des Buches und unter www.zeitgut.com

Aus Platzmangel verzichten wir in den folgenden Autorenangaben auf die vollständigen Buchtitel der Reihe ZEITGUT.

Verfasser

Acker, Margitta, geb. Mielke *S. 280*
geb. 1939 in Stettin, lebt in Curtin, Canberra, ACT. Australien.
Beruf/Tätigkeiten: Verwaltungsangestellte bei der Australian National
University, Canberra, im Ruhestand.
Bisherige Zeitgut-Veröffentlichungen in Band 17.

Balke, Wolfgang *S. 295, 300*
geb. 1937 in Landsberg/Warthe, heute Gorzow Wielkopolski, Polen,
lebt in Kaiserslautern, Rheinland-Pfalz.
Beruf/Tätigkeiten: Offizier der Bundeswehr, im Ruhestand.
Bisherige Zeitgut-Veröffentlichungen: „Nur nicht mit den Wölfen heulen". Eine Jugend in Neuruppin 1945–1953, Sammlung der Zeitzeugen,
Zeitgut Verlag 2004.

Beckherrn, Hans-Hermann *S. 238*
geb. 1931 in Königsberg, Ostpreußen,
lebt in Heuweiler bei Freiburg, Baden Württemberg.
Beruf/Tätigkeiten: Leitender Angestellter (Kaufmann), im Ruhestand.
Bisherige Zeitgut-Veröffentlichungen in Band 10.

Bender, Gisela, geb. Becker *S. 276*
geb. 1944 in Deudesfeld, Eifel, lebt in Deudesfeld, Rheinland-Pfalz.
Beruf/Tätigkeiten: Bäuerin.
Bisherige Zeitgut-Veröffentlichungen in Band 6.

Blank, Ingeborg, geb. Gothe *S. 214*
geb. 1922 in Mühlhausen, Thüringen,
lebt in Mühlhausen, Unstrut-Hainich-Kreis, Thüringen.

Beruf/Tätigkeiten: Lehrerin, im Ruhestand.
Bisherige Zeitgut-Veröffentlichungen in Band 3, 4, 8 und 18.

Boberach, Dr. Heinz *S. 142*
geb. 1929 in Köln, lebt in Koblenz, Rheinland-Pfalz.
Beruf/Tätigkeiten: Historiker, 1957-1985 beim Bundesarchiv Koblenz, zuletzt Leitender Archivdirektor, im Ruhestand.
Bisherige Zeitgut-Veröffentlichungen in Band 13.

Böhme, Bärbel *S. 266, 267*
geb. 1937 in Grünberg, Schlesien, lebt in Seehausen/Leipzig, Sachsen.
Beruf/Tätigkeiten: Dipl.-Landwirtin, im Ruhestand.
Bisherige Zeitgut-Veröffentlichungen in Band 2, 6 17, 18, in „Unvergessene Weihnachten, Band 2" sowie in „Wo morgens der Hahn kräht, Band 2".

Brandenburg, Anemone, geb. Golembiewski *S. 133*
geb. 1916 in Thorn, Westpreußen, heute Polen,
lebt in Karlsruhe, Baden-Württemberg.
Beruf/Tätigkeiten: Sprachlehrerin.
Bisherige Zeitgut-Veröffentlichungen in Band 4.

Brüning, Brigitte, geb. Gedicke *S. 60, 204*
geb. 1940 in Frankfurt/Oder,
lebt in Frankfurt/Oder, Brandenburg.
Beruf/Tätigkeiten: Bankkauffrau, Diplomwirtschaftlerin, im Ruhestand.
Bisherige Zeitgut-Veröffentlichungen in Band 14 und in „Unvergessene Weihnachten, Band 3".

Dürkefälden, Manfred *S. 149*
geb. 1933 in Hämelerwald,
lebt in Hannover, Niedersachsen.
Beruf/Tätigkeiten: Postbeamter, im Ruhestand.
Bisherige Zeitgut-Veröffentlichungen in Band 1.

Dziemba, Renate *S. 349*
geb. 1938 in Berlin, lebt in Berlin.
Beruf/Tätigkeiten: Lehrerin, im Ruhestand.
Bisherige Zeitgut-Veröffentlichungen in Band 11 und 14.

Eilers, Jan   *S. 114, 125, 135*
geb. 1920 in Oldenburg i.O., verstorben 2006,
lebte zuletzt in Wardenburg, Niedersachsen.
Beruf/Tätigkeiten: Fernseh-Techniker.
Bisherige Zeitgut-Veröffentlichungen in Band 3, 4, 11, 16 und 19.

Eschner, Gerhard   *S. 222*
geb. 1939 in Arnstadt, lebt in Seligenthal, Thüringen.
Beruf/Tätigkeiten: Diplomphysiker, Strahlenschutzphysiker für Kernkraft-
werke, im Ruhestand.
Bisherige Zeitgut-Veröffentlichungen in Band 14.

Filippi, Rolf M.   *S. 346*
geb. 1951 in Ladenburg am Neckar,
lebt in Ladenburg, Baden-Württemberg.
Beruf/Tätigkeiten: zur Zeit freier Schriftsteller.
Bisherige Zeitgut-Veröffentlichungen in Band 6.

Findeisen, Gudrun, geb. Reinke   *S. 244*
geb. 1939 in Altjugelow, Kreis Stolp, Pommern,
lebt in Cuxhaven, Niedersachsen.
Beruf/Tätigkeiten: Lehrerin außer Dienst; Hausfrau.
Bisherige Zeitgut-Veröffentlichungen in Band 1, 6 und 17.

Finken, Hans Georg   *S. 86*
geb. 1926 in Halle/Saale, lebt in Halle, Sachsen-Anhalt.
Beruf/Tätigkeiten: Lehrer, im Ruhestand.
Bisherige Zeitgut-Veröffentlichungen in Band 3 und 13.

Flach, Dr. Wilfried   *S. 338*
geb. 1945 in Seggerde, Kreis Gardelegen,
lebt in Nuthe-Urstromtal, Brandenburg.
Beruf/Tätigkeiten: Pfarrer.
Bisherige Zeitgut-Veröffentlichungen in Band 17.

Franze, Erich   *S. 49*
geb. 1913 in Dresden,
lebt in Dresden, Sachsen.

Beruf/Tätigkeiten: Kaufmannsgehilfe, Verwaltungs-Jurist, Betriebsleiter, im Ruhestand.
Bisherige Zeitgut-Veröffentlichungen in Band 15.

Gläser, Elly, geb. Ballmann   *S. 211*
geb. 1939 in Elbing, Ostpreußen, heute Elblag in Polen,
lebt in Schönfeld-Weißig, Sachsen.
Beruf/Tätigkeiten: Lehrerin, im Ruhestand.
Bisherige Zeitgut-Veröffentlichungen in Band 14.

Grell, Peter   *S. 230*
geb. 1937 in Bernburg/Saale,
lebt in Langeoog auf Langeoog, Niedersachsen.
Beruf/Tätigkeiten: Maschinenbauingenieur, Ing. grad., im Ruhestand.
Bisherige Zeitgut-Veröffentlichungen in Band 2.

Haak, Liselotte   *S. 32*
geb. 1918 in Berlin, verstorben 2000,
lebte zuletzt in Kreiensen, Niedersachsen.
Beruf/Tätigkeiten: staatl. geprüfte Kindergärtnerin und Hortnerin, Vorschullehrerin.
Bisherige Zeitgut-Veröffentlichungen in Band 3, 15 und 16.

Helmstädter, Irmgard, geb. Breiner   *S. 184*
geb. 1929 in Mannheim-Friedrichsfeld,
lebt in Münster, Nordrhein-Westfalen.
Beruf/Tätigkeiten: Erzieherin und Hausfrau.
Bisherige Zeitgut-Veröffentlichungen in Band 12.

Jähne, Joachim   *S. 271*
geb. 1938 in Bautzen, lebt in Pirna, Sachsen.
Beruf/Tätigkeiten: Schulleiter, im Ruhestand.

Kraus-Kolter, Cäcilie, geb. Kolter   *S. 164*
geb. 1915 in Herne, Westfalen,
lebt in Bergisch Gladbach, Nordrhein-Westfalen.
Beruf/Tätigkeiten: Lehrerin, Autorin.
Bisherige Zeitgut-Veröffentlichungen in Band 3.

Kubitza, Liselotte   *S. 198*
geb. 1933 in Berlin, lebt in Berlin.
Beruf/Tätigkeiten: Sozialversicherungskauffrau, Referentin, im Ruhestand; ehrenamtliche Mitarbeiterin der Zeitzeugenbörse Berlin.
Bisherige Zeitgut-Veröffentlichungen in Band 17.

Lang, Irma, geb. Borchers   *S. 41*
geb. 1908 in Kellinghusen, Holstein, lebt in Hamburg.
Beruf/Tätigkeiten: Kontoristin, Büroangestellte.
Bisherige Zeitgut-Veröffentlichungen in Band 15.

Meier-Limberg, Ursula, geb. Limberg   *S. 66*
geb. 1924 in Prenzlau, Uckermark,
lebt in Herford, Nordrhein-Westfalen.
Beruf/Tätigkeiten: Hausfrau.
Bisherige Zeitgut-Veröffentlichungen in Band 4, 8, 9, 15 und 21.

Moser, Paul   *S. 138*
geb. 1924 in Frankfurt am Main,
lebt in Rastatt, Baden-Württemberg.
Beruf/Tätigkeiten: Metall-Flugzeugbauer, Mechanikermeister, Hallen-
meister, Sparkassenangestellter, im Ruhestand.
Bisherige Zeitgut-Veröffentlichungen in Band 12 und 13.

Notz, Irmgard   *S. 256*
geb. 1929 in Berlin, lebt in Berlin.
Beruf/Tätigkeiten: Dipl.-Psychologin, Schulpsychologiedirektorin,
im Ruhestand.
Bisherige Zeitgut-Veröffentlichungen in Band 11, 18 und 20.

Pacyna, Dr. Hasso   *S. 161*
geb. 1928 in Berlin,
lebt in Swisttal-Odendorf, Nordrhein-Westfalen,
Beruf/Tätigkeiten: Landwirt, 1972-1993 Chefredakteur eines regionalen
landwirtschaftlichen Wochenblattes, Rundfunkrats-Mitglied beim WDR.
Bisherige Zeitgut-Veröffentlichungen: „Ein deutscher Junge weint nicht."
Jugend in den Kriegsjahren 1939-1945, Sammlung der Zeitzeugen, Zeitgut Verlag Berlin 2003.

Riedel-Zehlke, Magda, geb. Zehlke   *S. 62*
geb. 1918 in Zepkow, Mecklenburg,
lebt in Maintal, Hessen.
Beruf/Tätigkeiten: Sekretärin, im Ruhestand.
Bisherige Zeitgut-Veröffentlichungen in Band 3, 5, 8, 15, 16 und 18.

Röder, Rosmarie, geb. Meyer   *S. 292*
geb. 1946 in Liebertwolkwitz,
lebt in Niedergräfenhain, Sachsen.
Beruf/Tätigkeiten: Kraftfahrerin.
Bisherige Zeitgut-Veröffentlichungen in Band 6.

Rüth, Luise, geb. Hochgürtel   *S. 260*
geb. 1942 in Bonn,
lebt in Erftstadt-Köttingen, Nordrhein-Westfalen.
Beruf/Tätigkeiten: Kauffrau und Landwirtin.
Bisherige Zeitgut-Veröffentlichungen in Band 1 und 2.

Saß, Barbara, geb. Semerau   *S. 225*
geb. 1939 in Stettin, lebt in Hamburg.
Beruf/Tätigkeiten: Medienkauffrau, im Ruhestand.
Bisherige Zeitgut-Veröffentlichungen in Band 6 und 14.

Saß, Helmuth   *S. 190*
geb. 1929 in Hamburg, lebt in Hamburg.
Beruf/Tätigkeiten: Studiendirektor a. D.
Bisherige Zeitgut-Veröffentlichungen in Band 5.

Schädlich, Gottfried, Pseudonym: Fried Noxius   *S. 26*
geb. 1917 in Kirchberg, Sachsen, verstorben 2007,
lebte zuletzt in Brühl, Nordrhein-Westfalen.
Beruf/Tätigkeiten: Offizier der Bundeswehr, ab 1973 freier Schriftsteller.

Schäfer, Wilhelm   *S. 102*
geb. 1920 in Pfaffenhofen-Weiler,
lebt in Obersulm-Willsbach, Baden-Württemberg.
Beruf/Tätigkeiten: Landwirt und Weingärtner, im Ruhestand.
Bisherige Zeitgut-Veröffentlichungen in Band 3, 8 und 13.

Schlörb-Schuchmann, Loni, geb. Schlörb *S. 173*
geb. 1931 in Schotten, lebt in Schotten, Hessen, bekannt unter Born.
Beruf/Tätigkeiten: Kauffrau.
Bisherige Zeitgut-Veröffentlichungen in Band 7.

Schriever, Agnes, geb. Gilde *S. 233*
geb. 1928 in Wolgast, Vorpommern,
lebt in Pourrières, Frankreich.
Beruf/Tätigkeiten: früher Redakteurin bei verschiedenen Tageszeitungen im Südwesten.
Bisherige Zeitgut-Veröffentlichungen in Band 10.

Schröder, Dr. Gisela, geb. Jacob *S. 78*
geb. 1924 in Wilsdruff bei Dresden,
lebt in Leipzig, Sachsen und Friedrichsbrunn, Sachsen-Anhalt.
Beruf/Tätigkeiten: Lehrerin, Lektorin und Wissenschaftliche Oberassistentin für Germanistik an Schulen und an den Universitäten in Jena und Leipzig, Spezialgebiet: Deutsch für Ausländer, im Ruhestand.
Bisherige Zeitgut-Veröffentlichungen in Band 13 und 15.

Seiler, Klaus *S. 328*
geb. 1944 in Schlesien, lebt in Stade, Niedersachsen.
Beruf/Tätigkeiten: Pastor, Krankenhausseelsorger und Pastoralpsychologe.
Bisherige Zeitgut-Veröffentlichungen: „Baracken-Kind". Vier Jahre Flüchtlingslager 1947-1951, Sammlung der Zeitzeugen, Zeitgut Verlag, Berlin 2004 und in „Unvergessene Weihnachten, Band 3".

Siegmund, Traute, geb. Gansinger *S. 129*
geb. 1924 in Hamburg, verstorben 2006,
lebte zuletzt in Wietzendorf, Niedersachsen.
Beruf/Tätigkeiten: Mitarbeit im zahntechnischen Labor ihres Mannes.
Bisherige Zeitgut-Veröffentlichungen in Band 8, 9, 11, 13, 15 und 19.

Sondermann, Annemarie *S. 286*
geb. 1931 in Bublitz, Hinterpommern, heute Polen,
lebt in Königswinter, Nordrhein-Westfalen.
Beruf/Tätigkeiten: Lehrerin, im Ruhestand.
Bisherige Zeitgut-Veröffentlichung in „Unvergessene Weihnachten, Bd. 2".

Sonnemann, Ursula, geb. Stoewer *S. 105*
geb. 1925 in Hameln, lebt in Bremen.
Beruf/Tätigkeiten: Lehrerin an kaufmännischen Berufs- und Handels-
schulen, im Ruhestand.
Bisherige Zeitgut-Veröffentlichungen in Band 13, 15, 16 sowie in „Unvergessene Schulzeit, Band 3".

Steudel, Evelyn, geb. Zobel *S. 175*
geb. 1934 in Berlin, lebt in Hitzacker, Niedersachsen.
Beruf/Tätigkeiten: Sonderschullehrerin, im Ruhestand.
Bisherige Zeitgut-Veröffentlichungen in Band 1, 2, 7, 14, 18 und 19.

Strebel, Renate, geb. Job *S. 247*
geb. 1937 in Langenhessen, Kreis Zwickau, Sachsen,
lebt in Hannover, Niedersachsen.
Beruf/Tätigkeiten: Rechtsanwalts- und Notar-Fachangestellte,
im Ruhestand.
Bisherige Zeitgut-Veröffentlichungen in Band 2, 6, 7, 14, 17, 18, 19, in
„Unvergessene Weihnachten, Bd. 3" und „Unvergessene Schulzeit, Bd. 3".

Toscha, Oskar *S. 156*
geb. 1931 in Voßwalde, Schlesien, verstorben 2003,
lebte zuletzt in Konz, Rheinland-Pfalz.
Beruf/Tätigkeiten: Ingenieur für Klebstofftechnik; Fachbuchautor.
Bisherige Zeitgut-Veröffentlichungen in Band 1 und 13.

Vogt, Dr. Hans-Heinrich *S. 120*
geb. 1927 in Schmolz bei Breslau, Schlesien, verstorben 2006,
lebte zuletzt in Alzenau, Bayern.
Beruf/Tätigkeiten: Oberstudiendirektor, im Ruhestand; naturwissenschaftlicher Fachschriftsteller (Biologie, Chemie, Geographie).
Bisherige Zeitgut-Veröffentlichungen in Band 8, 10 und 13.

Voigtländer, Dorothea F., geb. Küppers *S. 263*
geb. 1943 in Bonn,
lebt in Rheinbreitbach bei Bonn, Rheinland-Pfalz.
Beruf/Tätigkeiten: Journalistin, Redakteurin und Autorin.
Bisherige Zeitgut-Veröffentlichungen: „Mein Bonn Zeitzeugen-Erinne-

rungen aus Bonn und Umgebung 1914-1998", Regional Band 1, (Hg.), Zeitgut Verlag Berlin 2006; Beiträge in Band 6, 7, 14 und 19.

Volka, Willi (Pseudonym) *S. 340*
geb. 1941 in Karlsruhe,
lebt in Hannover, Niedersachsen.
Beruf/Tätigkeiten: Angestellter im öffentlichen Dienst.
Bisherige Zeitgut-Veröffentlichungen in Band 14 und 17.

Völkel, Rainer *S. 353*
geb. 1945 in Gera, Thüringen,
lebt in Ratingen, Nordrhein-Westfalen.
Beruf/Tätigkeiten: Exportingenieur (Diplom-Ingenieur).

Wagner, Dr. Hans *S. 71*
geb. 1921 in Bütow, Pommern, heute Polen, verstorben 2001,
lebte zuletzt in Weinbach-Fürfurt, Hessen.
Beruf/Tätigkeiten: Frauenarzt.
Bisherige Zeitgut-Veröffentlichungen in Band 3, 9 und 13.

Wagner, Horst *S. 193*
geb. 1935 in Berlin, lebt in Weißenburg, Bayern.
Beruf/Tätigkeiten: Maschinenbauingenieur, im Ruhestand.
Bisherige Zeitgut-Veröffentlichungen in Band 1.

Wallmeier, Eva, geb. Haselhorst *S. 99*
geb. 1925 in Hannover, lebt in Hannover, Niedersachsen.
Beruf/Tätigkeiten: Assessorin des Lehramts, im Ruhestand.
Bisherige Zeitgut-Veröffentlichungen in Band 8, 12 und 13.

Wanke-Kreh, Udo *S. 324, 331*
geb. 1944 in Dessau, Sachsen-Anhalt,
lebt im Wendland, Niedersachsen.
Beruf/Tätigkeiten: Elektromonteur, Ingenieur, Redakteur für Fachzeitschriften
Bisherige Zeitgut-Veröffentlichungen: „Das erste Leben". Erinnerungen eines Nichtangepaßten 1947-1972, Sammlung der Zeitzeugen, Zeitgut Verlag, Berlin 2003.

Wefeld, Prof. Hans Joachim *S. 178*
geb. 1926 in Berlin, verstorben 2001, lebte zuletzt in Berlin.
Beruf/Tätigkeiten: Hochschullehrer im Ruhestand.
Bisherige Zeitgut-Veröffentlichungen in Band 12.

Wenderoth, Manfred *S. 357*
geb. 1938 in Kassel, lebt in Kirn, Rheinland-Pfalz.
Beruf/Tätigkeiten: Realschullehrer.
Bisherige Zeitgut-Veröffentlichungen in Band 2.

Weiß, Heinz *S. 95, 116*
geb. 1923 in Falkenberg, lebt in Weßnig, Sachsen.
Beruf/Tätigkeiten: Tischler, Lehrer, im Ruhestand.
Bisherige Zeitgut-Veröffentlichungen in Band 4 und 16.

Wittwer, Hertha, geb. Krause *S. 20*
geb. 1915 in Ullersdorf, lebt in Bad Orb, Hessen.
Beruf/Tätigkeiten: Kindergärtnerin; Mütterheimleiterin; Märchenerzählerin.
Bisherige Zeitgut-Veröffentlichungen in Band 3.

Wortmann, Gertraude, geb. Matterne *S. 146*
geb. 1925 in Hermsdorf, Kynast im Riesengebirge, Schlesien,
lebt in Georgsmarienhütte, Niedersachsen.
Beruf/Tätigkeiten: Kauffrau, im Ruhestand.
Bisherige Zeitgut-Veröffentlichungen in Band 1, 3, 4, 10 und 12.

Zimmermann, Dieter *S. 313, 319*
geb. 1939 in Gumbinnen, heute Gusev in Rußland,
lebt in Jork, Niedersachsen.
Beruf/Tätigkeiten: Dipl.-Ingenieur Maschinenbau, im Ruhestand.
Bisherige Zeitgut-Veröffentlichungen in Band 11, 14 und 17.

Stöckchen-Hiebe
Kindheit in Deutschland 1914–1933
52 Geschichten und Berichte von Zeitzeugen
336 Seiten mit vielen Abbildungen,
Ortsregister, gebunden.
Band 3
ISBN 3-933336-02-3, EUR 12,90

Pimpfe, Mädels & andere Kinder
Kindheit in Deutschland 1933–1939
55 Geschichten und Berichte von Zeitzeugen
322 Seiten mit vielen Abbildungen,
Ortsregister, Taschenbuch.
Band 4
ISBN 3-86614-112-2, EUR 9,90

Heil Hitler, Herr Lehrer!
Kindheit in Deutschland 1933–1939
50 Geschichten und Berichte von Zeitzeugen
360 Seiten mit vielen Abbildungen,
Ortsregister, Chronologie, gebunden.
Band 13
ISBN 3-933336-12-0, EUR 12,90

Gebrannte Kinder
Kindheit in Deutschland 1939–1945
61 Geschichten und Berichte von Zeitzeugen
368 Seiten mit vielen Abbildungen,
Ortsregister, gebunden.
Band 1
ISBN 3-933336-25-2, EUR 12,90

Reihe ZEITGUT – Reisen in die Vergangenheit

**Gebrannte Kinder. Zweiter Teil.
Kindheit in Deutschland 1939–1945**
36 Geschichten und Berichte von Zeitzeugen
334 Seiten mit vielen Abbildungen,
Ortsregister, Chronologie, gebunden.
Band 7
ISBN 3-933336-26-2, EUR 12,90

**Nachkriegs-Kinder
Kindheit in Deutschland 1945–1950**
67 Geschichten und Berichte von Zeitzeugen
448 Seiten mit vielen Abbildungen,
Ortsregister, gebunden.
Band 2
ISBN 3-933336-01-5, EUR 12,90

**Lebertran und Chewing Gum,
Kindheit in Deutschland 1945–1950**
55 Geschichten und Berichte von Zeitzeugen
368 Seiten mit vielen Abbildungen,
Ortsregister, Chronologie, gebunden.
Band 14
ISBN 3-933336-23-6, EUR 12,90

**Schlüssel-Kinder
Kindheit in Deutschland 1950–1960**
46 Geschichten und Berichte von Zeitzeugen
336 Seiten mit vielen Abbildungen,
Ortsregister, Klappenbroschur.
Band 6
ISBN 3-933336-05-8, EUR 12,90

Weitere Informationen unter www.zeitgut.com

Wir wollten leben
Jugend in Deutschland 1939–1945
40 Geschichten und Berichte von Zeitzeugen
344 Seiten mit vielen Abbildungen,
Ortsregister, gebunden.
Band 5
ISBN 3-933336-24-4, EUR 12,90

Wir sollten Helden sein
Jugend in Deutschland 1939–1945
38 Geschichten und Berichte von Zeitzeugen
331 Seiten mit vielen Abbildungen,
Ortsregister, gebunden.
Band 12
ISBN 3-933336-11-2, EUR 12,90

Hungern und hoffen
Jugend in Deutschland 1945–1950
48 Geschichten und Berichte von Zeitzeugen
361 Seiten mit vielen Abbildungen,
Ortsregister, Chronologie, gebunden.
Band 10
ISBN 3-933336-06-6, EUR 12,90

Zwischen Kaiser und Hitler
Kindheit in Deutschland 1914–1933
47 Geschichten und Berichte von Zeitzeugen
368 Seiten mit vielen Abbildungen,
Ortsregister, Taschenbuch.
Band 15
ISBN 3-86614-113-0, EUR 9,90

Weitere Informationen unter www.zeitgut.com

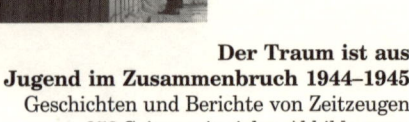

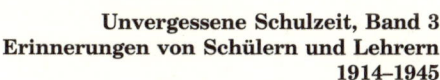
Weitere Informationen unter www.zeitgut.com

Zeitzeugen-Erinnerungen gesucht

ZEITGUT ist eine zeitgeschichtliche Buchreihe besonderer Prägung. Jeder Band beleuchtet einen markanten Zeitraum des 20. Jahrhunderts in Deutschland aus der persönlichen Sicht von 35 bis 40 Zeitzeugen. ZEITGUT ergänzt die klassische Geschichtsschreibung durch Momentaufnahmen aus dem Leben der betroffenen Menschen.
Die Reihe ist als lebendiges und wachsendes Projekt angelegt. Herausgeber und Verlag wählen die Beiträge unabhängig und überparteilich aus. Die Manuskripte werden sensibel bearbeitet, ohne den Schreibstil der Verfasser zu verändern. Die Reihe wird fortgesetzt und thematisch erweitert.

Sammlung der Zeitzeugen

Die **Sammlung der Zeitzeugen** faßt autobiografische Einzelbücher zusammen, die ebenfalls das Leben in Deutschland im 20. Jahrhundert beschreiben. Die Bände ermöglichen einen tieferen Einblick in das Schicksal der Verfasser und gestatten es, deren Leben über längere Strecken zu verfolgen.

Manuskript-Einsendungen sind jederzeit erwünscht.

Zeitgut Verlag GmbH
Klausenpaß 14, D-12107 Berlin
Tel. 030 - 70 20 93 0
Fax 030 - 70 20 93 22
E-Mail: info@zeitgut.com